景德镇 瓷器

15世纪的亚洲与

上海博物馆 编

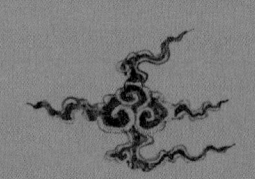

目录

001
15世纪的中亚：陆上丝绸之路的最后辉煌
张文德

011
帖木儿王朝玉器
许晓东

028
15世纪前半叶的波斯细密画艺术
穆宏燕

048
古代东西贸易中的中国陶瓷
刘迎胜

060
韩国出土明代瓷器的意义
金恩庆

083
15世纪中叶明朝由盛而衰的历史转折
赵　毅、杨　维

095
"两帝三朝"并非空白
江建新

120
明正统、景泰、天顺御窑瓷器与宫廷生活
郭学雷

163
关于明代"空白期"瓷器的若干认识
—— 兼谈湖北藩王墓出土"空白期"瓷器
蔡路武

181
景德镇明代正统、景泰、天顺三朝瓷窑遗址考古发现综论
秦大树、高宪平

211
浅谈对明代正统、景泰、天顺朝景德镇瓷器的认识
吕成龙

234
科学管窥古陶瓷
—— 以御厂出土"空白期"青花瓷为例
吴军明等

15世纪的中亚：
陆上丝绸之路的最后辉煌

○ 张文德　江苏师范大学历史文化与旅游学院

一、帖木儿的雄心与明朝经营丝绸之路的方略

　　1370年突厥化的蒙古巴鲁剌思氏贵族帖木儿（1336—1405年）成为以中亚河中（阿姆河与锡尔河之间）为中心的实际统治者，他西灭伊利汗国，北攻钦察汗国，成为除明帝国之外蒙元王朝政治遗产的最大继承者。帖木儿有一个雄心：使他的都城撒马儿罕（即今撒马尔罕）成为世界贸易的中心；掠夺并毁坏丝绸之路北道的重要商业城市，限制南道，使丝绸之路贸易线集中经过中道，以维护撒马儿罕在此商道的中心地位。为此，他进攻并毁坏北道的重要商业城市乌尔根赤、萨莱、阿斯特拉罕等；远征印度，破坏印度的商业中心德里城，把掠夺来的财富和工匠遣送至河中。1401年，他攻陷大马士革城，纵兵抢劫，焚毁了这座埃及马木路克王朝的重要城市，带走了丝绸织匠、兵器匠、玻璃匠、制陶匠等所有能征集到的工匠，去装饰他的都城撒马儿罕。1402年，帖木儿又在安卡拉打败了奥斯曼土耳其帝国的苏丹巴耶济德，最终确立对丝绸之路西段的控制权。其后帖木儿专心致力于中国风土人情以及地理、形势的考察，以便征服明朝。1405年2月，当20万装备齐全的大军聚集于讹答剌时，他突然病死。大军返回，东侵停止。不久，帖木儿之孙哈里取得王位，遣使护送明朝使臣傅安等人回国，向明朝表达和平往来的愿望。但哈里在位时间较短（1405—1409年在位），其王位很快被帖木儿四子沙哈鲁（1405—1447年在位）夺走，沙哈鲁遣使至明朝，恢复两国友好关系。此为15世纪初期的中亚情形。

　　与此同时，朱元璋四子朱棣打败其侄朱允炆，夺得帝位，后世称其为明成祖、永乐帝。明成祖初次致沙哈鲁的诏书中说："尔之先人帖木儿驸马能识天命，归藩太祖高皇帝，贡献不绝，以故朝廷加恩于尔遐僻之国，使得艾宁无事，人民亦皆安谧。朕闻尔能继先人遗志，恪并旧章。"沙哈鲁对明成祖以上邦之君自居，试图调停其与哈里构兵之事深表不满，在给明朝皇帝的表文中，自称锁鲁檀（即"王"），并自命为伊斯兰教之

保护者，欲以宗教与中国抗衡，不容明朝干涉其内政。随着双方交往的频繁，明廷承认了沙哈鲁为锁鲁檀的地位，并认可沙哈鲁所据哈烈在西域最强大，自永乐十一年（1413年）以后，"诸国使并至，皆序哈烈于首"。此后，明廷与西域诸国相约："永笃诚好，相与往来，同为一家，经商生理，各从其便。"这也可以说是明朝经营丝绸之路的方略。

这种方略，在中亚帖木儿王朝与明朝之间受到两股较大势力的影响：一是故元外剌部，即斡亦剌惕，明人称为瓦剌。此部元末脱离成吉思汗家族控制，从蒙古高原西北部迁至天山以北草原，与退入漠北的元帝后裔争雄于蒙古高原。其盛时力量延及大漠南北，威胁明朝。二是东察合台汗国。大致在蒙古巴鲁剌思氏贵族帖木儿控制察合台汗国西部的同时，居于今新疆阿克苏地区的蒙古朵豁剌惕氏贵族扶立察合台后裔，控制了察合台汗国的东部，明人称为别失八里、亦力把里、土鲁番。15世纪前期瓦剌势强，与明朝争夺哈密的控制权，常与西域诸地使臣同往中原进贡，谋取经济利益。成化九年（1473年），土鲁番（东察合台汗国）吞并哈密，挟制邻境，与明朝反复争夺哈密，企图代哈密王领西域职贡。明朝除武力准备外，还采取了闭关绝贡、拘留其朝贡使臣等措施，促使其恢复到正常的贸易关系。然瓦剌与察合台后王之间几乎一直相互对立，影响着丝绸之路的畅通。

二、中亚与明朝的使臣往来

据《明实录》记载，1387—1504年，中亚帖木儿王朝出使明朝的使团次数约有78次。在整个15世纪，其来华使团次数不少于67次，三倍于明朝出使其地的使团次数。

帖木儿时期前往明朝的9次使团中，首次是洪武二十年（1387年）的回回满剌哈非思。有明确使臣身份的，还有洪武二十五年（1392年）的万户尼咎卜丁和二十七年（1394年）的酋长迭力必失。迭力必失带来的一份帖木儿上明太祖表，见之于明朝官方记载。其子沙哈鲁统治时期，有40余次使臣来华，是中亚与明朝友好往来的重要时期。

这些来华使臣有万户、酋长、巴黑失、伯克、伯颜、打剌罕等世俗身份；有满剌、火者、舍黑、迭里迷失等宗教身份。其中较为突出的是打剌罕和迭里迷失。

打剌罕，突厥语作Targan，唐代音译为达干，是"专统兵马事"的武职官号。蒙古语作Dargan，元代音译为答剌罕。明清两代又有打剌罕、打儿汉、达儿汉等异译，译音无正字，随时而异。成吉思汗对其本人或其儿子有救命之恩的人，授以答剌罕称号。答剌罕一词有"得自由""自在"之意。中亚帖木儿王朝来华使臣拥有打剌罕称号者，多在沙哈鲁统治时期。帖木儿王朝统治者喜欢将打剌罕称号赐给其臣民，而其使臣也非常重视此称号，有意向明朝炫耀其打剌罕身份。此外，亦力把里、哈密等处使臣也喜欢打着打剌罕的称号。明朝对拥有打剌罕头衔使臣提供的待遇也比普通人要高。

15世纪的中亚正逐渐形成一个迭里迷失阶层或集团，这就是14世纪末逐渐兴起的伊斯兰教苏非派纳合西班底教团。该教团的乡村低级教士——迭里迷失是王权的"最佳盟友和最佳支持者"。它的入世态度，对财富的追求，使这个阶层的人非常重视商业活动。来华的中亚帖木儿王朝使团成员中不少人名字有迭里迷失或类似译音，这些人极有可能与纳合西班底教团的商业活动有关。

中亚来华使臣可分成两类，即进贡使臣和贸易使臣。他们又都分成两种，进京使臣和寄住边城使臣。其区别在于：进贡使臣作为王或头目的代表，是正式的官方使臣，反映在《明实录》上，他们的名字与其所代表的王的名字一同出现。明廷对其王或头目赏赐的同时，亦对使臣分等第赏赐，有的使臣还被授以官职。贸易使臣多以进贡的名义与明朝进行贸易，他们在京师或经明廷允许在边地进行贸易。不过，这两类使臣的区别并不严格。官方使臣亦从事贸易，而贸易使臣中有些实际上是借朝贡为名、行贸易之实的商贾。

这些使臣中有不少人或其后代多次来华，实际上是15世纪丝绸之路上的贸易世家。他们对中国的情况极为熟悉。中亚帖木儿王朝的来华使团有些是随访问帖木儿王朝的中国使团来华的，如《沙哈鲁遣使中国记》的作者盖耶速丁的使团。但明朝访问帖木儿王朝的使团次数毕竟有限，大多数中亚来华使团是由曾经来往于两地之间的中亚人引导的，16世纪初成书的《中国纪行》所提及的来华使团便是如此。

从明朝洪武二十八年（1395年）到天顺七年（1463年），明朝出使中亚的使团大概有20次，多集中在15世纪前期的永乐和宣德年间，可以说这一时期是明与中亚友好交往的黄金时期。见之于官方文献首次到达中亚的明朝官方使臣是傅安，其后使臣主要有陈德文、白阿儿忻台、李达、陈诚、李暹、鲁安、也忽、李贵、马云等。明朝充当使臣的人多由中官（内官）、中高级军官、中下级文官等组成。除陈诚、陈德文等人外，大多文化水平不高，但他们多能长途跋涉，吃苦耐劳，不辱使命。其中最为著名的是傅安和陈诚。

河南太康人傅安（？—1429年）是明朝最早派往中亚的使臣之一，他先后出使西域不少于6次。傅安以刀笔起家，为南京后军都督府吏，历四夷馆通事舍人，鸿胪寺序班。洪武二十八年（1395年），任礼科给事中的傅安受明太祖派遣出使撒马儿罕。起因是洪武二十七年（1394年）撒马儿罕国主帖木儿不仅贡马200匹，还上表明太祖。傅安与给事中郭骥、御史姚臣、中官刘惟等赍玺书金币，率将士1500人，被滞留撒马儿罕13年，永乐五年（1407年）还朝。傅安至撒马儿罕后，"其主与其群下，意颇骄倨，安与论议，词气侃侃，且为具陈我朝富强，振古莫比，由是彼国亦欲夸其地之广，遣人导安，西至讨落思，南至乙思亦罕，又南至失刺思，还至黑鲁诸诚，计万千余里。凡六年，始返其国"。

江西吉水人陈诚（1365—1458年）曾三次到达哈烈、撒马儿罕等地，时间依次是：永乐十一年九月至十三年十月，永乐十四年六月至永乐十六年四月，永乐十六年十月至永乐十八年十一月。永乐十一年（1413年）初访中亚时，陈诚是使团中负责应对文书的书记官，其后，每出访一次，官升一级。永乐十八年（1420年）升除广东布政司右参政，从三品。永乐十三年（1415年），陈诚返回京城后，除进献了《西域记》《狮子赋》《行程记》之外，还进了西马7匹。获朝廷赐钱钞四万七千贯，纻丝二表里，其中包含马价。永乐十六年（1418年）四月回京后进马15匹，赐马钞五万五千贯。永乐十八年（1420年）十一月回京后进35匹，给马钱钞十万二千贯，赏纻丝三表里。每次进马都得到朝廷的赐钞，献马越多，得到的赏赐也就越多。此事表明，即使像陈诚这种官方的正式使臣，亦有私下买马献给朝廷之举。与中亚来华使臣一样，明朝出使中亚的使臣，亦同时兼有贸易使臣的身份。明廷对使臣买马进献是欢迎并予以奖赏的。

自宣德八年（1433年）之后，明廷有二十多年未派使臣出使中亚。英宗复辟后，于天顺元年（1457年）九月命马云为正使，出使撒马儿罕。马云使团至哈密后停滞不前。天顺四年（1460年）十月，兵部报告称："先差锦衣卫带俸都指挥佥事马云等赍敕书金牌往撒马儿罕等处。行至哈密，为乜加思兰攻劫，回在肃州。"马云的撒马儿罕之行未成。天顺七年（1463）二月明英宗又派都指挥同知海荣、指挥使马全使哈烈，指挥使詹升、葛春使撒马儿罕。此为见之于《明实录》的、明朝遣往中亚帖木儿王朝的最后一批使臣。该使团可能最终未能到达中亚。

天顺七年（1463年）之后，明朝基本上没有再派使臣到中亚访问。15世纪后期至16世纪初，明朝人对中亚情况的了解多靠来华西域使臣的陈述，而西域使臣从其私利出发，陈述并不可靠。嘉靖年间，明朝人把本为一国的哈烈与黑娄当成两国分别予以介绍，表明16世纪前期明朝人对中亚的认知远不如15世纪前期那么准确了。而16世纪初波斯人阿里·阿克巴尔却能写成一部详细介绍明代中国的《中国纪行》，这说明，经营15世纪尤其是15世纪后期陆上丝绸之路的商人主要是中亚人。

三、丝路辉煌：中亚与明朝的贸易往来

中亚与明朝往来的目的有二：一是向明朝进贡马匹、玉石等物，换取相应的"回赐"。"回赐"有标准规定或惯例，不在规定之内的物品则临时"会估"以定"回赐"数目。明廷的"回赐"物品通常比"进贡"物品的价值要高。丰厚的回报是西域地方政权乐于进贡的重要原因。二是利用进贡的机会，携带各种土特产到明朝境内贸易。这种贸易一般是在京城或边地进行，也有使臣在其经过之所购买当地物产的。这种朝贡之路被

西域人形象地称为"金路"。

相对于中亚诸地需要明朝的彩缎、绢布等物而言，明朝需要中亚进贡的马、驼、方物要少得多。这既可从中亚使臣来华的次数大大超过明朝使臣到达中亚诸地的次数中得到反映，也可从双方贡赐贸易的品种与数量中得到反映。来自中亚的马、驼、玉石、珍禽异兽以及地方土特产，适应了明朝统治阶级各阶层的需求，而明朝的丝绸、绢布和瓷器等物则提高了中亚社会中上层的生活水平。

首先是马的贸易，这在中亚与明朝的贸易往来中分量最重。景泰七年（1456年）之前，有据可查的中亚帖木儿王朝的55次朝贡，几乎每次贡品中都有马匹。这主要是明朝对中亚马匹需求量大，给与的价格优厚，为中亚商人带来了丰厚的利润。明成祖即位后，将马分为上中下三等分别酬其值。不同地区的马匹价值不等。景泰七年三月，撒马儿罕地面使臣指挥马黑麻舍力班向明朝进贡马、驼、玉石等物。明朝礼部认为旧时赏例过高，建议：自进阿鲁骨马每匹彩段四表里，绢八匹。驼每匹彩段三表里，折钞绢十匹。达达马不分等第，每匹纻丝一匹，绢八匹，折钞绢一匹。给军骑掺中等马每匹纻丝一匹，绢八匹，折钞绢二匹。下等马，每匹纻丝一匹，绢七匹，折钞绢一匹。其不曾到京各头目人等带进过马不分等第，每匹回赐彩段二表里，阿鲁骨马回赐彩段六表里，西马回赐彩段五表里，折钞绢十匹。礼部的报告得到景泰帝的批准。后成惯例。大体上，中亚撒马儿罕、哈烈等处进贡马匹，依哈密赏例："回赐大马每匹（彩段）四表里，达马不分等第，每匹二表里。"

其次是玉石贸易。明朝出使中亚的使臣陈诚在其《西域番国志》中称哈烈有水晶、金刚钻、剌石等，但指出可能非其所产，悉来自他所。中亚的使臣多与哈密、于阗等地使臣一道进贡玉石，其所贡玉石或来自南疆，或顺路购买。1404年访问帖木儿的西班牙使臣克拉维约告诉我们："在撒马儿罕城内，有自和阗运来的宝玉、玛瑙、珠货，及各样珍贵首饰。和阗所产之货，具极名贵者，皆可求之于撒马儿罕市上。和阗之琢玉镶嵌之工匠，手艺精巧，为世界任何地所不及。"

中亚使臣所贡玉石品种主要有：玉璞，即未经过雕琢的玉石；速来蛮石（或说即回青，苏麻离青，含钴矿石）；松都鲁思石（即水珀，浅黄色且透明度高到像水一样，但表皮较为粗糙的琥珀，松都鲁思，波斯语，意为"金黄的""透明的"）；夹玉石（一说含硬石的碧玉）、把咱石（或说即波斯语 pāzahr、bezoar，似为"牛黄"）等。其中有些进贡数量较大，如宣德六年（1431年）正月，撒马儿罕使臣卜颜札法儿等进速来蛮石一万斤，多不堪用。正统十二年（1447年）十一月，哈密及撒马儿罕使臣舍黑马黑麻等贡速来蛮松都鲁思玉石二万斤。景泰七年（1456年）三月，撒马儿罕使臣马黑麻舍力班贡玉石一千余块。至京后，内臣携玉工同礼部官员验看。选其堪中者仅二十四块，重六十八斤，其余不堪者五千九百三十二斤，令其自卖。使臣坚持进贡，明朝只好将玉石每五斤赐绢一匹。由于进贡玉石优劣悬殊，弘治三年（1490年），明廷批准内府估验定价例，规定玉石每斤赐绢一匹，夹玉石每四斤赐绢一匹，速来蛮石二斤绢一匹，青金石一斤绢一匹，把咱石十斤绢一匹。螺子石六块绢一匹。为牟取高利，有不少贸易使臣在玉石贸易中以次充好、待价而沽，以累求加赏。

第三是珍禽异兽，如狮子、豹、哈剌虎剌（可能是沙漠猞猁或狞猫）、鹦鹉等，以及这些动物的皮制品如狮子皮、金钱豹皮等。其中狮子之贡对明朝政治社会生活影响较大。

狮子，作为一种珍贵礼品，汉代以后常由西域诸国进贡。元时，伊朗伊利汗国亦向元朝贡狮。狮子的威仪为帝王所喜，永乐年间，当西域诸国以狮子来献时，群臣纷纷咏诗作赋，名似庆祝，实是歌功颂德。对于狮子，陈诚在其《西域番国志》记载："狮子生于阿木河边芦林中，云初生时目闭，七日方开。欲取而养之者，候其始生未开目之际取之，易于调习。若至长大，性资刚狠，难于驯驭。且其势力强胜，爪牙距烈，奋怒之际，非一二人可驾驭之。善搏巨兽，一食能肉十斤多。有得其尾者，盖操弓矢、设网罟以杀之，若欲生致，甚难得也。"并说哈烈国主"沙哈鲁氏仰华夏之休风，戴圣朝之威德，鞠躬俯伏，重译殷勤，欲殚土地之所宜，愿效野人之芹献。乃集猛士大蒐山泽，遂获巨兽，名曰狮子。维以金绳，载之巨槛，三肃信使，贡献天朝"。实际上是明朝使臣要求沙哈鲁进献的，也说明贡狮是幼狮起送。中亚帖木儿王朝贡狮的高潮是在成化、弘治年间，前后不少于七次，期间引发了朝臣对狮子贡的议论。与永乐朝朝臣歌颂庆贺不同，这一时期的朝臣对西域贡狮多持贬议。其中较为突出的是成化十九年（1483年）十月撒马儿罕阿黑麻王的使臣怕六湾等进二狮之事。明朝礼部参照正统四年（1439年）金钱豹一只八表里例上报，但怕六湾以赏赐薄，乞如永乐赏例。明宪宗令加赏彩段五表里，即每只狮子赏十三表里。但怕六湾坚求永乐赏例。明廷又对正副使再加二表里，其余人加一表里。怕六湾仍未满足，又以道路阻远，不断奏求加赐。次年二月，明宪宗下令加赐撒马儿罕等处速檀阿黑麻王所遣正副使银五十两，从人十五名银各五两，催促其回去。然怕六湾还是迟迟不走。成化二十年（1484年）九月，明朝将怕六湾从都督佥事升为都督同知，赶其回去。怕六湾又以西域陆道受阻为由，要求改从海道走，并提出到长芦买食盐百引回去。明廷为使其早日成行，又满足了他的要求。时有成化十九年（1483年）《西番贡狮图》，上有《御制狮子赋》称"惟撒马儿罕见之僻壤，产奇兽以叶祥。锁鲁坛之国阿黑麻之王获兹二物，不以自宝，义出忠肠。差帕六湾都督之正使，择火者马黑麻之同行，画图像以进贡，具雕兰而远将虎塞泥之名呼，解人语之行藏"。即述怕六湾贡狮事。

中亚帖木儿王朝来华贡狮在波斯文献中亦有反映。16世纪的波斯旅行家赛义德·阿里·阿克巴尔·契达伊在其《中国纪行》中说：1头狮子值30箱商品，而每只箱子中都装100种不同商品：绸缎、缎纹布、拜—贝赖克帛（可能系指丝绸）、马镫、铠甲、剪刀、小刀、钢针等。每种商品单独成包，每只箱子包括1000包，也就是说共有1000种商品。阿里·阿克巴尔的记载可能会夸大其辞，但这真实反映了中亚贸易使臣贡狮所得的赏赐十分丰厚。

第四是瓷器回赐。永乐十七年（1419年）五月，明朝赐给失剌思王亦不剌金的物品中，就有瓷器。成化十五年（1479年），明廷限进贡到京使臣每人许买青花瓷器五十副。我们从藏于伊斯坦布尔托普卡帕宫博物馆的一幅绘制于15世纪晚期的阿括芸鲁土库曼人的卷轴断片细密画中可以看见人们正在运输中国瓷器，画面清晰地显示出当时的中国人手里捧着和货车上放着的中国青花瓷（带盖的青花瓷罐）。

陈诚《西域番国志》记哈烈仿制瓷器："造瓷器尤精，描以花草，施以五采，规制甚佳，但不及中国轻清洁莹，击之无声，盖其土性如此。"实际上陈诚所见并非真正意义上的瓷器，只是施以青白釉彩的陶器。帖木儿王朝的统治者更喜欢中国瓷器。布哇《帖木儿帝国》："回历852年（1448—1449年）月即别部侵入河中，残破撒马儿罕及其附近诸地，毁夏宫，从中国运至之瓷塔，亦碎。"《巴布尔回忆录》说，兀鲁伯·米儿咱在科希克山麓辟了一个花园，在这个公园里有一个亭子，称为支那厅（瓷厅），因其前面矮墙的下部都为瓷砖所铺砌。这些瓷砖是他派人去中国采办来的。阿里·阿克巴尔在其《中国纪行》中不仅介绍了瓷器的制造技术，并指出："瓷器有三大特点，除玉石以外，其他物质都不具备这些特点：一是把任何物质倒入瓷器中时，混浊的部分就沉到底部，上面部分得到澄清。二是它不会用旧。三是它不留下划痕，除用金刚石才能划它。因此可用来验试金刚石。用瓷器吃饭喝水可以增进食欲。不论瓷器多厚，在灯火或阳光下都可以从里面看到外部的彩绘（或瓷器的暗花）。"

瓷器易碎，陆路运输极易颠簸破损，且瓷器体积大，运输量有限。所以中国瓷器输往海外多以海路为主，以至于"陶瓷之路"成为海上丝路的又一代名词。不过陆路运瓷还是有办法的。明人沈德符在其《万历野获编》记载说："余于京师，见北馆伴（当）、馆夫装车，其高至三丈余。皆鞑靼、女真诸房，及天方诸国贡夷归装所载。他物不论，即瓷器一项，多至数十车。予初怪其轻脆，何以陆行万里。既细叩之。则初买时，每一器内纳少土，及豆麦少许。叠数十个，辄牢缚成一片。置之湿地，频洒以水。久之则豆麦生芽，缠绕胶固。试投之荦确之地，不损破者，始以登车。临装驾时，又从车上掷下数番，其坚韧如故者，始载以往。其价比常加十倍。盖馆夫创为此法。无所承受。"

15世纪，特别是15世纪前期，中亚帖木儿王朝与明朝贸易往来非常广泛，哈里、沙哈鲁、兀鲁伯这些锁鲁檀及其地方王公贵族都组织到中国的商队，商队旅程平均要九个月。从中国运来如"金花""阿得莱丝绸""塔夫绸"等丝织品，以及瓷器、银子、纸张（洒金笺纸）、茶叶、镜子、铜锡汤瓶等。中亚商人也将本地产的纺织品、马、驼、玉石、方物等运销中国。

四、长烟落日：丝绸之路往来动力的衰退

纵观15世纪的陆上丝绸之路，前期繁荣，后期逐步走向衰退。分析这百年间由盛而衰的过程，大体可以了解丝绸之路往来的动力问题。

第一，丝绸之路开通的动力是政治军事因素。汉时张骞通西域，先后联络大月氏和乌孙，"断匈奴右臂"的目的表明丝绸之路天生具有政治军事因素。此后，西域是历代中原王朝重视的地区。明初，朱元璋在长城内立足，驱逐蒙元残余势力于塞外，声威远播于漠北和西域。成祖迁都北京，实元大都旧地，自西域诸国观之，君汗八里（北京）者，即为蒙古帝国之共主。帖木儿王朝锁鲁檀、别失八里（后为亦力把里）王先后遣使来贡既是迫于明朝声威，也是承认明是蒙元的继承者。由此，凸显了通过丝绸之路与西域诸地交往政治上的重要性。明朝为确保其在西北丝绸之路上发挥主导作用，实行了"顺天事大""保国安民"的睦邻政策以及厚往薄来的措施。为实行"断北夷右臂而破散西戎交党"的传统战略，明于永乐四年（1406年）三月设哈密卫，以哈密领西域朝贡，以关西七卫作西陲屏蔽，镇守甘肃以维护贡路，达到"保哈密所以保甘肃也，保甘肃所以保陕西也，是故，保哈密所以保中国也"这一政治军事目的。因此，就明代中国这一政治军事目的而言，丝绸之路开通的动力一直存在。

第二，维护丝绸之路畅通的基本动力是经济利益。丝绸之路之所以维持一千多年，其基本原因就在于它是中西方之间的商道。这条商道的畅通取决于丝绸之路上国家和商人对贸易往来的维护和坚守。帖木儿在上明太祖表中致谢朱元璋"使站驿相通，道路无壅，远国之人，咸得其济"。而朱元璋在致别失八里王国书中也彰显其维护商路的骄傲："朕即位三十年，西方诸国商人入我中国互市，边吏未尝阻绝。朕复敕吾吏民不得恃强侵谩番商，由是尔诸国获厚利，疆场无扰，是我中国有大惠予尔诸国也。"明朝皇帝确立了"厚往薄来"的朝贡原则。明成祖说："盖远人慕义而来，当加厚抚纳，庶见朝廷怀柔之意。"明宣宗也说："厚往薄来，怀远之道。"这确保了西域来华贡使获取厚利。但是作为外国人，只能以使臣或使臣侍从的身份进入中国。西域诸地商人可以联合起来向当地国王进贡，获得向明朝朝贡的特许。长途经商，需要专门的语言、民族、经济等方面的特殊知识，由此产生了丝绸之路上从事贸易的世家大族。西域诸地的国王从这些世家大族中征募商务

经纪人,向他们提供资本和充当使臣的外交文书。中亚国王有颁发"打剌罕"证书的习惯,尤其是发给商人门。持"打剌罕"证书的人通常是富有的社会成员,或贸易世家大族,他们需无条件地为君主服务。获得"打剌罕"意味着拥有免税权,同时还获得免受惩罚九次、自由觐谒君主等好处。明朝境内也有一些活跃于河西走廊、哈密、土鲁番之间的丝路贸易家族,如哈密回回首领写亦虎仙(1456—1521年)久居甘州,广置田地和房屋,成了哈密人火辛哈即的女婿,并将其女儿嫁给了土鲁番速坛阿黑麻的使臣。通过互结姻戚,奔走于哈密、甘州、土鲁番之间做生意。

第三,文化交流保证了丝绸之路的持续影响力。波斯语是这一时期丝绸之路上的国际通用语。明朝四夷馆中的回回馆就是培养波斯语翻译人才的专门机构,其教师、译字生以及鸿胪寺通事主要服务于京师。日常往来中,在西北地区负责明与西域诸地语言沟通的主要是甘肃总兵官及其下属的边上通事。西域贡使入关后,由边关到京城会同馆或由京城返回,沿途都需要边上通事伴送。这些通事不少人都信仰伊斯兰教,与西域贡使生活习俗相同,往来交流方便。

宗教信仰对物质文化交流也有一定影响。沙哈鲁、卜撒因(1451—1469年在位)为取得并巩固王位,都与伊斯兰教纳合西班底教团的苏非长老们关系密切,后者尤其得到纳合西班底教团第三任教长和卓乌拜杜拉·阿赫拉尔的支持。和卓阿赫拉尔不仅是宗教领袖,也是一位大地主、大商人,其领导之下的迭里迷失不少是商人。苏非教团的势力也影响了丝绸之路的物质文化交流,如苏非派喜爱蓝色,蒙古贵族也喜欢蓝色,这使得具有各种装饰图案的青金石和蓝石的瓷碗、瓷盘、瓷瓶成为丝绸之路上重要的贸易或仿制器皿。这些器皿如青花瓷是苏非派道堂、清真寺乃至王宫中常用的装饰瓷。

丝绸之路上的贸易品主要是满足双方统治阶层的需要,与普通民众关系不大。追求并维持高额利润是丝绸之路朝贡贸易得以长期存在的重要原因。15世纪末,明朝财力紧张,国力逐渐下降,明朝前期给予贡使的厚赐赏例太重,难以给予,只好限贡期,限人数,薄减其偿。加之土鲁番兴起,哈密衰落,明在西域的政治利益受损;不少明朝士大夫对域外进贡持保守态度,缺乏热情,明朝对维护丝绸之路贸易的愿望和能力下降,以致丝绸之路上曾经的辉煌犹如长烟落日,气象不再。

参考文献：

〔1〕　阿里·阿克巴尔著，张至善编：《中国纪行》，生活·读书·新知三联书店，1988年。
〔2〕　阿里·玛扎海里著，耿昇译：《丝绸之路：中国—波斯文化交流史》，中华书局，1993年。
〔3〕　巴布尔著，王治来译：《巴布尔回忆录》，商务印书馆，1997年。
〔4〕　博斯沃思著，华涛译：《中亚文明史》第四卷，中国对外翻译出版公司，2010年。
〔5〕　罗·哥泽来滋·克拉维约著，杨兆钧译：《克拉维约东使记》，商务印书馆，2016年。
〔6〕　布哇著，冯承钧译：《帖木儿帝国》，商务印书馆，1935年。
〔7〕　陈诚著，周连宽校注：《西域行程记 西域番国志》，中华书局，1991年。
〔8〕　田卫疆：《丝绸之路与东察合台汗国史研究》，新疆人民出版社，1997年。
〔9〕　刘迎胜：《海路与陆路：中古时代东西交流研究》，北京大学出版社，2011年。
〔10〕　张文德：《明与帖木儿王朝关系史研究》，中华书局，2006年。
〔11〕　张文德：《朝贡与入附：明代西域人来华研究》，兰州大学出版社，2013年。
〔12〕　杨林坤：《西风万里交河道——明代西域丝绸之路上的使者和商旅研究》，兰州大学出版社，2014年。

帖木儿王朝玉器

○ 许晓东　香港中文大学文物馆

　　帖木儿王朝(1370—1507年)为中亚河中地区突厥贵族帖木儿于1370年开创的帝国。洪武二年(1369年)帖木儿娶西察哈台汗国克桑算端汗(Kazan Sultan Khan)之女为妻,因此又被称为"元驸马帖木儿"。首都撒马尔罕(Samarqand),后迁都赫拉特(Herat,又译哈烈、黑拉特)。鼎盛时期,其疆域以中亚乌兹别克斯坦为核心,横跨帕米尔高原、小亚细亚、阿拉伯半岛,囊括中亚、西亚各一部分和南亚一小部分。帖木儿去世后,子孙间相互争夺王位,最终1507年昔班尼(成吉思汗长子赤术之后代)击败帖木儿后裔,建立乌兹别克汗国。帖木儿五世孙巴布尔兵败逃至现在的印度,并在那里开创了莫卧儿王朝。

　　1405年帖木儿病逝后,帝国陷入旷日持久的纷争,帖木儿四子沙哈鲁(Shah Rukh, 1377—1447年)最终平息各地叛乱,统一了除西波斯之外的原帖木儿帝国辖地,与其子兀鲁伯(Ulugh Beg, 1394—1449年)分驻赫拉特和撒马尔罕。沙哈鲁(1405—1447年在位)、兀鲁伯(1447—1449年在位)父子当政的40余年间,把主要精力投入国内建设,以恢复帖木儿扩张时带来的破坏。他采取措施发展农业、手工业和商业,开辟新商道,遍设驿站,重建和新建主要城市,当时的波斯和阿富汗地区因此经济繁荣,伊斯兰文化、突厥文化融合发展。1409年被其父任命为河中地区和突厥斯坦总督的兀鲁伯,本身就是著名的天文学家、数学家、诗人和哲学家,被历史学家称为"皇位上的学者"。兀鲁伯治理撒马尔罕30多年,这一时期是撒马尔罕的黄金时代,经济繁荣,各国商贾云集,国库充盈,学术文化昌盛,宫廷学者荟萃。沙哈鲁驻守的赫拉特和兀鲁伯驻跸的撒马尔罕(Samarqand),同时成为帖木儿文艺复兴最灿烂的中心,首都赫拉特更是当时著名的伊斯兰学术文化中心之一。沙哈鲁父子在位期间与明朝交通不断,玉雕艺术亦在此期得以发展。

一、帖木儿王朝与明朝的交通

自洪武二十年(1387年)起,帖木儿数次遣使称臣纳贡,以期与明朝建立军事同盟,共同对抗蒙古人。但随着对中亚花拉子模(Khwārizm)、阿富汗、东察哈台、金帐帝国、波斯的节节胜利,处于进一步扩张领土的需要,1396年帖木儿转而扣押包括奥斯曼土耳其及明朝在内的各国使节,表示对外宣战,甚至于1404年率领大军意图发动对明的战争,终因途中病逝中断。被扣押达13年之久的明使傅安、陈德文等,得以返国。沙哈鲁继承王位后,与明朝的往来更为频密。两国使节的来往在永乐年间几乎每年一次,宣德年间近隔年一次,正统、弘治年间渐趋疏离,自正统二年(1367年)后,哈烈因道远不复至。永乐十九年(1421年),沙哈鲁派遣五百人的庞大使团来朝。使团成员包括其长子兀鲁伯、次子阿布勒法特·依不喇、三子贝孙忽、四子苏玉尔格哈特弥士及五子穆罕默德·居其王子等,在北京逗留达五个多月之久[1]。就两地互奉之礼品看,明朝多书币、织金纹绮,帖木儿朝多驼马、狮子等方物。两国间涉及玉石往还的记载首见于宣德七年(1432年),沙哈鲁遣使随明使李贵贡驼马、玉石;随后正统二年(1437年),撒马尔罕、哈烈贡马及玉石。正统十年(1445年),英宗书谕兀鲁伯,按例赐王及王妻彩币表里,并别赐金玉器、龙首杖、细马鞍及诸色织金纹绮。景泰七年(1456年)撒马尔罕贡马驼、玉石[2]。

二、帖木儿朝玉器及其对伊斯兰地区玉器的影响

10—13世纪伊斯兰文献对于新疆玉料以及甘兹尼、伊朗东部贵族使用玉带、玉戒指、玉臂饰、玉鞦带等,已有零星记载[3]。撒马尔罕所在的河中地区,曾是西辽故地,而辽亡残部西迁前,已制作并使用玉器。另据文献记载,成吉思汗曾三次派遣使臣前往伊朗,带去了包括玉团、银器在内的珍贵礼物[4](表1)。可见,当时蒙古人已珍视玉器,中亚、西亚地区对玉石也不陌生。特别需要提及的是,帖木儿虽以武力扬名,他对撒马尔罕的经营可谓倾尽心力。为使撒马尔罕成为世界上最完整、最重要之名都,帖木儿不惜使用种种手段,招致商人来此贸易。并于所征服之城市中,选拔最良善、最有才干及最有巧艺之工匠,如大马士革的珠宝商、丝织匠、弓矢匠、战车制造家、琉璃及陶工,土耳其的造枪匠、镂金工、建筑师,人数超过15万,可谓百工悉备[5],其地"工巧过于哈烈"[6]。这边为该地包括玉石雕刻在内的各艺术门类的发展奠定了经济及技术基础。

帖木儿朝玉器的发展,很大程度上得益于沙哈鲁的推动。一则据称抄录自沙哈鲁时期文献的18世纪手稿记载,契丹(当时指北中国或中国)贵族非常珍爱玉石。七色玉石在契丹以及喀什噶尔地区都有出产。生活在当地的Karfirs(指不信奉伊斯兰教的人)精

表1 帖木儿王朝与明朝的交往

时间	明朝	帖木儿帝国 撒马尔罕	帖木儿帝国 哈烈
洪武二十年（1387年）		遣满剌哈非思等贡驼马	
洪武二十五年（1392年）	遣官诏谕其王，赐文绮彩币*		
洪武二十七（1394年）		帖木儿贡马二百	
洪武二十八（1395年）	傅安赍玺书币帛报之		
洪武二十九年（1396年）		帖木儿在锡尔河过冬时召见契丹国皇帝使者	
洪武三十五年（1402年）	遣使诏谕酋长，赐织金文绮*		
永乐五年（1407年）	厚赉其使，乃遣指挥白阿儿沂台往祭故王，赐新王及部落银币 傅安等赐其王彩币，与贡使偕行	哈里遣使臣虎歹达送傅安还，贡方物 头目沙里奴儿丁（帖木儿部将）贡驼马	
永乐六年（1408年）	遣傅安赍书币往*		遣使随安朝贡，七年达京师
永乐七年（1409年）		傅安还，王遣使随入贡	遣使朝贡
永乐十一年（1413年）			率诸使达京师，赏赐有加
永乐十三年（1415年）	命陈诚及中官鲁安偕往，赐其头目兀鲁伯等白银、彩币	遣使随李达、陈诚等入贡 复遣使随陈诚等入贡	复遣使偕（李达）来，贡文豹、西马及其他方物
永乐十四年（1416年）	及还，命陈诚赍书币报之*		再贡
永乐十五年（1417年）			随陈诚来贡
永乐十六年（1418年）	命李达等报如初*		复贡
永乐十八年（1420年）	命陈诚及中官郭敬赍敕及彩币报之		偕于阗、八答黑商来贡
永乐二十年（1422年）			复偕于阗来贡
宣德二年（1427年）			打剌罕亦不剌来朝贡马
宣德五年（1430年）		兀鲁伯米儿咱等遣使再入贡	
宣德七年（1432年）	中官李贵等赍文绮、罗锦赐其国（撒马尔罕与哈烈）		贡使法虎儿丁抵京师随李贵贡驼马、玉石
宣德八年（1433年）	李贵护送使者还，赐其王及头目彩币*		来贡
正统二年（1437年）		贡马及玉石	指挥哈只等贡马及玉石
正统三年（1438年）			来贡
正统四年（1439年）	帝命图其像	贡良马	
正统十年（1445年）	书谕兀鲁伯，赐王及王妻彩币表里，别赐金玉器、龙首杖、细马鞍及诸色织金文绮		

（续表）

时间	明朝	帖木儿帝国	
		撒马尔罕	哈烈
景泰七年（1456年）	减回赐。堪用者止二十四块，六十八斤，余五千九百余斤者，不适于用。赐王卜撒因（帖木儿三子）文绮、器物	贡马驼、玉石	
天顺元年（1457年）	指挥马云等使西域，赐彩币，令护朝使往还		
天顺七年（1463年）	指挥詹升等使其国 都指挥海荣、指挥马全往哈烈*		
成化中		阿黑麻三入贡	
弘治二年（1489年）		其使自满剌加至广东，贡狮子、鹦鹉诸物，却之	
弘治三年（1490年）		偕吐鲁番贡狮子等物	
弘治十二年（1499年）		来贡	
弘治十三年（1500年）		复至	
正德		数至	
嘉靖二年（1523年）		又至	
嘉靖十二年（1533年）		偕天方、吐鲁番入贡，称王者百余	
嘉靖十五年（1536年）		入贡如故	
嘉靖二十六年（1547年）		入贡	

注： 1. 表格据《明史》卷三三二《西域传》、《明一统志》、《殊域周知录》、《中西交通史料汇编》编制。
2. * 为明朝遣使哈烈之记载。
3. 永乐四年(1406年)，默德那回回结牙思进玉碗(见《殊域周知录》卷十一，《中西交通史料汇编》第二册，第928页)。

通玉雕，除了制作玉人外，也琢制玉剑柄或玉带，而且价值不菲。无论男女，Karfirs都以拥有与其社会地位相当的玉器为荣。河中地区（Mawaraunnahir）以及呼罗珊（Khorasan）的突厥人一开始对这一艺术并不感兴趣。因沙哈鲁喜欢收藏玉器，当地突厥人因此也喜欢上玉雕艺术。后来他们不仅通晓玉器，还成为行家里手，制作了大量玉器。沙哈鲁的妻子曾花巨资为她儿子的皇冠添加玉背[7]，这揭示了沙哈鲁时期皇室、贵族对玉器的推崇，同时也表明沙哈鲁治下的河中地区已经有玉器制作业[8]。

存世帖木尔王朝玉器虽不多，但颇具特色。其中镌刻有兀鲁伯名号的玉器目前共见有5件。其一是为祖父帖木儿制作的碧玉墓石(cenotaph或tomb stone)。该块碧玉是1424—1425年兀鲁伯击败伊犁地区蒙古人的战利品，现存撒马尔罕。表面除镌刻花卉及

图 1
深色碧玉墓石
帖木儿王朝
乌兹别克斯坦古尔埃米尔陵墓（Gur-e-Amir Mausoleum）藏

几何形开光图案外，还有长篇波斯文追溯帖木儿先祖，记载获得玉石的经过[9]（图1）。龙耳罐或杯是帖木儿王朝典型的玉器品类，传世较多。例如白玉龙耳罐，颈部浅浮雕兀鲁伯的名号。据口沿及龙形把下方之铭文，此罐后又被贾汉吉尔（Jahangir，1605—1627年在位）及沙贾汗（Shah Jahan，1628—1658年在位）递藏，并加刻名号[10]（图2）。1681—1684年间进入法国皇家收藏、现藏巴黎国立自然历史博物馆的碧玉龙耳罐，与白玉罐的不同之处在于龙身近颈部有一穿孔圆环，当曾系链连接罐盖，这一做法与金属壶/罐的处理方式相同。而龙尾部的花形雕饰则与白玉龙耳罐同，也多见于金属罐[11]（图3）。此外，尚有3件龙耳杯，虽无铭文，但龙耳造型类似，推测是同时代作品[12]（图4）。美

图 2
白玉龙耳罐
帖木儿王朝
葡萄牙古本江博物馆（Calouste Gulbenkian Museum）藏

图 3
碧玉龙耳罐
帖木儿王朝
法国国立自然历史博物馆
（National Museum of Natural History, France）藏

帖木儿王朝玉器

图 4
深色碧玉龙耳杯
15 世纪前期
大英博物馆(The British Museum)藏

图 5
碧玉杯
帖木儿王朝
旧金山亚洲艺术博物馆（Asian Art Museum of San Francisco）藏

图 6
墨玉剑格
14—15 世纪早期
美国大都会艺术博物馆（The Metropolitan Museum of Art）藏

国旧金山亚洲艺术博物馆所藏龙耳杯，杯身椭圆，口沿、足部装饰弦纹，与其他玉杯不同[13]（图5）。以龙首为饰的还见有 14 世纪至 15 世纪早期的墨玉剑格（图6）。这些玉器上的龙首造型特征都非常接近。

上述玉杯、罐或剑格，表面光素无纹或只有波斯铭文，大致制作于中亚撒马尔罕地区。有另一类杯、盘、护身符，除波斯铭文外，流行装饰花枝，例如两件花瓣形花叶纹护身符[14]（图7）、深色碧玉六曲开光花叶纹碗[15]（图8）、碧玉缠枝花卉纹盘（图9）及碧玉缠枝花卉纹碗[16]（图10）、碧玉错金四曲阿拉伯蔓草纹龙耳杯[17]（图11）、碧玉错金阿拉伯蔓草纹龙耳

帖木儿王朝玉器

图 7
碧玉花瓣形花叶纹护身符
14 —16 世纪初
私人收藏

图 8
深色碧玉六曲开光花叶纹碗
14 —16 世纪初
私人收藏

图 9
碧玉缠枝花卉纹盘
14 —16 世纪初
法国卢浮宫博物馆（Louvre Museum）藏

图 10
碧玉缠枝花卉纹碗
14 —16 世纪初
法国卢浮宫博物馆（Louvre Museum）藏

019

图 11
碧玉错金四曲阿拉伯蔓草纹龙耳杯
14—16 世纪初
法国卢浮宫博物馆（Louvre Museum）藏

图 12
碧玉错金阿拉伯蔓草纹龙耳杯
14—16 世纪初
Nasser D. Khalili Collection

图 13
碧玉凤首花卉纹杯
14—16 世纪初
Bharat Kala Bhavan Collection

图 14
白玉花卉纹杯
14—16 世纪初
旧金山亚洲艺术博物馆
（Asian Art Museum of San Francisco）藏

图 15
黄铜错金银龙首盖罐
1484 年
The Nuhad Es-said Collection

图 16
黄铜错金银动物纹墨水盒
16 世纪
美国大都会艺术博物馆
（The Metropolitan Museum of Art）藏

杯[18]（图12）、碧玉凤首花卉纹杯[19]（图13）、白玉花卉纹杯[20]（图14）。这些玉器大致制作于 14 世纪至 16 世纪初，其产地为中亚撒马尔罕或伊朗，花叶处均下凹，图 7 至图 10 下凹的花叶周边以阴刻线条再加勾勒。图 11 之龙耳杯，杯身分两个装饰带，四曲开光内或开光间装饰阿拉伯蔓草纹，杯内里在玉料本身绺裂处边缘加饰花叶，花叶表面贴金为饰（若贴金非后加，则是所见最早用此方法遮掩玉料瑕疵的做法）。图 12 为八曲开光内或开光间饰阿拉伯蔓草图案[21]。其余杯、盘、碗几乎不见金饰，唯图 10 据称残留金饰痕迹。或可以推测此类玉器装饰图案表面原本应有金饰。

对碧玉、深色碧玉的偏爱，是帖木儿朝玉器的特色，这或许是因为当时碧玉容易得到，也与突厥人视青色为天空的颜色，并认为青色代表孔武有力有关。无独有偶，完成于元世祖忽必烈至元二年（1265 年）年的渎山大玉瓮，也是用近于黑色的深色碧玉制作。有学者留意到，河中地区玉罐之造型，源于当时流行于伊斯兰地区的黄铜罐。在玉器表面镶嵌金片（丝）的做法应该是受到 13 世纪初开始流行于中亚呼罗珊，进而盛行于其他伊斯兰地区的黄铜镶嵌金银工艺的启发，但这两类器物上使用的装饰纹样还存在

15世纪的亚洲与景德镇瓷器

图 17
深色碧玉罐
1618—1619 年
大英博物馆（The British Museum）藏

图 18
碧玉错金凤首杯
1613—1614 年
英国维多利亚和阿尔伯特博物馆
（Victoria and Albert Museum）藏

图 19.1
深色碧玉错金龙耳罐
奥斯曼帝国
土耳其托普卡帕宫博物馆
（Topkap Palace Museum）藏

图 19.2
深色碧玉错金嵌宝石龙耳罐
奥斯曼帝国
土耳其托普卡帕宫博物馆
（Topkap Palace Museum）藏

比较大的区别[22]。然而，一件1484年制作于赫拉特的黄铜错金银龙首盖罐（图15），不论造型抑或纹饰都显示出与帖木儿王朝玉罐的相似性[23]，另一件16世纪的黄铜墨水盒，表面的阴刻缠枝花叶做法，与上述玉器上的花叶类似[24]（图16）。玉雕与黄铜制作工艺间的相互借鉴，由此可见一斑。

16世纪初随着帖木儿王朝最为重要的北方城市撒马尔罕以及首都赫拉特的相继沦陷，奥斯曼土耳其成为当时主要的玉雕中心[25]。同时，帖木儿后裔在印度建立莫卧儿王朝，玉雕工艺同样得到推崇，帖木儿朝玉器因此得以流传，并在贾汉吉尔、沙加罕时期被推至罕可企及的高峰。贾汉吉尔常常在其先祖的玉器上直接加刻自己的名号。例如伦敦大英博物馆藏深色碧玉罐，无龙耳，但罐身与上引白玉龙耳罐类似，颈部所刻波斯文大意是：玉杯，精选宝石（制作）。阿克巴（Akbar，1556—1605年在位）之子贾汉吉尔之杯。愿生命之水储于此杯，王者之水，延年益寿[26]（图17）。现藏伦敦维多利亚与阿尔伯特博物馆的碧玉凤首杯，与图13之杯极为类似。近口沿碾琢波斯文，歌颂贾汉吉尔的公正，祝愿玉杯与所盛装的酒一样若红宝石般珍贵，并署贾汉吉尔名款。此器据铭文制作于1613—1614年间，可见玉杯形制流传之久远[27]（图18）。帖木儿朝玉器不仅为其后裔所追捧，亦为奥斯曼土耳其、萨菲波斯等统治者所珍爱。部分作为战利品流入奥斯曼土耳其及萨菲波斯的玉器，被新主人用黄金及宝石镶嵌加饰器表[28]（图19）。上引诸例可以看到，16—17世纪20年代的奥斯曼土耳其及莫卧儿王朝玉器无论器形抑或装饰，都显示出与帖木儿王朝玉器的密切关系。因此，帖木儿王朝玉器在15世纪上半叶的兴起，可谓直接带动了16—17世纪西亚、南亚地区玉雕艺术的发展，并对这些地区的早期玉雕面貌产生影响。与此同时，伊斯兰地区玉雕也开始出现新的玉器器形和装饰纹样。

三、明朝对帖木儿朝玉器的影响

前文已经提及，帖木儿朝玉雕的兴起，源于沙哈鲁对玉器的喜爱，而沙哈鲁对玉器的喜爱，则应是受到当时中国尚玉风潮的影响。两国间频繁的使节往返，为各方面的交流提供了基础。明代艺术对帖木儿朝玉器的影响是多方面的，除了崇尚玉石外，还可以看到帖木儿朝玉杯、碗的器形与中国瓷器类似[29]；龙及龙耳装饰也受中国影响（龙耳器皿自唐代开始即一直盛行）；而图10的缠枝花装饰，颇类元明时期的缠枝莲。大英博物馆藏碧玉螭耳杯（图20），杯沿镌刻兀鲁伯之名号，螭耳扁平，与上述杯、罐之龙耳不同，而近元明时期螭之造型。此杯可能制作于中亚地区，或由居于中亚的汉人工匠所制，更有学者认为乃兀鲁伯永乐十五年（1417年）出使明廷时购得[30]。

15世纪的新疆地区处于窝阔台后裔控制下的东察哈台汗国，这里出产的玉石，不仅是明朝，同样也是帖木儿王朝乃至莫卧儿王朝玉料的主要来源。除上文所及撒马尔罕、哈烈外，哈密、亦力把力、火州、吐鲁番、鲁迷、天方、于阗等首领自洪武迄嘉靖间，定时或不定时地入贡包含玉团、金刚钻、镔铁、玛瑙等方物，直至明嘉靖五年（1526年）之后关闭与西域的边贸[31]（表2）。金刚钻与镔铁都是可以用于玉器加工的利器。从明廷

图 20
碧玉螭耳杯
1427—1449 年
大英博物馆（The British Museum）藏

表 2　西域入贡方物

国别	年代	贡物
哈密		玉、精钢钻、青金石
亦力把力	永乐四年（1406年） 正统二年（1437年）	玉璞 玉璞
吐鲁番、火州	宣德五年（1430年） 成化九年（1473年）	玉璞 金刚钻、玉石、各色小刀
撒马尔罕		玉石、玛瑙珠、水晶碗、番碗、镔铁刀、镔铁锉
鲁迷		金刚钻、玉石、撒哈喇
天方国		玛瑙、金刚钻、镔铁刀、玉石
于阗		玉璞

注：据《明会典》万历朝重修本，中华书局 2007 年版编制。

回赐标准看，上等金刚钻每颗绢四匹，三等一匹；镔铁二斤绢一匹；玉石每斤绢一匹，可知三者均非常之珍贵[32]。金刚钻、镔铁在明代玉器制作中究竟起了什么样的作用？明代多层透雕及细密地纹透雕的流行，是否与金刚钻、镔铁的使用而直接导致玉器加工工具的提升有关，值得进一步研究。

另据记载，1562年，当拥有和阗玉矿经营特权的KhwajaMu'in得知其子Sharafuddin Husain在莫卧儿王朝受到国王阿克巴（Akbar，1556—1605年在位）器重并居高位时，借机朝觐阿克巴。KhwajaMu'in快到安卡拉时，阿克巴亲自前往迎接，款待规格堪比伊斯兰托钵僧，给了KhwajaMu'in无上的荣耀。KhwajaMu'in奉上了来自明朝以及喀什噶尔的奇珍异宝，其中应该即有玉石，此行旨在打开印度的玉石市场[33]。可以想见，明嘉靖五年（1526年）后随着与西域各国关系的渐趋疏远，新疆玉料开始主要流向西亚、南亚，为莫卧儿王朝玉器的繁荣提供了原料基础。

注释：

〔1〕 出使闻见详细记录见于火者·盖耶速丁：《沙哈鲁遣使中国记》，《世界著名游记丛书》第三辑，商务印书馆、中国旅游出版社，2017年。
〔2〕 张廷玉：《明史》卷三三二《西域四》，中华书局，1974年，第8597—8602页。
〔3〕 许晓东：《13—17世纪中国玉器与伊斯兰玉雕艺术的相互影响》，《故宫博物院院刊》2015年第1期，第56、57页。
〔4〕 Stephen Markel, "Fit for an Emperor: Inscribed Works of Decorative Art Acquired by the Great Mughals", *Orientations* 21:8, 1990, pp. 22-36. A. S. Melikian Chirvani, "Precious and Semi-Precious Stones in Iranian Culture" Chapter I "Early Iranian Jade", *Bulletin of the Asia Institute,* Bloomfield Hills, 1997, New Series, Vol. 2, pp. 123-173.
〔5〕 罗·哥泽来滋·克拉维约著，杨兆钧译：《克拉维约东使记》，商务印书馆，2009年，第157页。
〔6〕 张廷玉：《明史》卷三三二《西域四》，中华书局，1974年，第8602页。
〔7〕 穆斯林文献称北部中国为Khata或Khita，俄语、希腊语和中古英语则把整个中国称为Kitay或Cathay。这是一件抄录于1891年的手稿，手稿内容是关于各种玉石的神奇疗效的。手稿中的一段记载据说来自于Mahammad Haji。Mahammad Haji曾应沙鲁克的要求撰写一部有关各色玉石疗效的著作，该手稿现珍藏于印度海得拉巴德色拉金（Salar Jung）博物馆图书室。详M. L. Nigam, "Flesh Light on the History of Indian Jade-carving", Maruti Nandan Tiwari & Kamal Giri ed., *Indian Art and Aesthetics: Endeavours in Interpretation.* Indian Art History Congress Guwahati (ASSAM) in association

［8］ 喀什噶尔当时隶属东察哈台汗国，东察哈台汗国不仅坐拥最为重要的玉矿源，也是明朝与帖木儿朝之间的交通孔道。

［9］ Robert Skelton, "Islamic and Mughal Jades", *Jade*, London, 1991, p. 275.

［10］ 里斯本（Calouste Gulbenkian Collection），约1447—1449年制作于撒马尔罕，高14.5厘米。贾汉吉尔回忆录中记载了另一件制作于兀鲁伯时期的白玉罐，颈部有兀鲁伯名号及年款。贾汉吉尔又命玉工加琢他自己及阿克巴大帝的名字。A. Rogers, H. Beveridge ed., *The Tuzuk-i-Jahangiri or Memoirs of Jahangir*, vol. 1, 1909, p. 146. 还有一件类似形制的碧玉龙耳罐，高11厘米，私人收藏，图见Stephen Markel ed., *The World of Jade*. Mumbai: Marg Publications, 1992, p. 42, fig. 9。

［11］ Musée National des Arts Asiatiques-Guimet, *Jades from Emperors to Art Deco*, Somogy Editions d'Art, Paris, 2016, pl. 222. 高13厘米。图录作者认为是杯。

［12］ 两件藏伦敦大英博物馆。另一件曾被沙阿巴斯奉献给阿德比神庙，现藏伊朗德黑兰（Bastan Museum），口径16厘米，详 Robert Skelton, "Islamic and Mughal Jades", *Jade*, London, 1991, p. 276, fig. 6. Barbara Brend, *Islamic Art*, Cambridge, Mass: Harvard University Press, 1991.

［13］ Michael Knight etc, *Chinese Jade: Ming Dynasty to Early Twenties Century from the Asian Art Museum of San Francisco*, Asian Art Museum of San Francisco, 2007, p. 320, pl. 362.

［14］ A. S. Melikian Chirvani, "Precious and Semi-Precious Stones in Iranian Culture" Chapter I "Early Iranian Jade", p. 154, fig. 18, 19.

［15］ 法国私人收藏，见 A. S. Melikian Chirvani, "Precious and Semi-Precious Stones in Iranian Culture", Chapter I "Early Iranian Jade", pp. 150, 151, fig. 12。

［16］ Musée National des Arts Asiatiques-Guimet, *Jades from Emperors to Art Deco*, Paris, 2016, pp. 208, 206, cat. 166, 165.

［17］ Musée National des Arts Asiatiques-Guimet, *Jades from Emperors to Art Deco*, Paris, 2016, p. 220, cat. 176.

［18］ Nasser D. Khalili Collection.

［19］ Bharat Kala Bhavan Collection. 镌刻有兀鲁伯、贾汉吉尔名号。

［20］ Michael Knight etc, *Chinese Jade: Ming Dynasty to Early Twenties Century from the Asian Art Museum of San Francisco*, p. 320, pl. 362.

［21］ 卢浮宫藏有另一件碧玉碗，器表装饰类似。

［22］ 相关黄铜错金银器详见 James W. Allan, *Islamic Metalwork: The Nuhad Es-said Collection*, London, 1982。

［23］ James W. Allan, *Islamic Metalwork: The Nuhad Es-said Collection*, London, 1982, pp. 110, 111.

［24］ 大都会艺术博物馆藏品。类似形制的墨水盒在12—16世纪的伊朗十分流行。

［25］ Robert Skelton, "Islamic and Mughal Jades", *Jade*, London, 1991, pp. 274—295.

［26］ 现藏大英博物馆，高10.3厘米。A. S. Melikian Chirvani, Saîlânî and the Iranian Style Jades of Hindustan, *Bulletin of the Asia Institute*, New Series/Volume13, published with the assistance of the Neil Kreitman Foundation (UK), 1999, p. 101.

［27］ 维多利亚与阿尔伯特博物馆藏，高7.8厘米。也有学者认为其造型源自兀鲁伯银杯，制作年代可早到帖木儿晚期或萨菲波斯早期，详Robert Skelton, *The Indian Heritage: Court Life and Arts under Mughal Rule*, V&A, pl. 9, p. 113。

〔28〕 J. M. Rogers, *The Topkapi Saray Museum: The Treasury*, Boston, 1987, pls. 48, 50. 同样的黄金、宝石镶嵌，不仅施用于玉器，也同样施用于瓷器、水晶、金器。

〔29〕 永乐四年（1406年）默得那（即麦地那）回回结牙思所进玉碗，或与图8、图10之玉碗类似。记载见申时行等：《明会典》卷一二〇《礼部》，中华书局，2007年，第595页。

〔30〕 Musée National des Arts Asiatiques-Guimet, *Jades from Emperors to Art Deco*, Paris, 2016, p. 211, cat. 175.

〔31〕 明朝与西域的玉石贸易记载详邓淑苹：《从"西域国手"与"专诸巷"论南宋在中国玉雕史上的重要意义》，《考古学研究（九）》，文物出版社，2017年，第452—454页。又见申时行等：《明会典》卷一〇五《礼部》，中华书局，2007年，第579—581页。

〔32〕 申时行等：《明会典》卷一一二《礼部》，中华书局，2007年，第595页。

〔33〕 Robert Skelton, "Islamic and Mughal Jades", *Jade,* London, 1991, p. 272.

15世纪前半叶的波斯细密画艺术

● 穆宏燕　北京外国语大学亚洲学院

一、帖木儿王朝时期的文化背景

　　帖木儿王朝（1370—1507年）是波斯历史上一个十分重要的朝代。一代枭雄帖木儿经过南征北战建立起了一个涵盖亚洲西部疆域的庞大帝国。然而，在帖木儿本人去世之后，其儿孙们未能守成，丢掉了很大一部分领土，其真正有效的统治疆域主要局限在中亚河中地区和阿富汗地区。尽管如此，这也是一个以波斯文化为宗的朝代。

　　帖木儿生有四子，但长子和次子都先于帖木儿去世，三子米朗沙患有精神疾病，只有四子沙哈鲁聪明干练，文武双全。帖木儿在生前即把疆域作了分封，把伊朗西部地区分别分封给前三个儿子的子嗣们，但在帖木儿去世之后，这些地方很快就被土库曼人的黑羊部落蚕食，之后又被土库曼人的白羊部落侵噬。帖木儿第四子沙哈鲁被分封统治以赫拉特（今阿富汗境内）为中心的呼罗珊地区，并在帖木儿去世之后正式继承汗王位，于1405—1446年在位。

　　沙哈鲁在赫拉特统治了42年。在沙哈鲁的卓越统治之下，赫拉特成为当时著名的文化艺术之都。沙哈鲁统治时期成为伊朗文明史上又一个灿烂辉煌的时代，被誉为"帖木儿文艺复兴"，赫拉特则被誉为"东方的佛罗伦萨"。帖木儿王子们皆醉心于文学和艺术，他们经营各地方画院，倾力资助细密画插图本的绘制，使波斯细密画艺术达到了辉煌灿烂的顶峰（图1）。

　　相对于蒙古人统治下的伊朗伊儿汗王朝来说，帖木儿王朝更加自觉地以波斯文化为宗，大张旗鼓地弘扬波斯文化。帖木儿的子孙们领悟到，赞助绘制菲尔多西（940—1020年）的伊朗民族英雄史诗《列王纪》对于构建和维护他们统治伊朗的合法性是一种切实可行的方式，并且是一种行之有效的文化统治策略。帖木儿的三个孙子：伊布拉欣·苏尔坦、拜松古尔、穆罕默德·鸠克依，在15世纪三四十年代，均赞助艺术家们在设拉子画院和

15世纪前半叶的波斯细密画艺术

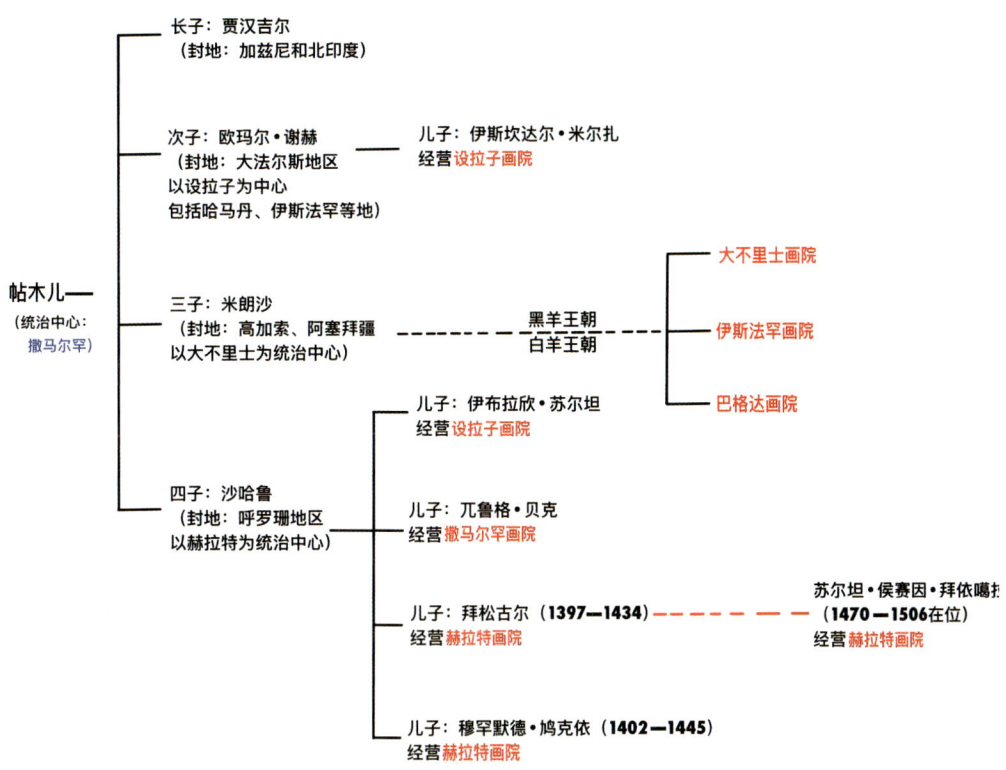

图1
帖木儿王朝世系与对应画院

赫拉特画院绘制了富丽堂皇的《列王纪》插图本。因此，在艺术范畴内，帖木儿征服的重要结果，是将伊朗风格传播至帝国的最东端。

帖木儿王朝是波斯细密画书籍制作艺术的伟大时代，波斯细密画在精雕细琢方面走向了极致，代表了最典型的伊朗传统艺术风格：一是具有非常强烈、非常浓厚的装饰性；二是采用美丽流畅的弧线进行整体构图，建构画面的空间感；三是暖色与冷色的运用，达到了一种复杂的平衡与和谐，使画面色彩整体呈现为富丽堂皇、迷人悦目的显著特征；四是在颜料选择上，精挑细选，严格把关，因此所用颜料品质上乘，色感鲜艳亮丽，色泽历久弥新。该时期细密画的色彩直到今天也依然保持着上乘品质，现今的印刷出版物，无论做得多么好，都无法呈现其原图色彩的真谛。

二、撒马尔罕画院的细密画插图本制作

帖木儿本人或许对宏伟建筑更加感兴趣，撒马尔罕城至今留存下来不少帖木儿统治时期的建筑，建筑内有不少壁画。从中可以推测，帖木儿将掳掠来的波斯画家们主要委派于绘制壁画了。似乎帖木儿对文学艺术的兴趣仅仅在于委派文学家们编撰历史著作《胜利记》，这部史书记述的是帖木儿令人震撼的南征北战。然而，帖木儿并没有委派画家绘制该书插图本，也没有任何属于帖木儿赞助绘制的插图本书籍流传下来。

帖木儿去世之后，其第四子沙哈鲁继位，以赫拉特为统治中心。沙哈鲁委托自己的儿子拜松古尔经营赫拉特画院，同时委派另一个儿子兀鲁伯统治撒马尔罕。拜松古尔在1434年去世之后，赫拉特画院中的一些艺术家和工匠投靠了撒马尔罕的兀鲁伯宫廷画院，或者是走向土库曼赞助者。尽管兀鲁伯使撒马尔罕的宫廷成为波斯文学灿烂的中心，又有不少细密画大师在其宫廷画院中效力，似乎应该有相应的文学著作插图本的制作。然而兀鲁伯的兴趣主要在科学领域，尤其是在天文学领域，他修建了著名的撒马尔罕天文台。在插图本绘制方面，兀鲁伯的兴趣也主要是在天文学著作，在他经营撒马尔罕画院时期，赞助绘制了数部天文学著作的插图本，其中最具代表性的是阿卜杜拉赫曼·苏菲《恒星星相图》，编号：Ms Arabe 5036，绘制于1430—1440年，现收藏在巴黎国家图书馆(图2)。

该插图本中的插图是恒星星座的图解，具有科普性质，因而总体风格简洁明朗，颜色素净。图2是《恒星星相图》插图选：半人马座和天狼座、大水瓶座、巨蛇座和蛇夫座。从中我们可以看到：尽管撒马尔罕地处河中地区，这时期的插图风格却主要是遵循大不里士画院艺术家们带来的一种深受中国艺术影响的传统——偏好冷色、注重线条，尤其注重用弧线来构图；而不是河中地区自身的艺术传统，即佛教—摩尼教艺术传统——偏好浓郁的暖色、注重用颜色构图。

三、设拉子画院的细密画插图本制作

（一）伊斯坎达尔剪贴簿

伊斯坎达尔是帖木儿第二个儿子欧玛尔·谢赫的儿子。伊斯坎达尔统治以设拉子为中心的大法尔斯地区仅仅五年（1409—1414年），后因反叛最高君主沙哈鲁而被镇压。伊斯坎达尔从小受到良好的艺术熏陶，具有优秀的艺术鉴赏力，热衷于弘扬波斯文化艺术，是一位慷慨的艺术赞助人。他在设拉子担任总督期间，把大法尔斯地区，尤其是将

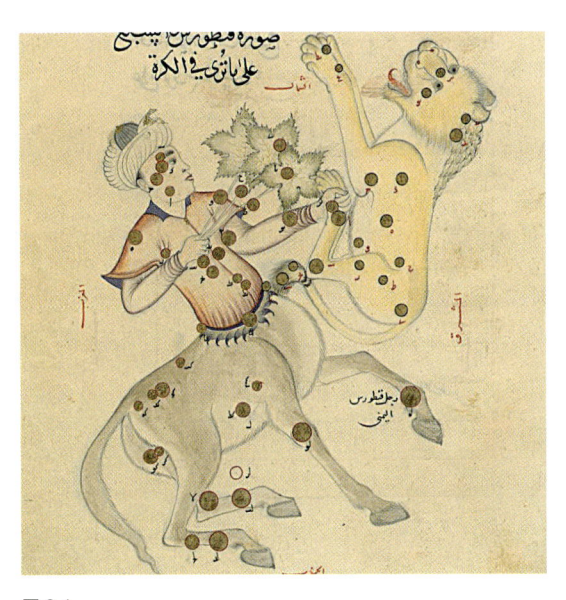

图 2.1
《恒星星象图》半人马座和天狼座
1430—1440 年 阿卜杜拉赫曼·苏菲
法国国家图书馆（National Library of France）藏

图 2.2
《恒星星象图》大水瓶座
1430—1440 年 阿卜杜拉赫曼·苏菲
法国国家图书馆（National Library of France）藏

图 2.3
《恒星星象图》蛇夫座
1430—1440 年 阿卜杜拉赫曼·苏菲
法国国家图书馆（National Library of France）藏

设拉子和巴格达这两座历史文化名城的画家、书法家、诗人网罗在自己的宫廷画院中效力，使设拉子在 15 世纪初期一度成为帖木儿帝国的艺术中心。

伊斯坎达尔本人在艺术上或许更崇尚融合了中国艺术特征的大不里士画院风格：在理念上，把中国工笔画艺术中自然形态的山石、花草、树木、飞禽等，作高度程式化、装饰化、非自然形态化处理；在用色上，冷色与暖色高度和谐，圆润悦目；在构图上，人物与景色密切融合，二者是一个有机统一体。

由于伊斯坎达尔在设拉子统治时间短暂，未及规划宏大的插图本绘制工程。然而，从现存的几部伊斯坎达尔统治时期制作的"剪贴簿"来看，设拉子画院的艺术家们，显然遵循着新统治者的艺术审美趣味，在书籍插图艺术上继承了 14 世纪末期巴格达的艺术风格，并进一步延伸和发展。

"剪贴簿"（Muraqqa，本意为"补丁"；西方学界把此词译为"选集 Anthology""杂集 Miscellany""百科全书 Encyclopedia"或"图册 Album"）这种书籍形式，实际上是把画院中细密画大师供学徒临摹学习而绘制的一些零星画作和学生的习作，以及书法大师供学生临摹学习的书法作品和学生的习作辑录在一起，编辑制作成一部插图本，里面的画作既有出自大师笔下的，也有出自学生笔下的，书法作品亦如此。因此，剪贴簿中插图的整体水平是参差不齐的；剪贴簿与剪贴簿之间，其插图的水平也是如此，有的籍籍无名，有的声名赫赫。

伊斯坎达尔统治设拉子虽然只有短暂的五年时间，其艺术上的勃勃雄心却在几部剪贴簿中彰显无遗。其制作的剪贴簿，文本内容浩繁驳杂，插图的绘制水准高超，一方面显示出设拉子画院的确网罗到了一批艺术大师为之效力，另一方面也显示出设拉子画院在伊斯坎达尔赞助下的勃勃生机，以及赞助者本人的宏伟愿景。

现已知伊斯坎达尔任总督时期设拉子画院制作的剪贴簿有三种：一是伦敦不列颠图书馆收藏本，编号为 BL Add.27261，有 23 幅故事性插图，制作于 1410 年。二是里斯本古尔班基扬基金会收藏本，编号为 MS. L.A. 161，上下两卷，上卷有 24 幅插图，其中双页插图 1 幅，下卷有 14 幅插图，双页插图 2 幅，也是制作于 1410 年。三是纽约大都会博物馆收藏本，编号为 13.228.19，制作于 1411 年，其他信息不详。其中，里斯本古尔班基扬基金会收藏本《列王纪》片段的一幅插图十分有名(图3)：

该插图表现了波斯萨珊国王巴赫拉姆·古尔（421—438 年在位）在打猎时，偶然进入一座宫殿，看见里面悬挂着身着七色衣袍的周边七国公主画像，顿时发愿要造七色宫殿，把这七位公主娶到手，安置在七色宫中。我们可以看到，该插图娴熟运用了多种暖色和金色，十分富于生气，人物的身躯比例彰显出宫殿的宏伟高耸，但人物的姿态看起来尚显单调，不够生动。在这幅插图中，帖木儿时期细密画的特征已经十分明显：色彩

图3
《巴赫拉姆·古尔进入七色宫》
1410年
葡萄牙里斯本古尔班基扬基金会
（Calouste Gulbenkian Foundation）藏

富丽，画作中的风景与建筑往往不是自然形态的，而是想象中的；色彩和风景建筑构成一种十分迷人的、幻想性的美感特征。

伊斯坎达尔剪贴簿的高超制作水平为后世树立了榜样。之后，各个画院均制作自己画院的剪贴簿，水平皆不凡。然而，由于帖木儿王朝时期乃波斯细密画艺术的繁荣盛世，宏大制作的插图本占尽风骚，众剪贴簿的风采被湮没，只有伊斯坎达尔剪贴簿因其首创性而格外耀眼。

(二)伊布拉欣《列王纪》插图本

伊斯坎达尔因反叛沙哈鲁而导致了其统治的覆灭。没过多久,沙哈鲁任命其子伊布拉欣为法尔斯地区总督(1414—1435年在位)。伊布拉欣也是一位积极赞助艺术活动的君主,在他统治期间,设拉子画院绘制了多部文学作品插图本,其中最著名的就是伊布拉欣《列王纪》插图本。该插图本制作于1430—1435年,现收藏在牛津博德廉图书馆,编号:MS Ouseley Add. 176。这是一部《列王纪》的重要插图本,它对于后来的《列王纪》插图本来说,可谓是仿效的典范。在这部插图本中,我们可以看到,在新统治者的赞助下,一种新的变化出现在设拉子绘画风格中。相对于之前的数种《列王纪》细密画插图本来说,伊布拉欣《列王纪》插图本在构图上更具伊朗本土色彩,更强调人物,自然景色只是人物的陪衬,用色也偏向冷峻。从中可以看到,伊斯坎达尔与伊布拉欣这对堂兄弟的审美倾向迥异,前者崇尚富丽堂皇的暖色,后者偏爱凝重典雅的冷彩,或许冷峻的用色更能体现出《列王纪》这部英雄史诗的厚重深邃感。

《扎哈克被压在达莫万德山下》(图4)描绘的故事是蛇王扎哈克统治伊朗一千年,无恶不作,最后伊朗王室后裔法里东打败了蛇王扎哈克,恢复了伊朗人对伊朗的统治;蛇王扎哈克被钉在伊朗厄尔布尔士山中,永世不得翻身。画面中,双肩上长着两条蛇的魔王扎哈克被钉在珊瑚状山峦的深处,一个侍从正在用锤子钉蛇王的右脚。山峰处于图案空间之上,突破整个框架,彰显其高耸。伊朗的正统统治者法里东,身穿青金石色的王袍,头戴王冠,骑在一头公牛上。这显示出雅利安人对神牛的崇拜。

《马赞德朗国王使自己变成一块岩石》(图5)描绘的是伊朗第一勇士鲁斯坦姆与巫师马赞德朗国王之间的战斗。鲁斯坦姆正要刺穿巫师国王的胸部时,这个巫师把自己变形为一块石头。画作捕获的正是这一瞬间。鲁斯坦姆震惊地将手指放在唇上,他的坐骑拉赫什咬着石头马难以置信。画面中,石头巫师国王和石头马被呈现为程式化的珊瑚状,刻画得十分精细。

《亚历山大在会说话的树前沉思》(图6)描绘的是亚历山大来到世界边缘的一座城镇,当地奇事是有一棵两枝树干会说话的树。雄性枝干在白天说话,雌性枝干在夜晚说话。受好奇心驱使,亚历山大拜谒该树,并听到一个声音预言他的死亡。画面中,亚历山大站立在树前,手指放在唇上,呈现出一种惊讶和迷惑的神情。树枝上长出人头和各种动物的头部,揭示出这棵树所具有的神秘性质,让人震惊。

法尔斯地区是两度波斯帝国(阿契美尼德王朝古波斯帝国和萨珊波斯帝国)兴起之地,传统文化底蕴深厚。因此,设拉子画院的风格总体上较多坚持本土艺术元素。然而,由于该时期海上丝绸之路贸易的繁荣兴旺,法尔斯地区南临波斯湾,因此不可避免地从

15 世纪前半叶的波斯细密画艺术

图 4
《扎克哈被压在达莫万德山下》
1430—1435 年
英国牛津大学博德廉图书馆
（Bodleian Library, University of Oxford）藏

海路受到域外艺术的影响，尤其是中国艺术的影响。伊布拉欣《列王纪》插图本对冷色的偏重显然不是法尔斯地区本土艺术的传统，而是受喜好冷色的中国文人画艺术的影响。

四、赫拉特画院的细密画插图本制作

15 世纪，赫拉特画院在波斯细密画插图艺术发展史中扮演着十分重要的角色。帖木

035

图5
《马赞德朗国王使自己变成一块岩石》
1430—1435 年
英国牛津大学博德廉图书馆
（Bodleian Library, University of Oxford）藏

儿去世之后，其第四子沙哈鲁继承王位，时年不到 20 岁。沙哈鲁将帝国的都城从撒马尔罕迁移到赫拉特。沙哈鲁不仅是一位开明的统治者，更是一位深谋远虑的艺术发展赞助人。沙哈鲁在赫拉特建立宫廷画院，组织画家给文学著作和历史典籍绘制插图。在沙哈鲁的统治下，赫拉特这座城市成为最大、最重要、最美丽的艺术之都。在帖木儿王子们经营的各大城市画院中，赫拉特是无可匹敌的中心，是整个中亚的文学艺术中心。

15 世纪前半叶的波斯细密画艺术

图6
《亚历山大在会说话的树前沉思》
1430—1435 年
英国牛津大学博德廉图书馆
（Bodleian Library, University of Oxford）藏

（一）拜松古尔经营的赫拉特画院代表作

赫拉特的文化地位与拜松古尔(1397—1434 年)的名字紧密关联，他是沙哈鲁的第五子。1414 年，拜松古尔在其父亲旨意下获得了赫拉特画院的实际掌控权，成为细密画艺术的最大赞助者。拜松古尔是一位具有极好艺术审美鉴赏力的王子，自身也多才多

037

艺，十分热衷于对艺术的扶植和赞助，四处网罗全波斯最优秀的艺术家在自己的宫廷画院中。拜松古尔优秀的鉴赏力，以及这些艺术大师们卓越的才能，在15世纪最杰出的细密画插图本中可以看到。

沙哈鲁统治时期，伊朗与中国明朝的关系十分密切，两国互派使团十分频繁。仅是永乐年间，中国使节就于1409年、1412年、1417年、1419年四次访问赫拉特，赠送大批礼物。1422年，在父亲沙哈鲁的授意下，拜松古尔派遣了一个由宫廷画家吉亚速尔丁·阿里和历史学家哈菲兹·阿布鲁率领的使团到中国，明成祖朱棣接见了该使团。吉亚速尔丁把自己在中国的见闻写成记行报告，回国后呈交沙哈鲁，即著名的《沙哈鲁遣使中国记》。在永乐盛世，以痴迷细密画著称并建有波斯历史上最著名的宫廷画院的帖木儿王子拜松古尔，派遣一个由当时著名画家带队的使团出使中国，其文化使命不言而喻。

在中国，两宋时期成熟的宫廷画院尽管在元代日渐萧索，但到了明代再度复兴。宫廷画院中收藏的精品，往往成为启迪后世画家的重要源泉。沙哈鲁使团出使中国，对波斯细密画技艺产生了十分重要的影响。这种影响突出表现在对中国工笔花鸟技法的借鉴上。绘制于1429—1430年的拜松古尔《列王纪》插图本是波斯细密画史上的辉煌制作，在吉亚速尔丁出使中国后绘制而成，其中的中国元素显而易见。比如，在其中的一幅画作《古尔纳尔与阿尔戴细尔相见》(图7)中，前景画面宫廷院墙上停歇的两只喜鹊明显具有中国宫廷工笔花鸟画的特征，但是又非常完美地与波斯的装饰性风格融为一体。另一幅插图《法罗玛尔兹收到父亲鲁斯坦姆死亡的噩耗》(图8)更是中国工笔花鸟与波斯装饰性建筑相结合的典范。这是与设拉子画院风格具有较大差异的地方。

这种对中国工笔花鸟画技艺的借鉴还突出表现在同时期的《卡里来与笛木乃》插图本中。该插图本绘制于1429—1430年，有25幅插图，收藏在伊斯坦布尔托普卡帕宫，编号AKG1794517。该插图本也是拜松古尔宫廷画院制作的最辉煌杰出的作品之一，其中的插图具有惊人的丰富色彩，并且在用色上十分精致和谐。其中一幅插图中的喜鹊具有典型的中国工笔花鸟的特征(图9)。

拜松古尔宫廷画院作品中的人物面部也往往具有中国仕女的特征，这在该画院另一部代表作品——绘制于1427—1440年的哈珠·克尔曼尼（1290—1352年）的《五部诗》插图本中的一幅画作《胡玛与胡马雍夜晚在御花园中相会》(图10)中表现得尤为明显。这幅插图堪称波斯细密画最为经典的作品之一，画中御花园夜晚的景色是那样绚丽明亮，被誉为"永恒的夜晚之春"。该画作者不详，画中的人物面部具有显著的中国仕女画特征，应当出自一位有机会观摩过中国宫廷收藏珍品的波斯画家之手，因此有研究者推测其作者很可能正是率领使团出访过明永乐宫廷的画家吉亚速尔丁。

15世纪30年代，是赫拉特画院在15世纪前半叶的全盛时期。这时期中波两国频繁

15世纪前半叶的波斯细密画艺术

图7
《古尔纳尔与阿尔戴细尔相见》
1429—1430 年
伊朗古勒斯坦宫（Golestan Palace）藏

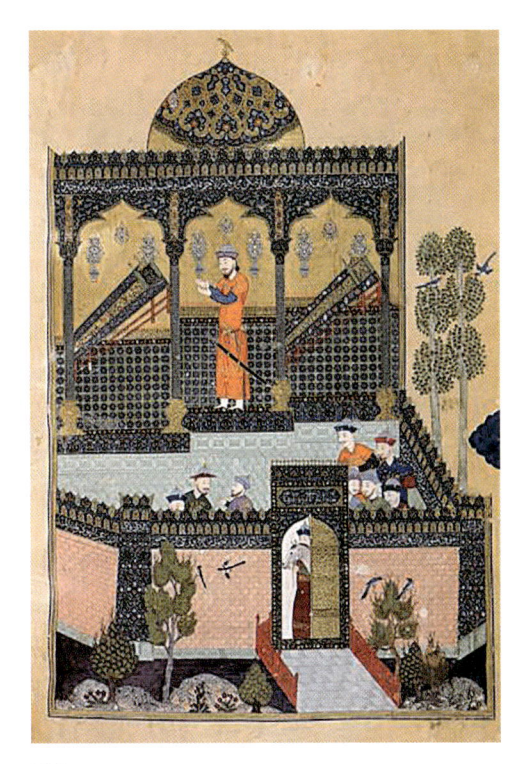

图8
《法罗玛尔兹收到父亲鲁斯坦姆死亡的噩耗》
1429—1430 年
伊朗古勒斯坦宫（Golestan Palace）藏

图9
中国工笔画
左：《雪树寒禽图轴》（局部）/ 南宋 李迪 / 上海博物馆藏
中：《秋水凫鹥图轴》（局部）/ 元 任仁发 / 上海博物馆藏
右：《春花三喜》（局部）/ 元 孟玉涧（或曰明 边景昭）/ 台北故宫博物院藏

039

图 10
《胡玛与胡马雍夜晚在御花园中相会》
1427—1440 年
大英图书馆（The British Library）藏

的政治联系，强有力地促进了文化交流。在细密画的宴饮场景中还可以看到，当地贵族阶层非常喜欢穿中国丝绸做的金丝长袍，上面绣有龙凤图案。显然，这些都是中波密切文化交流的结果。中国绘画艺术，深深吸引住了帖木儿艺术家。而更为重要的是，帖木儿大师们对中国艺术并没有生搬硬套，而是用高超的技艺把中国工笔画特征融入波斯艺术自身的规范中，使二者完美地融为一个有机的和谐统一体。

拜松古尔主持的赫拉特画院最辉煌壮丽的制作，毫无疑问是菲尔多西《列王纪》插

15世纪前半叶的波斯细密画艺术

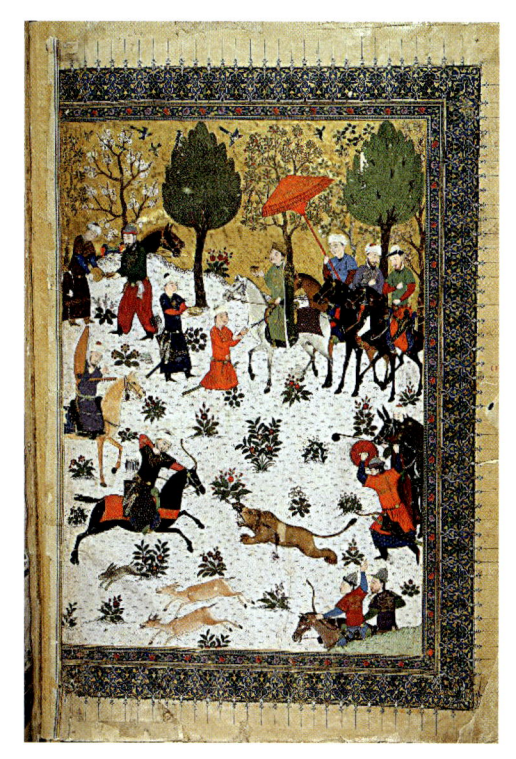

图 11
拜松古尔《列王纪》插图本扉页插图
1429—1430 年
伊朗古勒斯坦宫（Golestan Palace）藏

图本，即著名的拜松古尔《列王纪》插图本，绘制于1429—1430年，有22幅插图，收藏在德黑兰古勒斯坦宫，编号Ms716。该抄本从第一页到最后一页都是书籍制作的杰作，其高超的技艺和令人难以置信的迷人色彩，使之成为后代艺术大师们摹仿的典范。该抄本非常华丽的两面扉页插图即是国王的狩猎场景(图11)。

细密画大师们精心布置构图，使得纷繁的人物活动场景有条不紊，每个人物、动物都轮廓清晰，姿态各异。用色令人眩晕，高调的金色和低调的浅灰色组合的背景中，各种颜色的使用纷繁而不杂乱，相得益彰，使整个画面呈现出一种特有的阔达。一般来说，拜松古尔时期的赫拉特细密画，在空间、风景或者是人物的描绘上，所有的一切都证明细密画艺术达到了其发展的顶峰。

拜松古尔《列王纪》插图本呈现出的一个新因素，即是在继承传统的"国王中心构图"(图12)的基础上，对宫廷场景做了很大的发展：宴饮、娱乐、狩猎、统治者的战斗(图13、14)成为细密画的主题；这是一种风景如画的设置，一种人间乐园式的固定范式的发展，由开满繁花的树木、锦葵、柏树和铺满地面的花草丛、风景如画的岩石和珊瑚状

041

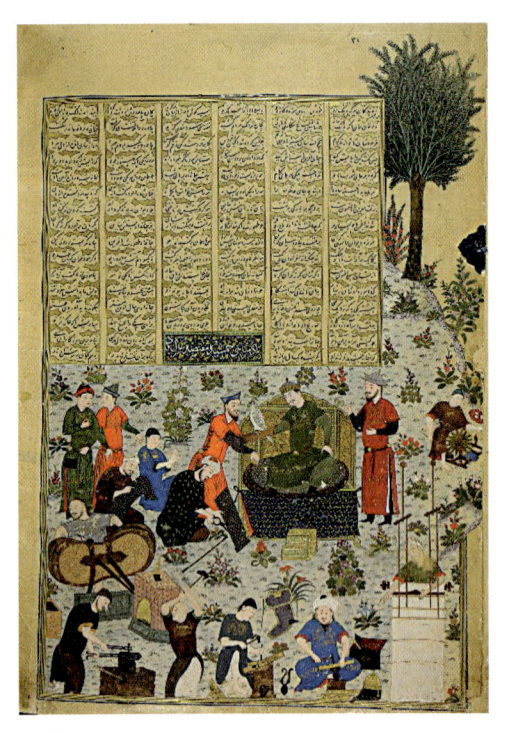

图 12
《贾姆希德国王教人们制作工艺品》
1429—1430 年
伊朗古勒斯坦宫（Golestan Palace）藏

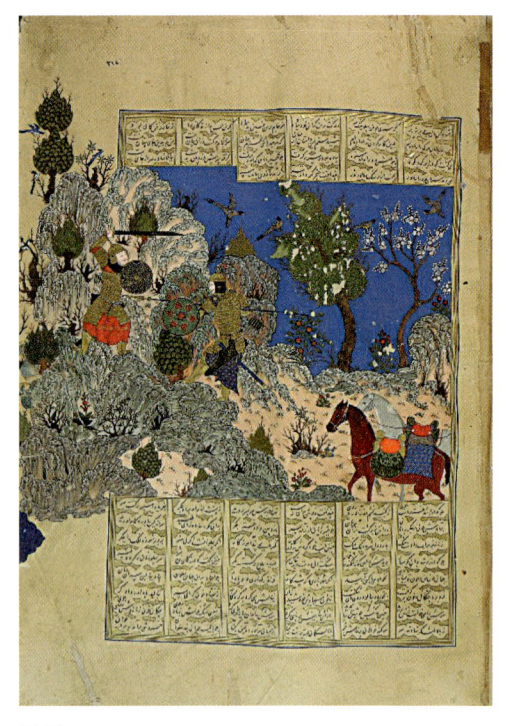

图 13
《伊朗勇士古达尔兹与图兰勇士皮兰之战》
1429—1430 年
伊朗古勒斯坦宫（Golestan Palace）藏

的山脊，让人领悟到大自然作为真主的创造物所秉具的令人难以置信的美丽。细密画大师们将自己鉴赏力的极限用于人物的分组、线条的组织、建筑物的精雕细琢、自然界的风景，并借助于精确的颜色组合努力使画面空间呈现出一种特有的富丽堂皇。

拜松古尔经营的赫拉特画院的另一部杰作是内扎米（1141—1209 年）《五部诗》插图本，绘制于 1432 年，编号：1994.232.4。其中的一幅插图《蕾莉和马杰农在学校》（图15）中，人物与伊斯兰抽象书法艺术、建筑瓷砖装饰、豪华的地毯密切交融为一个和谐的有机体，集中呈现出传统的伊斯兰文明之美，堪称一种平面的视觉交响曲，更是一幅引人入胜的迷人色彩典范。

所有这些作品证明了在拜松古尔时期，创新性的技术被用于插图本绘制中。对建筑物和风景的绘制显示出新的特征：在整体构图的各个组成部分中，对人物、自然景色和建筑物的布局有着更精确的平衡比例，从而赋予画面一种现实感、一种自由的空间。插图绘制具有了更高超的绘制技巧，描绘更细腻，色彩也更丰富，可谓灿烂辉煌。

图 14
《蛇王扎哈克被钉在达莫万德山中》
1429—1430 年
伊朗古勒斯坦宫（Golestan Palace）藏

图 15
《蕾莉和马杰农在学校》
1430 年
美国大都会艺术博物馆（The Metropolitan Museum of Art）藏

（二）穆罕默德·鸠克依经营的赫拉特画院代表作

1434 年，拜松古尔不幸英年早逝，他的画院一度停止了活动。尽管画院中的一些艺术家和工匠去了撒马尔罕的兀鲁伯宫廷画院，或者是投奔土库曼赞助者，但依然有一些艺术家留守在赫拉特画院中。拜松古尔的兄弟穆罕默德·鸠克依接管赫拉特画院之后，画院在留守画家的努力下，再次运作起来。在穆罕默德·鸠克依的赞助下，一批波斯文学名著插图本被再次制作出来。其中，最具代表性的作品即是著名的穆罕默德·鸠克依《列王纪》插图本，绘制于 1444 年，有 31 幅插图，收藏在伦敦皇家亚洲学会，编号为 Persian MS 239。

这部《列王纪》插图本中的一些插图与拜松古尔《列王纪》插图本中的作品，在范式上具有较大程度的相似性，但又具有一种独有的粗犷的力量，显示出一种创新精神。其插图具有强有力的构图设计，诗意的幻想力达到了完美的境地，用色上偏重绿色和蓝

图 16
《菲尔多西被加兹尼宫廷诗人们刁难》
1444 年
英国皇家亚洲学会（Royal Asiatic Society of Great Britain and Ireland）藏

图 17
《菲尔多西被加兹尼宫廷诗人们刁难》（拜松古尔《列王纪》插图本）
1429—1430 年
伊朗古勒斯坦宫（Golestan Palace）藏

色，非常吸引人。这个插图本成为帖木儿王朝前半期与后半期艺术的分水岭。

《菲尔多西被加兹尼宫廷诗人们刁难》（图16、17）描绘了伊朗民族最伟大的诗人、《列王纪》创作者菲尔多西，在加兹尼王朝马赫穆德苏丹的花园中，被加兹尼三位宫廷诗人刁难。他们脸上泄露出滑稽的惊恐，而菲尔多西的手势显示出一种谦恭有礼的温和。在上面两幅同一情节的插图中，艺术家创造了一种格外抒情的风景，让观者进入的是一个诗歌世界，而不是加兹尼的花园。

《鲁斯坦姆屠杀白魔》（图18、19）描绘的是伊朗第一勇士鲁斯坦姆勇闯七关的最后一关。图画中，鲁斯坦姆的向导奥拉德被绑在一棵树上，看起来非常焦虑；鲁斯坦姆穿着他标志性的虎皮大衣，正在摘除魔鬼的肝脏，而魔鬼则痛苦地抓住自己被肢解的手臂。

《伊斯凡迪亚尔在铜要塞杀死阿尔加斯普》（图20、21）描绘的是伊朗王子伊斯凡迪亚尔攻入铜要塞解救他的姐妹，她们被图兰国王阿尔加斯普劫持。这两幅同一情节的插图都呈现出典型的高空俯视视角——真主俯瞰尘世的视角。这种视角也是波斯细密画的代表

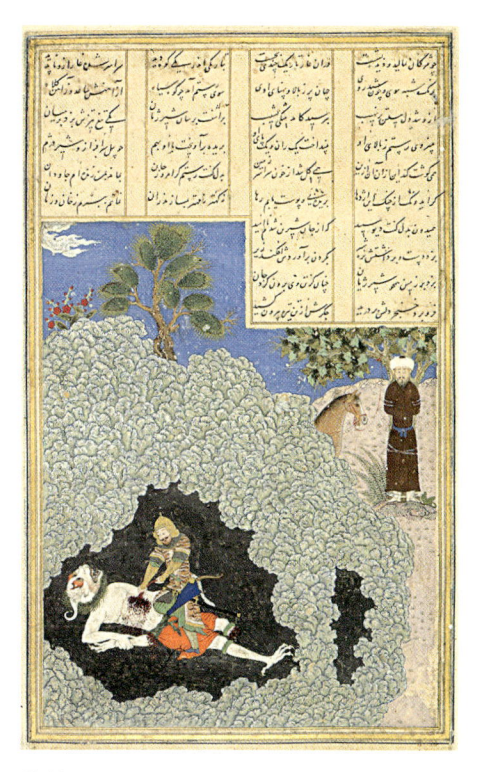

图 18
《鲁斯坦姆屠杀白魔》
1444 年
英国皇家亚洲学会（Royal Asiatic Society of Great Britain and Ireland）藏

图 19
《鲁斯坦姆屠杀白魔》（拜松古尔《列王纪》插图本）
1429—1430 年
伊朗古勒斯坦宫（Golestan Palace）藏

性特征之一，在 14 世纪末期成熟，在 15 世纪得到发扬光大。

这些插图显示出穆罕默德·鸠克依经营的赫拉特画院在继承拜松古尔风格的同时，也吸收了伊布拉欣经营的设拉子画院的风格。尤其是在用色方面，可谓是调和了伊布拉欣《列王纪》的"冷峻"与拜松古尔《列王纪》的"华丽"之特征。

赫拉特画院的这两部《列王纪》插图本显示出帖木儿艺术风格的典型特征，即：各个部分和谐统一，清晰完美，精工细作，线条流畅，色彩丰富迷人。一匹马，一个人，或是一座建筑，一个满树繁花、铺满花丛的场地上的宴会场景，皆被描绘得美轮美奂。一种新的空间观念被确立：空间向上不断延伸，同时展现建筑物的内部和外部，缩减人物和动物的大小比例。颜色在空间环境的创造中起了十分重要的作用：通过采用颜色分级，赫拉特大师们创造了一种宽敞的空间，呈现宏伟的自然风光和不朽的建筑，同时保持了色彩潜在的装饰性，每种颜色都获得了各自的完美。

总之，在 15 世纪前半期的帖木儿绘画艺术中，我们可以看到中国艺术风格的直接

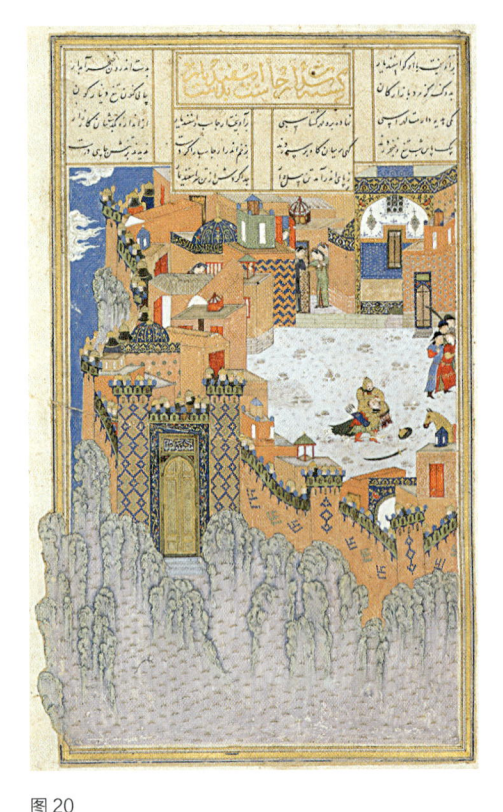

图20
《伊斯凡迪亚尔在铜要塞杀死阿尔加斯普》
1444年
英国皇家亚洲学会（Royal Asiatic Society of Great Britain and Ireland）藏

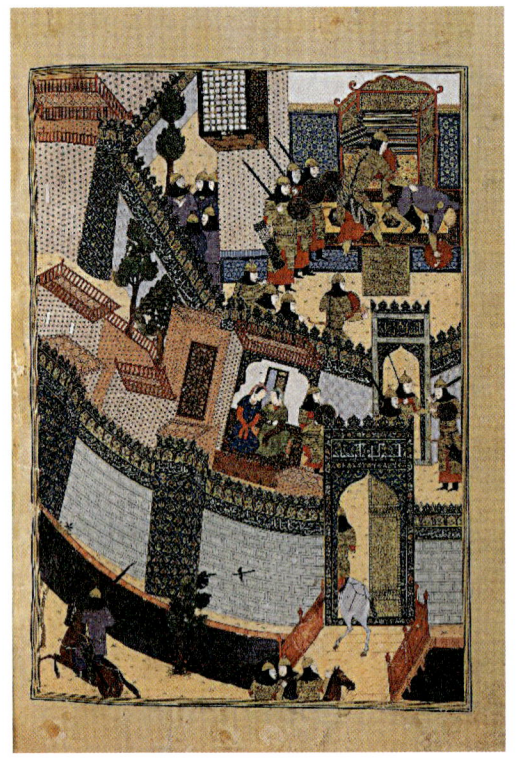

图21
《伊斯凡迪亚尔在铜要塞杀死阿尔加斯普》（拜松古尔《列王纪》插图本）
1429—1430年
伊朗古勒斯坦宫（Golestan Palace）藏

影响。而更有价值的是，在帖木儿王朝之前已经成熟的波斯绘画风格，能够在中国风格的强劲影响面前站住脚跟。波斯艺术家们建立起一种新的艺术范式，显示出他们有能力消化这些暂时借来的元素，也能够坚持之前风格中的令人激动的特征和装饰性的灵魂。他们能够融合所有的这些元素和特征，把中国风格完全消融在波斯风格中，创造出一种新的风格，一种更具伊朗性的风格。

本文为2016年国家社会科学基金重大项目"古代东方文学插图本史料集成及其研究"（批准号16ZDA199）的中期成果之一。

参考文献：

〔1〕 穆罕默德·伊朗曼内希：《波斯绘画史》（波斯文），阿米尔·卡比尔出版社，2004年。
〔2〕 帕尔维兹·玛尔兹邦：《幻想的花园——伊朗细密画七百年》（波斯文），法尔让内出版社，1998年。
〔3〕 勒内·格鲁塞著，蓝琪译：《草原帝国》，商务印书馆，2009年。
〔4〕 高居翰：《江岸送别——明代初期与中期绘画》，生活·读书·新知三联书店，2012年。
〔5〕 阿里·玛扎海里著，耿昇译：《丝绸之路——中国波斯文化交流史》，中华书局，1996年。
〔6〕 何济高译：《沙哈鲁遣使中国纪》，中华书局，2002年。
〔7〕 奥希梯扬尼著，叶奕良译：《伊朗通史》，经济日报出版社，1997年。

古代东西贸易中的中国陶瓷

○ 刘迎胜 清华大学国学院

一、古代中国陶瓷海外觅踪

唐代随着东西海上交往的迅速发展，中国的出口也急剧增长，许多中国商品在海外找到了市场。8世纪起，陶瓷器成为大宗出口品。唐代陶瓷"南青北白"，南方越州、长沙等地的陶瓷器大量涌入国际市场。考古发掘证明，当时广东也是我国重要的外销瓷生产基地，陶瓷器外销量可观，陶瓷业初具外向型特色。在已经发现的22处唐代陶瓷窑址中，外销瓷窑有8座，占总数的36%，分布于沿海地区。其中粤东2座（潮州北郊、梅县水车各1座），粤中4座（南海、新会官冲、三水、广州西村各1座），粤西2座（廉江、遂溪各1座）[1]。

从国外考古发现看，菲律宾出土过唐代广州西村窑产的凤头壶[2]，泰国曼谷出土过梅县水车窑的产品[3]。30年前，笔者在参加联合国教科文组织发起的海上丝绸之路考察时，国际考察队曾到达泰国南部暹罗湾畔素叻他尼府距柴亚（Chaiya）区6公里处的林坡（Laem Pho）村海滨，这里是9—10世纪时的一处陶瓷器装卸码头，唐代长沙铜官窑与福建德化窑器残片在海滩上随处可见，数量极为惊人，不经意间就可拣到数十斤。素叻他尼府的地理位置在马来半岛最窄处，面向半岛东部的暹罗湾。而在半岛另一侧为攀牙府，面向印度洋。考察队访问了当地一条小河Takuapa注入安达曼海河口处的一座遗址，在那里发现了大量伊斯兰陶器残片。

马来半岛是西太平洋水系与北印度洋水系的分水岭。马来半岛之最窄处仅宽36公里，即泰国之克拉地峡。专家们认为，当时的太平洋—印度洋贸易多数并非远途直达贸易，其中有相当部分是通过接力棒式的间接贸易的形式实现的。换言之，从唐末起不少商贾把从中国购取的陶瓷器贩往海外，是以暹罗湾边林坡一类的港口为终点的。这些商人在这售卖由中国购得的铜官窑和德化窑器皿后，再装载当地商贩从马来半岛西侧运来的印度和其他异域货物，然后候便风返航。而来自印度、西亚的商贾也往往避远求近，在渡过孟加拉湾之后来到安达曼海边如 Takuapa 河口这样的小港卸货，然后置办从马来半岛东侧暹罗湾边转运来的中国货，在北风起时返回印度、大食。而当地商人，则利用马来半岛南部分割西太平洋与印度洋两大洋水系的有利地理位置，从事短途水陆转运贸易，他们在许多像林坡这样的地方卸货，由当地商人沿马来山岭下的小河西航运至山脚，再以畜力拉驼翻越马来山岭，到达岭脚后在 Takuapa 河一类的从马来山岭西坡流向安达曼海的小河上源装船，运至安达曼海边，等待从印度和大食来的海舶。在中国青瓷的影响之下，泰国也发展了一种青瓷，表面上与中国青瓷相似，但更为厚重些。

由马来半岛向西，东西海路交通的另一个中介点是南亚次大陆南部，即斯里兰卡和南印度。斯里兰卡有几处重要的贸易港，如西北方的曼泰（Mantai）、北方的珊巴勒图拉（Sambalturai）、东北方的特林考玛里（Trincomalee，即亭可马里）、南方的哥达瓦雅（Godavaya）、西南方的西尼伽玛（Sinigama）和中世纪晚期的西方的高朗步（Colombo，今科伦坡）等。其中以位于斯里兰卡岛东北方与印度次大陆最近处的满泰半岛最为重要，笔者在参加海上丝路考察时曾至其地，在那里发现许多 11 世纪前后的中国及伊斯兰陶瓷器残片，中国陶瓷中最早的为唐三彩、唐代越窑器、长沙铜官窑硬质陶及黑釉器皿。

与斯里兰卡隔海相望的印度南部宋元时称马八儿（Ma'abar），为阿拉伯语"港口"的复数，又称锁里（Cola）、南毗（Nambi）和西洋国，郑和时代称为"西洋锁里"。因其地处东西海路交通要道而成为中国陶瓷的重要市场和外销中转点。印度湿婆教徒进食方式简朴，地上铺一张芭蕉叶，将食物置于叶上，盘腿而坐，用手抓食，不用餐具，因此中世纪以前中国陶瓷器运销到印度的数量不多。印度北部伊斯兰化以后，当地人生活方式也因之有所变化，进餐时使用桌子，桌上摆置盛满食品的陶瓷器皿。因此，宋代以后中国陶瓷在印度社会的销量大增[4]。20 世纪 80 年代，印度泰米尔大学考古学教授苏拔拉雅鲁（Y. Subbarayalu）在与斯里兰卡满泰半岛相对的印度南端海滨的帕里雅八丹（Periyapattanam）村中，发现了一些 13—14 世纪的中国龙泉青瓷碎片和 14 世纪的景德镇青花瓷碎片。1987 年印度考古学者对该村遗址进行了发掘，共发现了 1000 多件中国陶瓷器残片，其中青瓷占 60%（龙泉青瓷占 35%，福建青瓷占 25%），白瓷占 15%（德化白瓷占 10%，景德镇白瓷占 5%），青花瓷占 10%（均为景德镇产品），褐釉瓷占 10%，其他陶瓷为 5%，其中最早的一片似为 9—10 世纪的邢窑产品[5]。日本东京大学教授辛岛昇认为，这个名曰帕里雅八丹的小村就是大八丹。因为 periya 在泰米尔语中意为"大"，而 pattanam 则意为"港市"。

货物贸易的背后是人的交往。汉籍史料中多见乘风而来的蕃贾落脚中国东南港市如广州与泉州的记载，其实也有中国人旅居海外。元末汪大渊的《岛夷志略》"土塔"条，记载南印度八丹之地有"土塔"，"居八丹之平原，木石围绕，有土砖甃塔，高数丈。汉字书云'咸淳三年八月毕工'。传闻中国之人其年铰彼，为书于石以刻之，至今不磨灭焉"[6]。一个半世纪以前，来到印度的英国殖民者曾发现南印度纳加帕塔姆（Negapatam）西北约1英里处的砖塔，俗称为"中国塔"。沃尔特·艾利奥特（Walter Elliot）曾将此塔图形惠赠给亨利·玉尔。后来亨利·玉尔在注《马可·波罗游记》时，提到此塔1847年尚存三层，至1859年颓坏不可复缮。日本学者藤田丰八指出，这个被亨利·玉尔在研究《马可·波罗游记》时所注意到的"中国塔"，即元末汪大渊在那里所见之"土塔"[7]。"土塔"所处"八丹之平原"中之"八丹"，应为泰米尔语pattanam的音译，意为"城墙围起来的城镇"[8]。此塔建于咸淳三年（1267年），已在宋末。苏继庼校注的《岛夷志略》出版后30余年中，国内学术出版物中再无有关此塔新信息。林梅村教授在其新作《观沧海》中首次在国内公布该塔照片。据图片，至19世纪中叶，该塔尚残存四层而非三层。所谓"三层"，当为英文表述（英国计楼层时，底层不计入内）汉译时致误[9]。

唐代中期以后，中国的陶瓷已远销西亚和北非。黑衣大食的中心伊拉克是中国陶瓷器在西亚的主要销售地之一。宋元时代，中国瓷器仍然源源不断地被贩运至此。在巴格达以北120公里处的撒玛拉（阿拔斯王朝836—892年期间的都城），20世纪进行过数次大规模调查与发掘，发现有唐三彩式的碗、盘，绿釉和黄釉的瓷壶残片，白瓷、青瓷片，多属晚唐、五代和宋代器物，其中不少为9—10世纪越窑瓷。在巴格达东南处的阿比尔塔，考古学家也发现了9—10世纪制作的褐色越窑瓷和华南白瓷残片[10]。巴格达以南35公里处的斯宾城遗址中也发现了12—13世纪的龙泉青瓷。伊拉克南部的库特城（Kut）东南70公里处的瓦西特（Wasit）出土了外侧起棱的南宋青瓷碎片和内侧及中央贴花的元代龙泉窑青瓷残片。

阿拔斯王朝的其他地区、蒙古时代的伊利汗国及其周邻地区，也有中国陶瓷的踪影。1931年至1938年丹麦国家博物馆调查队在叙利亚哈玛（Hamat）掘出过元代白瓷、青花瓷、青瓷残片。其中有些被考古学家辨认为宋德化窑白瓷片、南宋官窑的牡丹纹青瓷片和内侧及中央贴花的元代龙泉窑青瓷残片。在黎巴嫩贝卡谷地的巴勒贝克（Baalbek），发现了宋代龙泉窑莲瓣纹青瓷碎片和元代花草纹的青花瓷碎片。

伊朗东部呼罗珊地区自古与中国关系密切。1936年、1937年、1939年美国纽约大都会博物馆三次发掘伊朗内沙布尔古城，发现大量唐宋瓷器与残件，其中有唐代广东窑白瓷钵、碗残件[11]。此外，波斯湾地区还发现过中国宋代铜钱。巴林对岸沙特达兰市附近的卡提夫出土过北宋铜钱咸平通宝（998—1003年）、绍圣元宝（1094—1097年）和南宋的铜钱绍定元宝（1228—1233年）。

埃及首都开罗城内的福斯塔特（al-Fustat，意为"帐幕"）遗址是海外著名的中国陶瓷发现地。考古学家们从1912年开始对这里进行发掘。除了埃及陶片以外，发现最多的就是中国陶瓷片，共发现约12000片，占全部发现的1/60—1/50。中国陶瓷残片的时代自唐代至清代，其中以唐三彩残片的年代最早，此外还有邢州白瓷、越州瓷、黄褐釉瓷、长沙窑瓷等，而以越窑产品最多。至于宋瓷，多属影青瓷及龙泉窑瓷。这里发现的中国陶瓷多为华南制品，华北的极少，只发现了少量的辽白瓷，这个现象说明中国与红海地区的贸易港集中在华南。开罗发现中国瓷片的并非只有富士达特一处，如巴扑·达尔布·马鲁贺（Bab Darbal Mahruq）山丘就散布着许多中国陶瓷片，包括南宋、元、明时代的龙泉青瓷和景德镇青白瓷，也有元明清各代的青花瓷器。集中在富士达特的中国陶瓷被大食商贾们转贩至尼罗河河口处的亚历山大，然后再被转运至木兰皮（马格里布）诸国、地中海东岸诸地和欧洲。

埃及开罗城内富士达特发现的中国陶瓷，应有相当部分来自位于今东非苏丹红海岸边的阿伊扎卜（'Aydhab）。据12世纪后半期旅行家伊本·朱拜尔（Ibn Jubayr）等人记载，10世纪以来，从印度驶往埃及的商舶均先抵此，舶货中以中国瓷器为大宗。至今在阿伊扎卜绵延约2公里的海岸边，到处散布着中国陶瓷碎片，其最早者为唐末器物，还有越窑青瓷、龙泉青瓷、白瓷、青白瓷、青花器、黑褐釉瓷等，时代从唐末至明初。在一些朴质无华的黑褐釉壶的残片内，可发现有"口清香"字样的戳印。这些发现证实了文献记载的可靠性。中国瓷器运抵阿伊扎卜后，一般使用驼队运到尼罗河中游的库斯和阿斯旺。从库斯可溯尼罗河而上，运抵埃塞俄比亚，从阿斯旺可顺流而下，运往富士达特和尼罗河口。红海边另一个装卸中国瓷器的重要港口是埃及南部的库塞尔，距苏伊士湾口约650公里，至今那里尚可找到大量中国唐末宋初的越窑瓷、宋龙泉青瓷、景德镇青白瓷和元末明初的青花瓷碎片。

唐宋以后，瓜达富伊角以南的东非地区也成为中国陶瓷的重要销售市场。在东非沿岸的许多遗址，中国瓷片堆积之多简直可以整铲整铲地挖掘[12]。这些中国陶瓷残片的发现、收集、整理和鉴定为研究中非经济文化史及东非本地经济发展史提供了宝贵的资料，以致于一些学者认为"东非的历史乃是由中国的瓷器所写成的"[13]。

中世纪时东非沿海地区的中国陶瓷转运港口极多。在索马里主要有沙丁岛和伯贝拉、摩加迪沙、基斯马尤，以及克伊阿马诸岛。在肯尼亚主要有坦福德·帕塔、曼达岛、拉木岛、曼布尔伊、格迪、马林迪、基利菲、马纳拉尼、蒙巴萨等。其中在格迪发现一只质量甚为精美的瓷瓶，饰以红铜色，学者们认为这是一件外交礼品。

在坦桑尼亚沿海发现中国陶瓷碎片的遗址有46处，主要有奔巴岛、基西马尼·马菲亚岛、基尔瓦岛等。其中在基尔瓦岛出土有唐末到宋初的越州窑瓷、白瓷碗，元代描绘着凤凰蔓草花纹的青花瓷、素地雕花白瓷，还有大量14—15世纪的青瓷，种类繁多。这里还发现了14—15世纪的越南黑褐釉陶器、同时代的泰国宋加禄窑青瓷和一片日本古伊万里青花瓷残片[14]。而在基西马尼·马菲亚岛也发现了一只瓷瓶，大致与在肯尼亚发现的瓷瓶属于同类，饰以红铜色和蓝白色[15]。

中国瓷器在东非不仅是生活日用品，而且成为建筑装饰品。诸如肯尼亚的迪格、基利菲等许多沿海古老的清真寺遗址中，都可见到墙壁上隔一定距离便镶有一件中国瓷碗或瓷碟，有些寺院还把中国瓷器镶在大厅圆形的拱顶上。甚至在埃塞俄比亚距海岸遥远的冈达尔地区，宫殿的墙壁上也镶有中国瓷器。这证明在中世纪时东非上流社会中存在着建筑物中以镶嵌中国瓷器为美的风气，这种风气不仅在沿海地区存在，而且传到东非内陆。同时，东非这一时期的许多墓碑也镶有中国瓷器，瓷器上的花纹有花、树、果、鱼、鸟兽等。有的墓碑顶部还有一只中国瓷罐，表明愿死者在另一个世界也能与中国瓷器为伴是死者亲属的最大心愿。

青花瓷的兴起与伊斯兰审美观有关。元代青花瓷已经开始行销海外。汪大渊在提到海外广为接受的中国瓷器时，反复提到"青白花瓷器"和"青白花碗"[16]。学者们普遍认为"青白花"即元青花。

"青白花瓷器"应当指各种青花瓷器皿。据汪大渊记载，在当时地处马来西亚的丁家卢，元商"货用青白花瓷器"[17]。元商运销"青白花器"的地方有今缅甸之乌爹[18]，南亚次大陆东部的朋加剌（今孟加拉国和印度的孟加拉邦）[19]、次大陆的小唄喃（今印度西南之马拉八尔）[20]、天竺[21]、甘埋里[22]，以及"天堂"，今麦加[23]。明人严从简在其《殊域周咨录》中提到"青白花瓷"（应即元青花），是天方所需的中国商品[24]。波斯湾地区和阿拉伯半岛南部的考古发现，证实了汪大渊所记不误。在巴林，人们曾在卡拉托林之南的清真寺废墟和海滨收集到28块青瓷片和58块青花瓷片。另外，阿拉伯半岛南端的也门、阿曼的许多地方也都出土过中国瓷片。

"青白花碗"的意义范围应小于"青白花器"，专指青花瓷碗，是14世纪畅销海外的中国商品。据汪大渊记载，在当时菲律宾的三岛（即三屿）青白花是最受欢迎的中国货之一[25]；汪大渊列出的在单马令元商出售的商品中亦见"青白花碗"[26]；泰国南部克拉地峡的戎（即今之春蓬），元商出售的商品也有"青白花碗"[27]。从《岛夷志略》可见，当时"青白花碗"还运销于亚洲其他地区，如位于今加里曼丹岛西岸之东冲古剌[28]、龙牙犀角（今马来西亚之凌牙斯加）[29]、南巫里[30]。而在今波斯湾内的鲁德巴尔，元商也售卖"青白花碗"[31]。

其他元境输出的各色陶瓷器有浙江处州瓷,即龙泉青瓷,当时在海内外称为"处瓷"[32]"处器"[33]或"处州磁水缸"等。明人曹昭辑、王佐增补之《新增格古要论》收有"古龙泉窑"条,其中曰"古龙泉窑在今浙江处州府龙泉县,今曰处器、青器、古青器。土脉细且薄,翠青色者贵,粉青色者低。有一等盆,底双鱼,盆外有铜掇环。体厚者不佳"[34]。

元人周达观曾从元使团至真腊,即柬埔寨,在那里停留了相当长的时期。这使他有机会近距离观察当地的社会与生活。据他记载,真腊权贵出入用轿及伞,"伞皆用中国红绢为之"[35]。人"欲得唐货"有真州之锡镴,温州之漆盘[36],泉州之青瓷器[37],及水银、银朱、纸札、硫黄、焰硝、檀香、白芷、麝香、麻布、黄草布、雨伞、铁锅、铜盘、水朱、桐油、篦箕、木梳、针;其粗重则如明州之席[38]。当地百姓"盛饭用中国瓦盘或铜盘……地下所铺者,明州之草席……近新置矮桌……近有用矮床者,往往皆唐人制作也"[39]。

二、陆路输出的中国古瓷眼历记

陶瓷器质重易碎,宜于水运。宋以后东西海洋交通大兴,瓷器成为海路贸易中最重要的商品。但这并不意味着陆路贸易就此中断,我国西北地区沿沙漠绿洲西行的驼队所运输的商品中,仍然可见中国瓷器。1990年苏联瓦解前夕,笔者受国家联合国教科文组织全国委员会委托,代表中国参加了联合国教科文组织(UNESCO)在苏联土库曼斯坦、乌兹别克斯坦、塔吉克斯坦、吉尔吉斯斯坦与哈萨克斯坦五个加盟共和国举办的草原丝绸之路考察。东道主苏联科学院安排我们访问了许多重要的考古遗址、文化古迹和博物馆。5月间,考察队一行抵达乌兹别克斯坦文化名城布哈拉(Bukhārā)。该城地处古粟特西部,唐代称安国,是"安史之乱"的发动者安禄山的故乡,波斯撒曼王朝故都,元代称"蒲华"或"不花剌"。这里虽然属乌兹别克斯坦版图,但当地多数居民操塔吉克语(波斯语的一种方言)。该市著名景点是19世纪布哈拉汗国的夏宫(Ситораи Мохи),其中陈列有一个瓷盘,上绘长江流域风景名胜,并以汉字标记其名称:五老峰、庐山瀑布、徐亭烟柳、白鹿七洞、九江关、麻姑仙坛、花州春香、南涌归踪、滕王高风、东湖夜月。这件瓷盘产于何处,是如何被运至布哈拉的,迄今仍属未解之谜。

5月29日,考察队一行驱车从乌兹别克斯坦首都塔什干,沿锡尔河进入哈萨克斯坦。当地最重要的遗址之一是讹提剌儿(Otrar)古城,位于锡尔河与其支流阿雷斯(Арысь)河的汇流处,是10—14世纪锡尔河中游最重要的商业城市,也是从中国前往伏尔加河下游、俄罗斯以至欧洲必经地。12—13世纪初,该城为花剌子模的领地,回回商人从这里往返于蒙古高原贾贩。13世纪初当地的守将海亦儿汗杀死了成吉思汗的商队的全部成员，抢夺了他们的货物，招致了蒙古的军事报复，残酷的战争把这里变成一片废墟。14世纪末，帖木儿企图征服明朝率大军东进经讹提剌儿时，却意外病逝。在距遗址11公里处夏勒迭尔（Шальдер）小村的博物馆中，陈列有讹提剌儿出土的15世纪的中国青瓷和青花瓷器。在哈萨克斯坦当时的首都阿拉木图，笔者参观了哈萨克斯坦中央国家博物馆，其收藏有中国的影青瓷器等。

三、从青花陶到梅森瓷器——古代中国文化的海外影响

制陶业在旧大陆有几个独立的起源中心。最早的釉陶为铅釉陶。日本学者三上次男提出，东汉中叶，出现了以涂有铜、铁为呈色剂的铅釉的绿褐色陶器。这种釉色在中国本土缺乏渊源，而与占有东地中海地区的罗马帝国的绿褐色釉陶器相似，中国制陶业很可能在与罗马帝国的交往中学会了这种着色技术，并接受了以绿褐色釉为美的审美观点[40]。但我国学术界过去传统上认为，铅釉陶最早出现于西汉武帝后期，即公元前2世纪左右，且其刚一出现就呈现了繁荣的情况[41]。铅釉陶在西方出现于东罗马帝国时期（公元前1世纪），比我国要晚100年[42]。

2006年7月，在山东省淄博市临淄区辛店镇安乐店村西北发现一座墓葬，为战国晚期齐国的贵族墓[43]。该墓两龛内分别放置一件釉陶罍（简报称"青釉瓷罍"）。研究者采用能量色散X射线荧光光谱进行胎釉成分的无损分析，结果表明，这件釉陶罍盖的釉层是典型的低温铅釉。这两件外施低温釉的铅釉陶，是目前已知的世界上最早的铅釉陶制品，其为汉代铅釉陶技术找到了源头，同时也说明低温铅釉技术的起源地是我国的北方地区[44]。

尽管如此，丝绸之路对东西方文化的双向影响，在陶瓷器生产技艺发展中仍然得到充分体现。在任何国家与地区，引领消费风尚潮流的永远都是社会上层。中世纪西亚社会上层对中国陶瓷器的追求而形成的中国瓷器销售市场，吸引了西亚的能工巧匠，他们中开始有人努力钻研，尽可能地模仿受人喜爱的中国陶瓷。1936年、1938年，考古家先后两次在9世纪阿拔斯王朝都城遗址的萨玛拉发掘出土了绿釉系、三彩系、黄褐釉系的陶器。这些都是当地陶工按中国式样的釉色仿制的陶器，火候很低，只是一种软陶，质地虽然远不能与中国陶瓷相比，但却受那些用不起真正中国陶瓷的人家的欢迎。

在埃及法蒂玛王朝，一位名叫赛义德的工匠以宋瓷为模式努力仿制，终于成功。他教授了许多弟子，形成流派。他们十分注意中国瓷器的变化，并不断地更新自己的仿制品：最初仿制青瓷、白瓷，元以后又仿制青花瓷。他们从形制到纹样一概仿制，据11

世纪中叶到过埃及的波斯人纳赛尔·火思鲁记载,这些仿制品"十分美妙、透明,以致一个人能够透过瓷器看见自己的手"[45]。从考古学家发现的器物看,11世纪以后的仿制品从外观上来看,的确与真品非常相近。在著名的埃及富士达特遗址堆积如山的陶瓷残片中,有70%—80%是仿制中国器皿的残片。

10世纪时,大食人开始用含氧化钴的矿物作为釉料施于陶坯表面,烧成后呈蓝彩。13世纪成吉思汗及其子孙发动的三次西征,使大批回族人移居汉地,这种含氧化钴的矿物原料被回族人带入中国,在元代称为"回青",曾被当作一种矿物类药物。元人忽思慧提到"回回青,味甘、寒,无毒,解诸药毒,可敷热毒疮肿"[46]。中国制瓷工匠将"回青"施于瓷器之上成为青花瓷,元中后期开始流行,并通过海路大量运销域外。明人称"我明有永乐窑、宣德窑、成化窑,则皆纯白,或回青石青画之,或加彩色,宣德之贵今与汝敌,而永乐、成化亦以次重矣。秘色在当时已不可得,所谓内窑亦未见有售者"[47]。

明代青花瓷器大量输往海外诸国以后,中亚和波斯诸地人民把这种蓝白相间的中国瓷碗称为kasa-i lājurdī,意为"青金石碗";把青花瓷瓶称为kuza-i lājurdī,是极为贵重的商品。明代西域入贡的使臣、商贾经常指名要求明朝政府在回赐物品中包括这种"青金石碗"和"青金石瓶",即青花瓷碗、瓷瓶[48]。

瓷器在相当长的时期内是中国独家生产的商品,其关键秘密有二,第一是制瓷原料不是普通的陶土,而是"高岭土";第二是烧制火候高,窑温须控制在1200℃以上,因而质地坚硬细腻。经过中国能工巧匠的劳动,呈现当时国际市场的是花色品种众多、造型各异、色彩柔美的各种器皿。但因运输路途长,在海外各国能够用上经陆海万里运到西方的中国原产舶来品的只可能是少数王室贵族和富人之家。而且瓷器是易碎器,不易保存,随着时间的推移,在域外上层社会保留的古代中国瓷器愈显贵重,被视为无价珍品。今土尔其首都的托普卡帕宫(Topkapı Sarayı),是全球中国以外明清瓷器的最大收藏地,藏有奥斯曼帝国历代苏丹(Sultan,即国王)拥有的数以千计的大量中国瓷器。其中有一件"青花缠枝牡丹纹葫芦瓶","形制高大隽美",瓶嘴镶有银套,"与瓶浑然一体"[49]。其所镶银质瓶口与盖,并非简单的装饰物,而是在瓶口损坏之后,为掩饰缺陷继续使用而修补上去的。可见即使贵为当时世界大国统治者的奥斯曼帝国王室,也不愿将损坏的中国瓷器舍弃,宁愿以金银箔修补,足见中国瓷器珍贵到何种程度。

据宋末赵汝适记载,当时"脑子"即樟脑的生产过程需用瓷器:"脑子出渤泥国(一作佛泥,笔者按,今文莱),又出宾窣国,世谓三佛齐亦有之。""脑之树如杉,生于深山穷谷中,经千百年,支干不曾损动,则剩有之,否则脑随气泄。土人入山采脑,须数十为群,以木皮为衣,赍沙糊为粮,分路而去。遇脑树则以斧斫记,至十余株,然后截段均分,各以所得解作板段,随其板傍横裂而成缝,脑出于缝中,劈而取之。其成片者,谓之梅花脑，以状似梅花也。次谓之金脚脑，其碎者谓之米脑。碎与木屑相杂者谓之苍脑。取脑已净，其杉片谓之脑札，今人碎之，与锯屑相和，置瓷器中，以器覆之，封固其缝，煨以热灰，气蒸结而成块，谓之聚脑，可作妇人花环等用。"[50]

在上层贵族的引领之下，整个西亚社会出现追捧中国瓷器的风气[51]，于是原先已经趋于消失的"伊斯兰青花陶"，在模仿中国青花瓷风尚之下应运而生[52]。入明以后，奥斯曼帝国所在的小亚细亚成为新的仿制中国青花瓷的中心，这一流派的产品在西亚、北非的许多地方都有发现，其中保存完好的珍品被世界上许多著名的大博物馆收藏，成为伊斯兰世界陶瓷业发展过程中的一个重要阶段。1990年4月21日，笔者在参加"草原丝绸之路"考察时，在位于土库曼斯坦谋夫（Мары）绿洲边缘的中古时期城镇遗址阿必瓦尔德（Абиверд，元代称别瓦儿），亲见泥土中埋藏的陶质仿中国青花瓷残片。

伊斯兰青花陶器乍看上去，无论是器形、颜色还是纹样均与青花瓷有几分相似，同样为釉下彩，施用钴料，器呈白地蓝花效果，但由于当时西亚不具备制瓷所赖以产生的两个必要条件，即瓷土的发现与开采和高温烧窑技术的掌握，这些异域工匠当时画虎画皮难画骨，其所追求的不过是形似中国青花器而已。这种仿制品是陶而非瓷，硬度远低于中国瓷，器重却远超中国瓷，其釉很厚，像一层玻璃覆盖在器物表面，质量远远比不上正宗的中国货。

富士达特遗址的发现及其以后时代西亚、北非大量出现的中国瓷器仿制品，说明伊斯兰青花陶和此前流行于西亚的其他中国器物的仿制器，尽管质量低下，但毕竟满足了普通百姓喜爱中国瓷器的心理，适应了当地的社会需求。因此从唐末以来，西亚、北非陶业界仿制中国陶瓷成为了一种风气，仿制陶业也成为一项极为有利可图的行业，数百年来长盛不衰。这充分证明中国陶瓷的大量出口改变了西亚、北非的社会审美观，使社会上流行的审美观以是否与中国式样相近为准，这是古代中国生活水准高、引领世界消费时尚潮流的体现。

中国瓷器独步世界的局面，直到18世纪德国造出梅森瓷器才改变。从中世纪起，中国瓷器开始受到欧洲各国统治阶层的追捧，成为财富的象征。1717年，德国萨克森公国的选帝侯奥古斯特二世（August II der Starke）曾以一队骑兵为代价从腓烈特威廉一世（Friedrich Wilhelm I）手中获取了其收藏于柏林夏洛腾堡（Charlottenburg）与奥拉宁堡（Oranienburg）的151件龙瓶（dragon vase）。后来他手下的一位炼金术士翰恩·费里德里希·亨特格（Johann Friedrich Böttger）指导科学家埃仑弗里德·瓦尔特尔·冯·齐木豪斯（Ehrenfried Walther von Tschirnhaus）破解了瓷之所以优于陶的两大秘密：高岭土原料及高温烧制，于1708年在公国首府德累斯顿附近的梅森（Meissen）首次成功烧制出瓷器，被称为"梅森瓷"（Meissen Porcelain）。早期的梅森瓷表面有模仿中国的绘画，背后有模仿中国的题款。这说明，中国输出陶瓷的同时，也输出了中国的消费时尚[53]，因此我们可以理解缘何海内外有一些学者习惯上将海上丝路称为"陶瓷之路"（Porcelain Routes）。

注释：

[1] 参见《广东唐宋窑址出土陶瓷》，香港大学冯平山博物馆，1985年，第11页。
[2] 张维持、胡晓曼：《从出土陶瓷看古代中菲关系》，载《景德镇陶瓷（中国古陶瓷研究专辑）》第1辑，1983年。
[3] 广东省博物馆：《广东省古墓葬和古窑址调查发掘报告》，《考古》1987年第3期。
[4] 辛岛昇：《13—14世纪南印度与中国的贸易关系》，载《东西方海路交通》卷1，1989年，第61页。
[5] Karashima Nooboru（辛岛昇），"Trade Relations Between South India and China during the 13th and 14th Centuries", *Journal of East-West Maritime Relations* 卷1，1989年，第63页。
[6] 汪大渊著，苏继庼校注：《岛夷志略校释》，中华书局，1981年，第285页。
[7] 汪大渊著，苏继庼校注：《岛夷志略校释》，中华书局，1981年，第286、287页。
[8] Karashima Nooboru（辛岛昇），"Trade Relations between South India and China during the 13th and 14th Centuries", *Journal of East-West Maritime Relations* 卷1，1989年，第62页。
[9] 参见刘迎胜：《丝绸之路"上的新材料与新观点》，《解放日报》2018年8月10日第10版。
[10] 三上次男著，李锡经、高喜美译：《陶瓷之路》，文物出版社，1984年，第82页。
[11] 沈福伟：《中西文化交流史》，上海人民出版社，1985年，第208页。
[12] B. Davidson, *Old Africa Rediscovered*, London, 1960（戴维森：《古老非洲的再发现》，伦敦，1960年，第221页）。
[13] G. S. Freeman Grenville, *The Medieval History of the Coast of Tanganyika*, Berlin, 1962, p. 35.
[14] 三上次男著，李锡经、高喜美译：《陶瓷之路》，文物出版社，1984年，第32页。
[15] 参见何芳川：《源远流长、前途似锦的中非文化交流》，载《中外文化交流史》，河南人民出版社，1987年，第815页。
[16] 汪大渊著，苏继庼校注：《岛夷志略校释》，中华书局，1981年，第123页。
[17] 汪大渊著，苏继庼校注：《岛夷志略校释》，中华书局，1981年，第102页。
[18] 汪大渊著，苏继庼校注：《岛夷志略校释》，中华书局，1981年，第377页。
[19] 汪大渊著，苏继庼校注：《岛夷志略校释》，中华书局，1981年，第282页。
[20] 汪大渊著，苏继庼校注：《岛夷志略校释》，中华书局，1981年，第321页。
[21] 汪大渊著，苏继庼校注：《岛夷志略校释》，中华书局，1981年，第356页。
[22] 汪大渊著，苏继庼校注：《岛夷志略校释》，中华书局，1981年，第364页。

〔23〕 汪大渊著，苏继庼校注：《岛夷志略校释》，中华书局，1981年，第353页。
〔24〕 参见严从简：《殊域周咨录》，中华书局，1993年，第410页。
〔25〕 汪大渊著，苏继庼校注：《岛夷志略校释》，中华书局，1981年，第23页。
〔26〕 汪大渊著，苏继庼校注：《岛夷志略校释》，中华书局，1981年，第79页。
〔27〕 汪大渊著，苏继庼校注：《岛夷志略校释》，中华书局，1981年，第106页。
〔28〕 汪大渊著，苏继庼校注：《岛夷志略校释》，中华书局，1981年，第120页。
〔29〕 汪大渊著，苏继庼校注：《岛夷志略校释》，中华书局，1981年，第181页。
〔30〕 汪大渊著，苏继庼校注：《岛夷志略校释》，中华书局，1981年，第261页。
〔31〕 汪大渊著，苏继庼校注：《岛夷志略校释》，中华书局，1981年，第282页。
〔32〕 如元人姚燧有诗题为《谢马希声处瓷香鼎》，见《牧庵集》卷三十三；汪大渊在记旧港时，提到贸易之货中有"处瓷"。
〔33〕 汪大渊在记苏禄时，提到贸易之货中有"处器"，在记花面国时，提到交易用"青处器"。
〔34〕 曹昭辑，王佐增补：《新增格古要论》卷七，中国书店，1987年。
〔35〕 参见周达观撰，夏鼐校注：《〈真腊风土记〉校注》"官属"条，《中外交通史籍丛刊》，中华书局，1981年。
〔36〕 在王士性所撰之《广志绎》在提及"天下马头，物所出所聚处"时，与"温州之漆器"并举的是"苏杭之币、淮阴之粮、维扬之盐、临清济宁之货、徐州之车骡、京师城隍灯市之骨董、无锡之米、建阳之书、浮梁之瓷、宁台之鲞、香山之番舶、广陵之姬"（清康熙十五年刻本，北京图书馆藏），可见温州漆器之闻名。
〔37〕 应指德化窑器。
〔38〕 参见周达观撰，夏鼐校注：《〈真腊风土记〉校注》"欲得唐货"条，《中外交通史籍丛刊》，中华书局，1981年。
〔39〕 参见周达观撰，夏鼐校注：《〈真腊风土记〉校注》"器用"条，《中外交通史籍丛刊》，中华书局，1981年。
〔40〕 三上次男著，李锡经、高喜美译：《陶瓷之路》，文物出版社，1984年，第12页。
〔41〕 陈彦堂：《关于汉代低温铅釉陶器研究的几个问题》，《古代文明》第4卷，文物出版社，2005年，第303—315页。兹据下引郎剑锋、崔剑锋文。
〔42〕 P. M. Rice, *Pottery Analysis*, The University of Chicago Press, 2005, p. 7-9.
〔43〕 王会田、崔建军：《山东淄博市临淄区发现一座战国墓葬》，《考古》2008年第11期。
〔44〕 郎剑锋、崔剑锋：《临淄战国齐墓出土釉陶罍的风格与产地——兼论我国铅釉陶的起源问题》，《华夏考古》2017年第2期，第98、101页。
〔45〕 参见希提著，马坚译：《阿拉伯通史》，商务印书馆，1979年，第756页。
〔46〕 忽思慧：《饮膳正要》卷三，明景泰七年内府刻本。
〔47〕 顾起元：《说略》卷二三，民国金陵丛书本。
〔48〕 本田实信：《论〈回回馆译语〉》，载《北海道大学文学部纪要》第11期，1963年，第149—157页。
〔49〕 《幽蓝神采——元青花瓷器特集》，上海书画出版社，2012年，第119—121页。
〔50〕 钱若水修：《宋太宗皇帝实录校注》所引《诸蕃志》，中华书局，2012年。
〔51〕 据记载，14世纪也门拉苏里德王朝苏丹阿勒·马利克·阿勒·阿什拉夫（1370—1401年），在为其子举行割礼的宴会上，骄傲地展示了从没有用过的500件中国瓷碟。Venetia Porter, *Islamic Tiles*, British Museum Press, 1995, p. 93. 兹据马文宽：《再论中国青花瓷与伊斯兰青花陶（下）》，《收藏家》2012年第12期，第30页及第34页注39。

〔52〕 马文宽：《再论中国青花瓷与伊斯兰青花陶（上）》，《收藏家》2010年第11期，第19页。

〔53〕 参见宋广林：《麦森窑早期瓷器的中国装饰艺术风格初探》，《装饰》2011年第9期；杨喜发：《赫洛尔特与早期梅森瓷器装饰的中国人物图式》，《装饰》2013年第9期；李璠：《小瓷盘的百家貌——对于18世纪德国麦森瓷器蓝色洋葱图案的研究》，《艺术设计研究》2015年第3期。

韩国出土明代瓷器的意义

○ 金恩庆　韩国高丽大学

一、序论

　　朝鲜时代的白瓷文化是通过与邻国——拥有先进瓷器文化的中国——之间的频繁交流而不断发展的。以中国为首的世界陶瓷文化迅速开始使用"白瓷"或"青花瓷",与中国在地理、政治上关系密切的朝鲜也不例外。目前已知最早传入朝鲜王室的中国青花瓷,是太宗担任国子博士时(1383—1388年)的一件青花盏。据推测,这件青花盏很可能是高丽末年王室流传下来的朝贡品。由此可知,诸如此类的陶瓷交流,从朝鲜初期开始便持续不断。特别是根据文献记载,从宣德年间(1426—1428年),即朝鲜世宗年间(1418—1450年)起,大量瓷器传入了朝鲜王室。

　　近几十年来,韩国学界对包含来自中国在内的外来瓷器的流入背景、途径和种类开展了研究,在各类文献记载及发掘调查的基础上已经积累了一定的成果。尤其是2000年以后,首尔(古称汉阳,又称汉城)市内开展了全面的考古发掘工作,证明汉阳的人们曾使用过中国产的进口瓷器。汉阳是当时朝鲜各类物产的集中与流通之处,而这一批新材料能够帮助我们了解当时中国瓷器的消费情况以及朝鲜人对中国瓷器的认识。除了窑址、寺庙遗址、建筑用地、王室宗亲墓地以外,本次发掘还能够彻底地探索经济流通中的中国瓷器面貌,而这是前所未有的新领域。

　　本研究以朝鲜时代遗址出土的明代瓷器为中心,将上述遗址所出文物与首尔市内新近出土的明代瓷器进行综合考察,以探讨出土瓷器的面貌及其相关问题。

二、韩国出土明代瓷器的情况

　　如前所述,韩国近期正积极地对首尔市内的相关遗址进行考古发掘,而这为我们提供了陶瓷消费市场的数据。截至目前,考古发掘出土的明代瓷器包括青花瓷、以五彩和斗彩为代表的彩瓷、龙泉窑青瓷、磁州窑白地黑花瓷等。就数量而言,青花瓷在其中占绝大多数，彩瓷及其他瓷器大体相当。

（一）青花瓷

在朝鲜时代前期，青花瓷非常珍贵，是只有王室和宗亲等上级阶层才能使用的奢侈品。韩国地区的青花瓷生产，始于高丽末期对元青花的仿制。据文献记载，最早流入韩国的中国生产的青花瓷便是元青花。然而，韩国至今仍未见元青花出土，只能通过朝鲜初期制作的粉青沙器的器形与纹饰来推断可能受到元青花的影响。

因与明朝外交往来频繁，朝鲜曾进口了不少明代瓷器。出土明代瓷器的遗址类型多样，包括窑址、墓地、寺庙遗址、消费遗址、官府遗址等。由此可见，明代瓷器已深入朝鲜社会的各个方面。其中，明代青花瓷主要集中出土于首尔、京畿道等地区。

1. 寺庙遗址及墓地

在京畿道杨州桧岩寺遗址出土了"成化"款明代青花瓷。桧岩寺与朝鲜前期王室有着密切的关系，是韩国境内罕见的、将性理学作为国家政策基调的大规模寺庙。据《朝鲜王朝实录》（又称《李朝实录》）之《太祖实录》记载，太祖李成桂曾连续多年来到桧岩寺，并不时进行赏赐。可以说，桧岩寺是获得朝鲜王室资助的非正式国刹[1]。除"成化"款青花瓷片外，桧岩寺还出土了可能是15世纪中后期的钵、瓶等瓷片（图1）。特别是戟耳方瓶，器形与景泰年间瓷器相近，纹饰上的牡丹纹也与景德镇市郊景泰四年（1453年）严昇墓的出土品类似[2]，因此可以推测这些瓷片的年代在1450年左右（图2、3）。此外，在首尔三川寺遗址也发现了推测为15世纪中期制作的一件明代青花瓷片[3]（图4）。

在坡州堂洞、龟尾真坪洞、清州龙亭洞、华城卧牛里等遗址也出土了少量的明代瓷器。坡州堂洞、龟尾真坪洞遗址的出土品约制作于成化至弘治年间。堂洞遗址所出婴戏纹碗上的宝相唐草纹和缠枝牡丹纹等是明代青花瓷中极为罕见的图案，因此备受关注（图5）。而真坪洞遗址出土的变体如意纹盘，与北京毛家湾遗址出土的景泰、天顺时期同类器类似，推测其为15世纪中期以后的作品（图6、7）。至于清州龙亭洞和华城卧牛里遗址的出土品，则是朝鲜时代遗址中常见的类型，约为弘治至正德年间制作的景德镇民窑产品（图8、9）。

王室墓葬中，在位于京畿道高阳市的淑慎公主坟墓（1635—1637年）发现了嘉靖至万历年间的青花瓷和斗彩瓷等共8件，其中6件器底有款识（图10）。一些款识为景德镇官窑样式，然而从其字体和烧造的精细程度来看，很难认定为官窑产品。但如若将其与平民墓地出土品进行比较，还是可以看出明显的差异。

15 世纪的亚洲与景德镇瓷器

图 1
青花瓷片 / 15 世纪中后期
韩国杨州桧岩寺遗址出土

图 2
青花戟耳方瓶 / 15 世纪中期
韩国杨州桧岩寺遗址出土

图 3
青花戟耳方瓶 / 明·景泰
江西景德镇景泰四年（1453 年）严昇墓出土

图 4
青花瓷片 / 15 世纪中期
韩国首尔三川寺遗址出土

韩国出土明代瓷器的意义

图 5
青花婴戏纹碗 / 明·成化—弘治
韩国坡州堂洞遗址出土

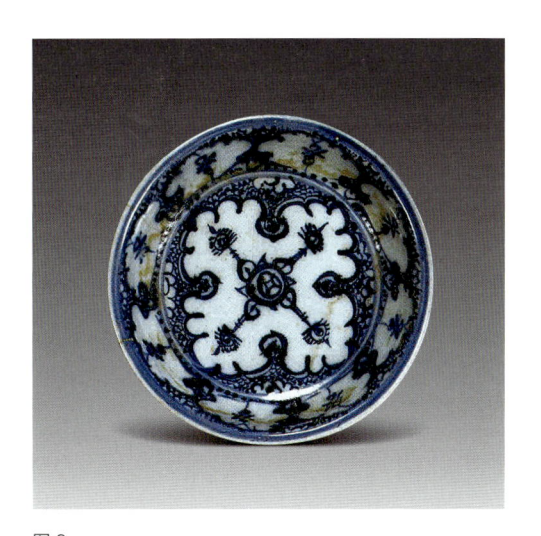

图 6
青花变体如意纹盘 / 15 世纪中期
韩国龟尾真坪洞遗址出土

图 7
青花变体如意纹盘 / 15 世纪中期
北京毛家湾遗址出土

063

图 8
青花碗／明·弘治—正德
韩国清州龙亭洞遗址出土

图 9
青花碗／明·弘治—正德
韩国华城卧牛里遗址出土

韩国出土明代瓷器的意义

图 10.1
青花瓷和斗彩瓷 / 明·嘉靖—万历
韩国高阳淑慎公主坟墓出土

图 10.2
青花瓷和斗彩瓷
明·嘉靖—万历
韩国高阳淑慎公主
坟墓出土

065

图 11
青花团花纹碗 / 15 世纪中期
韩国恩平新城市建设用地出土

图 12
青花团花纹高足杯 / 明
台北故宫博物院藏

  此外，在首尔市恩平区新城市建设用地工程中，发现了朝鲜王室宗亲、宫女太监及平民墓葬，数量达 5000 余座[4]，出土的景德镇青花团花纹碗在韩国出土中国瓷器中少见（图11）。与其形制相近的青花碗在清进洞遗址也有出土，且其上的图案与台北故宫博物院藏明官窑青花团花纹高足杯相近（图12）。虽然恩平新城的出土品是典型的景德镇民窑产品，但通过与台北故宫博物院的藏品比较，可以推测制作于 15 世纪中期（或"空白期"）[5]。目前尚未在韩国发现洪武至宣德时期的青花瓷，恩平的出土品在韩国所出土明代青花瓷中年代较早。

2. 首尔市内的消费遗址

  自 20 世纪后期开始，韩国在首尔四大门内开展了大量考古发掘工作，对首尔市政府大楼用地、宗庙、光化门广场、清溪川广通桥、清进洞地区、东大门运动场、乙支路、长桥洞、恩平新城市建设用地以及钟路公平洞遗址进行了发掘。大规模的遗址发掘几乎必然伴出中国瓷器，朝鲜王朝 500 年间中国瓷器的传入、消费规模可见一斑。

  清进洞遗址所属的首尔市钟路区自朝鲜王朝建立起即为都城中心，有密集的宫殿和宗庙、社稷等国家设施，迄今仍作为政治、经济中心维系着国家的命脉。其中清进洞遗址以 1—19 地区来区分挖掘，该遗址不仅包含朝鲜时代的市廛行廊，还包含朝鲜时代各个时期的建筑、道路等遗址。其中在 8 地区和 12—16 地区出土了相当数量的明清时期的中国产瓷器。清进洞遗址出土的中国明清瓷器中,明代瓷器大多为青花瓷,此外也可见五彩瓷(红绿彩)及斗彩瓷[6]。清进洞遗址出土的青花瓷几乎都制作于16世纪,主要的图案有唐草纹、梵文、岁寒三友纹、莲池纹、树石栏杆纹、山水纹、蟠螭纹、宝杵纹、狮子绣球纹等。这些青花瓷的产地应为景德镇,其中民窑产品占据了绝大多数。

东大门运动场遗址出土了自朝鲜时代至日帝强占时期的各类遗物,为我们探明各时期文化面貌提供了重要的学术资料。其中出土瓷器仍以青花瓷为主,同时出有五彩瓷、白瓷、青瓷等。就明代瓷器而言,青花瓷具有压倒性的优势,主要纹饰有松鹿鹤纹、十字金刚杵纹、宝相唐草纹、莲池纹、波涛纹等,与清进洞的出土品大同小异[7],约为15世纪末至16世纪初的产品(图13)。

首尔钟路区公平洞遗址也出土了明代青花瓷。其中第45号出土品,虽然只是残片,但内壁饰韩国所出明代瓷器中多有发现的变体如意纹。北京毛家湾遗址也出土了类似的景泰、天顺时期的瓷器,推测该出土品制作于15世纪中期以后(图14)。第55号青花瓷片,外壁饰唐草纹,内壁绘岩石及其上的栏杆、树木,推测这原本应是一件树石栏杆纹盘(图15)。

3. 窑址

京畿道广州、利川一带是朝鲜时代官窑的所在地,除官窑外也存在大大小小的民间运营的作坊,可谓朝鲜时代瓷器制作的中心城市。在属于分院官窑的朝鲜前期广州窑址发现了少量的明代青花瓷,而道马里窑、牛山里窑、观音里窑、樊川里窑、大双岭里窑也出土了15世纪中期至16世纪中期的景德镇民窑生产的青花瓷。

在道马里1号窑和7—1号窑出土了凤凰唐草纹、牡丹唐草纹青花残片。值得一提的是,在道马里窑址还发现了带有"乙丑八月"款识的陶棒。朝鲜前期的乙丑年有1445年与1505年,而根据同时出土的朝鲜白瓷能够判断出,这里的乙丑年,即该窑场的运营时期应该是1505年[8]。

在牛山里9号窑与15号窑出土了唐草纹及松树纹残片(图16)。虽然残存的部分过小,要把握整体图案有些勉强,但将其推定为弘治至正德年间制作的景德镇民窑产品应该无误。尤其是唐草纹上圈起来的唐草,与首尔中区长桥洞出土的缠枝莲花八宝纹碗极为相似,推测其制作于正德年间(图17)。

在樊川里5号窑与9号窑出土了缠枝莲托八宝纹残片、花草纹残片[9](图18),其制作时期可能在16世纪的正德至嘉靖年间。

大双岭里1号窑与观音里22号窑也发现了中国产的青花瓷(图19)。虽然仅余部分口沿,难以掌握整体的图案,但从残存的纹样来判断,大约制作于16世纪初。

15 世纪的亚洲与景德镇瓷器

图 13.1
青花瓷片 / 15 世纪末—16 世纪初
韩国首尔东大门运动场遗址出土

图 13.2
青花瓷片 / 15 世纪末—16 世纪初
韩国首尔东大门运动场遗址出土

图 14
青花变体如意纹瓷片 / 15 世纪中期
韩国首尔公平洞遗址出土

图 15
青花树石栏杆纹盘瓷片 / 15 世纪中期
韩国首尔公平洞遗址出土

韩国出土明代瓷器的意义

图 16
青花瓷片 / 明·弘治—正德
韩国广州牛山里窑址出土

图 17
青花缠枝莲花八宝纹碗 / 明·正德
韩国首尔长桥洞遗址出土

图 18
青花瓷片 / 明·正德—嘉靖
韩国广州樊川里窑址出土

069

15 世纪的亚洲与景德镇瓷器

图 19.1
青花瓷片／16 世纪初
韩国广州大双岭里窑址出土

图 19.2
青花瓷片／16 世纪初
韩国广州观音里窑址出土

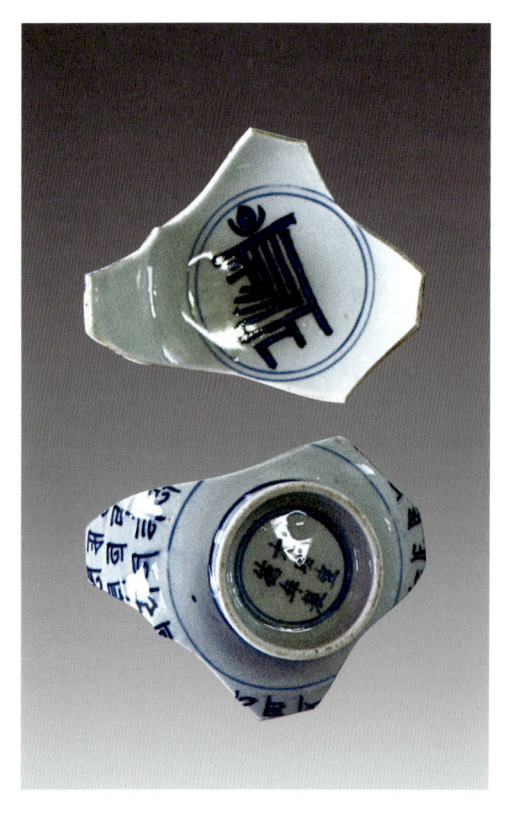

图 20
青花瓷片／16 世纪后期
韩国龙仁壬辰山城遗址出土

4. 其他遗址

在龙仁壬辰山城出土了10余件明代青花瓷,其中"大明宣德年制"款与"长春佳器"款青花瓷颇为引人注目(图20)。特别是外部满饰梵文"大明宣德年制"款碗片,虽然铭文所载年代乃15世纪中期,但其与万历年间的青花梵文盘类似,应是16世纪后半期的产品(图21)。仿宣德年号的款识在嘉靖时开始出现,持续到清乾隆朝,并在官窑和民窑中广受欢迎[10]。后世模仿宣德年号的青花瓷,除壬辰山城遗址外,在清进洞遗址也出土过。"长春佳器"是流行于明末的吉祥语铭文,制作于嘉靖至崇祯时期[11]。

京畿道杨州广沙里也出土过2件几乎完整的青花瓷器,其中的缠枝牡丹纹盘,与菲律宾出土品及香港中文大学文物馆所藏青花折枝牡丹纹盘相似,从其强调轮廓线的独特技法和暗青色的发色,可以推断是在明正统年间制作的(图22、23)。另外,清进洞遗址也发现了图案与之类似的青花盘,但依照风格特征判断,可能是晚于"空白期"的15世纪后期至16世纪初制作的。

图21
青花梵文盘 / 明·万历

图 22
青花瓷盘／明·正统
韩国杨州广沙里遗址出土

图 23
青花瓷盘／明·正统
香港中文大学文物馆藏

图 24
红绿彩瓷片／明
韩国首尔清进洞遗址出土

图 25
五彩凤凰纹盘瓷片／明末清初
韩国首尔清进洞遗址出土

（二）彩瓷及其他

韩国出土的彩瓷数量较青花瓷为少，且铭文纪年几乎均属清末。明代大量流行的五彩瓷（红绿彩瓷）或斗彩瓷，在韩国的出土遗物中占极少部分。而且在彩瓷大量出土的地方，也同时出土了青花瓷，如首尔市内古汉城府市廛遗址。清进洞遗址出土的牡丹纹盘残片、凤凰纹盘残片、宝相花唐草纹残片、石榴纹盘残片等，大多属于五彩的红绿彩瓷及斗彩瓷。从瓷片上残留的铭文，可以推测出其大概的制作年代。如石榴纹盘残片的圈足底面上有"大明年造"款识(图24)，凤凰纹盘残片是明末清初大受欢迎的外销瓷典型样式，在景德镇及福建漳州窑都大量制作(图25)。

此外，韩国还出土有少量明代龙泉窑青瓷和磁州窑（或磁州窑系）遗物(图26,27)。其中龙泉窑瓷器的年代自宋代至明代皆有。出土明代龙泉窑青瓷的遗址有景福宫、庆熙宫、首尔军器寺遗址、世宗路2地区、清进洞遗址、瑞麟洞遗址、桧岩寺遗址等。其中，清

图26
龙泉窑瓷片／明
韩国出土

图27
磁州窑（或磁州窑系）瓷片／明
韩国出土

进洞遗址出土了10件以上的龙泉窑青瓷，且在15—18世纪的各文化层堆积中均有出土[12]，是朝鲜时代单一遗址中出土龙泉窑瓷器数量最多的。龙泉窑青瓷的器形有盘、钵、注子形砚滴、高足杯、人物像等，其中以钵和盘最多。出土的龙泉青瓷盘，与日本博多遗址出土的同类器相近，其制作年代约在元末至明代中后期[13]。清进洞遗址的出土品外底中央有一圈刮釉垫烧痕，与龙泉大窑枫洞岩窑址及其他龙泉地区的青瓷有相似之处，可见使用了同样的装烧方法[14]。清进洞遗址还出土了推测是磁州窑或磁州窑系的白地黑花瓷片。以残片的形制推断，器形可能是壶。从这件磁州窑残片的风格来判断，应制作于元末明初。此外，京畿道广州市的道马里官窑址、金浦阳村遗址也出土了极少量的磁州窑系壶片。

截至目前，流入朝鲜的明朝瓷器种类有江西景德镇民窑生产的青花瓷及彩瓷、福建一带窑址生产的瓷器、龙泉窑青瓷、磁州窑的白地黑花瓷等。器形大部分为壶、盘、碗、盏等日常器具。这些瓷器的制作时代，上限是正统年间（1436—1449年），下限是崇祯年间（1628—1644年），从有纪年的遗物来看，最多的是16世纪中期前后的。有趣的是，在道马里官窑址和清进洞遗址等地的出土遗物中，部分遗物的制作时代比遗址的活动时代更早，应是被废弃的传世品。

三、遗址出土明代瓷器的意义

至此，本文简要介绍了朝鲜时代遗址出土的明代瓷器的情况。有关明代瓷器的流入渠道，诸多研究已有所提及，可能是通过使行贸易与非使行贸易两种形式。使行贸易包括明朝皇帝给朝鲜国王的赏赐、明朝和朝鲜间使行团的商品贸易；非使行贸易则包括越境贸易、海上贸易等所谓非法的贸易形态[15]。最近，有学者根据新发表的材料和考古发掘工作的成果，提出在市场上消费的中国瓷器是经由市廛商人流入的[16]。如前所述，学界正积极使用更为多样的视角，来研究中国瓷器的流入主体。

虽然在韩国开展了大规模的考古发掘工作，但对于传入的明代瓷器的全貌依然无法得出明确的结论。就目前发掘情况来看，朝鲜时代遗址中出土的明代瓷器可概括出以下几个特征：第一，出土的文物90%以上是青花瓷；第二，产地绝大多数为江西省景德镇的民窑；第三，制作时代集中于16世纪中期前后。这在某种程度上，可以为推测当时社会的明代瓷器的流通和销售情况提供线索，但仍有诸多情况尚不明确。有鉴于此，本节主要讨论韩国学界对于遗址出土明代瓷器在认识上存在的问题，并以研究中获得的新线索来阐明笔者的初步见解。

（一）出土遗物的品质和消费阶层的对应关系

朝鲜前中期的社会，开始以官窑为中心生产需要使用高价钴料的青花瓷，而青花瓷也成了非常昂贵的高级瓷器的代名词。在这种情况下，朝鲜生产的青花瓷几乎只供王室及统治阶层消费。由于仅限特定阶级的消费，这一重要因素使得青花瓷从生产阶段开始，就决定了其生产规模。17世纪的两次大战，使朝鲜前中期的建筑遗迹等遭受了很大破坏。因此，与传世的朝鲜后期的青花瓷相比，前期的传世青花瓷数量极少。15—16世纪遗址出土的朝鲜青花瓷，大部分具有典雅的图案风格，是品质上乘的官窑器，但数量不多[17]。而同时期出土的明代青花瓷数量，则多出朝鲜青花瓷一倍以上，这是值得注意的。尤其在同时出土朝鲜和明代青花瓷的清进洞遗址，朝鲜青花瓷仅出土62件，而明代青花瓷至少是其2倍以上的数量[18]。通过遗址出土明代青花瓷的品质判断，当属景德镇民窑产品。但根据这些出土品图案和烧造状态的差异，仍可区分出从上到下的各等级品质。

前文已明确说明，朝鲜青花瓷的消费者是朝鲜的统治阶层。那么，大量明代青花瓷的消费者究竟是哪个阶层？据记载，朝鲜成宗八年（1477年）已禁止王室亲属和大臣们使用中国产的进口青花瓷[19]，燕山君四年（1498年）大臣们讨论的"奢侈禁制"品目也包含了中国生产的青花瓷。由此可知，相当数量的明代青花瓷流入了朝鲜，同时朝鲜人认为明代青花瓷是奢侈品[20]。对此，有学者根据汉城府内出土的明代青花瓷几乎都是钵、碗、盘类的实用器，而出土的朝鲜青花瓷则以壶、楪、匙等礼仪器为大宗，主张明代青花瓷和朝鲜青花瓷是互补的关系[21]。换言之，明代青花瓷的消费者也限于能使用朝鲜官窑器的统治阶层。但查阅同时期的其他文献却发现并非如此。成宗八年（1477年）有另一记载：

> 金银珠玉之禁，仪章服色之制，载在《大典》，所以杜奢僭而崇节俭，辨贵贱而敦礼化也。比闻勋戚贵近，先自坏法，闾巷小民，亦相率而侈靡，其中巨商富贾，纵情无忌，习以为俗，至如画磁器，非土产也，而求买上国……[22]

由这段记载可知，朝鲜普通百姓也使用明代瓷器。而15世纪后期，朝鲜青花瓷价格高昂，只能由王室及最高层享有。在这种情况下，使用明代青花瓷的阶层却相当广泛——从王族到所谓"闾巷"的民间。

对此，笔者格外关注出土遗物的不同品质。从出土明代瓷器数量最多且品质多样的汉城府来看，既能见到民窑的高级产品，又能见到图案粗劣、发色及白度不佳的次一等级的青花瓷。韩国出土明代瓷器的年代大多集中于16世纪中期前后，这与朝明之间非法贸易（越境贸易、海上贸易）的扩散、贸易量的增加密切相关[23]。再结合朝鲜内部对明代瓷器需求量增加的背景，可能无论品质及价格如何，明朝瓷器均能大量流入朝鲜。如此大量的明代瓷器，应该是通过市廛商人流通的。市廛主要为国家、王室以及统治阶层筹措奢侈品，是具有御用特质的商业机构，但从16世纪以后，由于汉阳商业的发达和人口的增加，市廛逐渐摆脱了御用的特质，演变为民间的流通机构[24]。也就是说，在市廛销售的明代瓷器是王室和普通百姓都可以接触到的。韩国出土的大部分明代瓷器都呈现出明确的景德镇民窑青花瓷的特征，但从清进洞遗址出土的青花树石栏杆纹盘和青花缠枝唐草纹碗残片的发色、图案、烧造状态看，应是相当高档的产品[25]（图28、29）。和清进洞遗址一样，商业活跃的区域出土各种品质的瓷器，意味着消费阶层的多样化。只是朝鲜社会中青花瓷依然昂贵，品质稍差的青花瓷的主要消费者仍然是具有一定经济能力的平民。同时，进口瓷器是市廛商人可以承受的项目[26]，所以进口的成本也应当是普通商人所负担得起的[27]。

综上所述，是否使用青花瓷，是判断朝鲜社会各阶级贵贱的标准，以贵族为代表的上流阶层和普通民间使用的青花瓷，在品质上肯定有所不同。虽然富裕的巨贾可以享有被视为奢侈品的明代青花瓷，但由于身份的限制，他们很难和统治阶层一样拥有上等的青花瓷。因此，为了与阶层身份及财力相匹配，进口瓷器的品质也千差万别，而这也与出土文物呈现的结果直接相关。

（二）未出土明代官窑器的原因

从目前的出土情况看，发现了许多景德镇民窑的产品，并未发现明确的明代官窑瓷器。在官撰文献中有关于明代瓷器传入的记录，但并未提及传入瓷器的品质及特点。记录仅提及瓷器均为明宣德帝赏赐，是明代皇帝亲自授予或是使臣的进贡品。因此，这些瓷器是官窑器的可能性极高[28]。《世宗实录·五礼仪》所载"白磁青花酒海"，学界多认为是明官窑的样式，因此有可能是实录上出现的世宗十二年（1430年）明宣德帝赐予的"官窑青花云龙白磁酒海"，或是朝鲜仿造的青花瓷。朝鲜前期的青花瓷可以很明显地看出明初的官窑风格，韩国部分学者据此认为朝鲜前期传入了明代的官窑产品。但实际上，出土品中不仅没有发现明前期的官窑瓷器，连正统以前的民窑产品也没有发现，这肯定是异常的现象。虽然没有正式提出，但有学者认为景德镇的官窑瓷器可能根本没有传入朝鲜。而且，朝鲜时代遗址出土的明代民窑瓷器上也出现了官窑的因素，15—16世纪朝鲜青花瓷上出现的明官窑风格并不能成为明代官窑器流入朝鲜的直接依据。也

图 28
青花树石栏杆纹盘 / 明
韩国首尔清进洞遗址出土

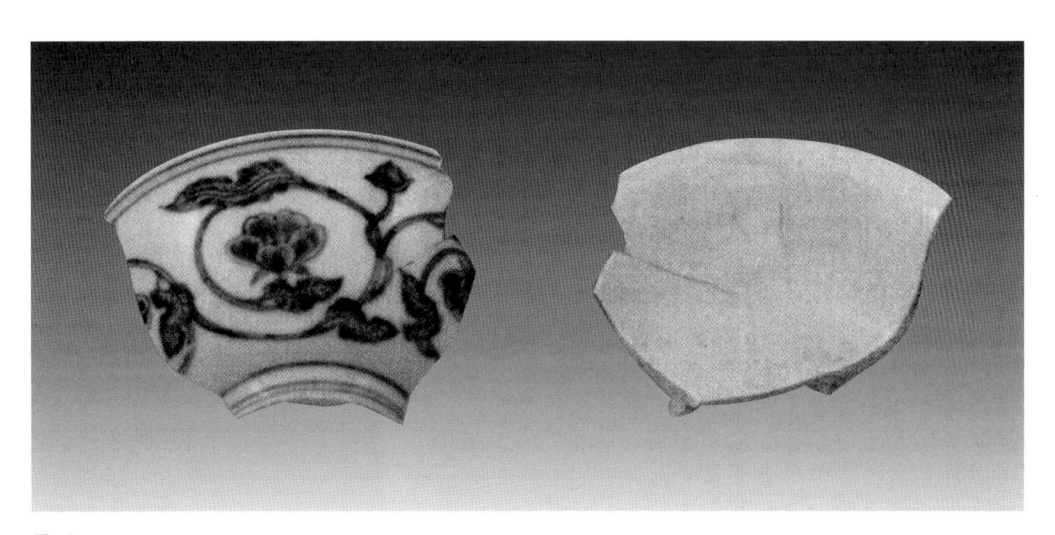

图 29
青花缠枝纹唐草纹碗 / 明
韩国首尔清进洞遗址出土

就是说，不能排除朝鲜青花瓷模仿明代中上等的民窑产品，从而间接受到了官窑影响的可能性。朝鲜官窑瓷上所见的精细图案，是由当时最优秀的画员亲手描绘的[29]，看上去与明官窑瓷品质相当，却很难重现其所模仿母本的原貌。

那么，应该如何看待明皇室的赏赐品？大多数的研究认为，明朝皇帝的赐予、以国家为主体的交流是绝不会直接选用民窑瓷的[30]。这样的主张看似稳妥，但是古代封建社会更强调君臣关系，明朝对朝鲜的上国观或宗主国观需纳入考虑。明朝在东亚秩序重组的过程中，企图以本国为中心构建稳定的国际秩序，朝鲜也因所谓"事大"而自愿服从[31]。明朝和朝鲜的关系是宗主国与附庸国、君与臣的关系。在基本的君臣关系下，明朝并不认为朝鲜是东亚许多国家中的一个，而是赋予了朝鲜外藩国的地位，即朝鲜国王为明皇室的藩王。

作为外藩的朝鲜国王地位如何？太宗二年（1402年）建文帝赐给朝鲜太宗冕服时的昭书提及，本应赐予郡王五章服或七章服的冕服，但这次却像亲王一样赐予了九章服[32]。这种优待的背景是，在建文帝与燕王的内战中，建文帝认为有必要安慰朝鲜，使得拥有兵马的朝鲜能够与建文帝站在同一立场上。近年来，国内外历史学界的研究显示，根据明朝制定的朝服及玺印制度来判断，朝鲜国王的地位约是一至二品的官僚（官僚性），同时又定义为与亲王（爵制性）同级[33]。依据上述所言，中国的藩王制度严苛，亲王、郡王、镇国将军等依次排序，对其官服、玺印有严格的等级制度规定。皇帝与藩王，以及各等级藩王内的细部序列都是有章可循的，由此可以推断其所用食器亦有等级差异。

目前中国有部分学者正在对明代藩王墓出土的瓷器进行研究，韩国学界也认识到了藩王墓出土品的重要性，并进行了初步研究[34]。据中国学者的研究成果，明藩王墓出土的明代瓷器大多是在景德镇生产的，官窑瓷与民窑瓷皆有。藩王用瓷又分为明皇室赏赐与王府购买两类[35]。王府购买的瓷器与明器多是品质欠佳的民窑瓷。而在官窑制度严格的明前期，藩王们使用的官窑瓷只能是明皇室的赏赐品。嘉靖以后，官搭民烧制度下民窑也可制作官窑瓷，藩王才能够通过购买的途径获得官窑瓷[36]。值得一提的是，藩王订制的带有王府款识的瓷器几乎都是民窑风格。这些瓷器就品质而言，较官窑器瓷质差，但也比一般民窑器瓷质好。而没有款识的瓷器水准，从与官窑瓷质相当到普通民窑瓷质水平均有[37]。换言之，明代藩王也是皇族的身份，但他们不一定全部使用官窑瓷，也会购买民窑瓷。

通过藩王墓出土的瓷器，不难推测明皇室与藩王用瓷体系的差别。朝鲜国王作为外藩国主，又是一至二品的官僚，他们使用的明代瓷器种类应与明藩王的相近。朝鲜时代的遗址中尚未见明确的明代官窑瓷出土，其中涉及诸多原因，但藩王墓出土的瓷器，为我们探明朝鲜王室用瓷的面貌提供了一些线索。

四、结论

综上所述，笔者结合已有成果及新近发表的材料，对学界关注的朝鲜时代遗址出土明代瓷器的相关问题进行研究，并尝试推测15—16世纪朝鲜内部中国瓷器的使用情况。

笔者首先通过出土明代瓷器的品质来判断其消费主体。众所周知，朝鲜社会各阶层间等级森严。在这种情况下，进口的明代青花瓷也是以不同的品质和价格进入朝鲜的，以适应各阶层的需求。16世纪朝明之间非法贸易的增多，一般平民也容易接触到进口的明代青花瓷，然而由于身份与财力的限制，他们可以使用的当是价低质劣的明代青花瓷。

关于目前为止未见明代官窑瓷出土的问题，笔者首先讨论了明皇室的藩王制度，随后对藩王墓出土瓷器进行了研究，以探明朝鲜王室内明代瓷器的使用情况。明藩王获得官窑瓷的渠道包括明皇室赏赐及后来的买卖，而大部分藩王使用的仍是品质上乘的民窑瓷。等级约相当于外藩王同时又兼任一至二品官僚的朝鲜国王的用瓷情况可能与明藩王相近。

朝鲜时代遗址出土明代瓷器中青花瓷占绝大多数，或为朝鲜社会将青花瓷视为价格昂贵的名品的结果。16世纪明朝已经普遍制作彩瓷，而朝鲜仍认为只有青花瓷才是最适合王室的瓷器。龙泉窑青瓷以及磁州窑白地黑花瓷等出土数量极少，是不太受朝鲜社会欢迎的品类。

过去的一段时间里，首尔地区曾进行过多次发掘，学界对于出土遗物已经积累了不少的研究成果。不过遗址发掘的空间有限，限制了我们对于那个时代的陶瓷文化的理解。幸而进入21世纪以来，对古朝鲜的首都汉城，即现在的首尔市进行了大规模的考古发掘，揭露了以汉阳为中心的被称为"市廛"的大规模商业地区和集群墓地等。同时遗址出土的大量的各式各样的瓷片，使得本文得以在已有成果上，更广泛地理解当时朝鲜社会内部形成的陶瓷文化。本文对于完全理解15—16世纪朝鲜社会中进口的明代瓷器的地位和消费情况仍有局限性，但就朝明陶瓷交流而言，可以为这方面的研究提供一新的视角。文章的不足之处，笔者也将在今后持续关注并不断完善。

注释：

[1] 《太祖实录》卷三，太祖二年（1393年）二月二十四日己亥："懿妃忌晨〔辰〕次桧岩寺饭僧。"《太祖实录》卷十二，太祖六年（1397年）八月二十七日丙午："赐桧岩寺米百石。"《太宗实录》卷四，太宗二年（1402年）八月二日："上朝太上王于桧岩寺。初，太上王受王师自超戒……"
[2] 金恩庆：《15世纪中期中国景德镇窑青花瓷研究——兼谈15世纪朝鲜官窑相关议题》，台北艺术大学美术史研究所硕士学位论文，2010年，第40页。
[3] 根据记录，三川寺的存续时间可能是自11世纪高丽创建以后到16世纪中期的朝鲜时期。首尔历史博物馆：《北汉山三川寺址发掘调查报告书》，首尔历史博物馆，2011年，第10—13页。
[4] 首尔历史博物馆：《恩平发掘，特别的故事》，首尔历史博物馆，2009年，第16页。
[5] 金恩庆：《15世纪中期中国景德镇窑青花瓷研究——兼谈15世纪朝鲜官窑相关议题》，台北艺术大学美术史研究所硕士学位论文，2010年，第148页。
[6] 朴正敏：《朝鲜前期汉阳出土中国青花瓷的消费情况研究》，《野外考古学》第17号，2013年，第36页。
[7] 金恩庆：《Ⅴ.考察——足球场、棒球场出土中国陶瓷器》，《东大门历史文化公园用地发掘报告·东大门运动场遗址》，2011年，第442—447页。
[8] 姜敬淑：《韩国陶瓷器窑址》，首尔时空艺术，2005年，第420、421页。
[9] 梨花女子大学校博物馆、京畿道广州市：《广州樊川里9号朝鲜白瓷窑址发掘调查报告书》，梨花女子大学校博物馆、京畿道广州市，2007年，第274、284、290页。
[10] 草千里：《中国历代陶瓷款识》上册，浙江大学出版社，2004年，第61—67页。
[11] 熊寥、熊微：《中国历代陶瓷款识大典》，上海文化出版社，2000年，第161页。
[12] 参见Hanul文化财研究院：《首尔世宗路区域2地区遗址发掘调查报告》，Hanul文化财研究院，2013年；Hanul文化财研究院：《钟路清进12—16地区遗址发掘调查报告》，Hanul文化财研究院，2013年。
[13] 윤보름（Yoon Boreum）：《朝鲜15—17世纪白胎青釉瓷研究》，高丽大学校大学院考古美术史学科硕士学位论文，2016年，第49—65页。
[14] 朴正敏：《朝鲜前期汉阳出土中国青花瓷的消费情况研究》，《野外考古学》第17号，2013年，第42页。
[15] 具都暎：《16世纪朝鲜对明非法贸易的扩大及意义》，《韩国史研究》第170号，2015年，第181、182页。
[16] 金知炫：《朝鲜前期市廛出土白瓷与消费性向研究》，弘益大学校大学院美术史硕士学位论文，2011年，第101—115页。
[17] Hanul文化财研究院：《首尔世宗路区域2地区遗址发掘调查报告》，Hanul文化财研究院，2013年；Hanul文化财研究院：《钟路清进12—16地区遗址发掘调查报告》，Hanul文化财研究院，2013年。
[18] 金慧贞：《汉阳都城15—16世纪出土青花瓷的性格——以首尔钟路区清进洞出土品为中心》，

《韩国美术史教育学会第35届秋季学术发表会资料集》,韩国美术史教育学会,2015年,第70页。

〔19〕《成宗实录》卷七十七,成宗八年(1477年)闰二月十三日辛亥:"御经筵。讲讫,大司宪金永濡启曰:'青画瓷器已禁用,但大臣戚里好用之,本府禁乱吏,岂得发摘乎?请申饬禁止。'上谓左右曰:'何如?'领事韩明浍对曰:'大司宪之言是。申下旨禁之,则谁敢用乎?'领事沈浍曰:'臣意谓使臣之还,时遣御史往察,则此弊自无矣。'上曰:'前日亦有请遣御史者。若遣之,人不敢犯矣。但既委任之,又遣御史不可,然于当临时处之。'右承旨任士洪退,与左承旨李克基语曰:'《大典》之法,不能奉行,宪司之过也。《大典》颁诸中外,何可一一更下传旨申明乎?'士洪遂启曰:'律设大法,而奉行在人,传旨不必更下也,传曰,其勿指磁器,以大概禁制不行之意下旨可也。'"

〔20〕《燕山君日记》卷二十九,燕山四年(1498年)六月十五日庚辰:"命议礼曹所启禁制奢侈节目……第十六条油蜜果、金银青画白磁器、行果盘,《大典》已有禁令,司宪府申明痛禁……"

〔21〕金慧贞:《汉阳都城15—16世纪出土青花瓷的性格——以首尔钟路区清进洞出土品为中心》,《韩国美术史教育学会第35届秋季学术发表会资料集》,韩国美术史教育学会,2015年,第80页。

〔22〕《成宗实录》卷七十七,成宗八年(1477年)闰二月十四日:"传旨议政府曰:'金银珠玉之禁,仪章服色之制,载在《大典》,所以杜僭僞而崇节俭,辨贵贱而敦礼化也。比闻勋戚贵近,先自坏法,闾巷小民,亦相率而侈靡,其中巨商富贾,纵情无忌,习以为俗,至如画磁器,非土产也,而求买上国,其不畏邦宪如此。夫有令不行,有禁不止,何以为国?'其申谕中外,自今有乖式令者,明加纠察,痛行禁断。"

〔23〕具都暎:《16世纪朝鲜对明非法贸易的扩大及意义》,《韩国史研究》第170号,2015年,第187—210页;卒钟玟:《韩半岛出土中国青花瓷的类型与意义》,《中央史论》第35辑,2012年,第304、305页。

〔24〕高东焕:《朝鲜后期王室与市廛商人》,《首尔学研究》第30号,2008年,第72、73页。

〔25〕这两件标本在清进洞8地区与12—19地区中,属于朝鲜前中期的16—17世纪前期文化层出土。8地区的遗址扰乱严重,很难明确了解遗址类型,但发现有建筑痕迹。12—19地区,确认了12间的市廛行廊遗址。Hanul文化财研究院:《钟路清进12—16地区遗址发掘调查报告》,Hanul文化财研究院,2013年,第581—588页。

〔26〕金知炫:《朝鲜前期市廛出土白瓷与消费性向研究》,弘益大学校大学院美术史硕士学位论文,2011年,第35—37页。

〔27〕通过万历年间被东印度公司买走的中国瓷器价格,可以对当时中国瓷器的出口价格有一定的了解。万历四十二年(1614年)在印尼爪哇岛出发返回荷兰的商船Kerderland号上,装载69057件中国瓷器,总价格是11545.1Florin。在天启二年(1623年),返回阿姆斯特丹的Mauritius号上装载63931件中国瓷器,总价格是10516Florin。同一时期船舶上装载的瓷器价格,平均每件约0.16Florin。虽然是此后几年后的物价,但以荷兰疯狂投资郁金香的17世纪30年代为标准来看,银质水杯是60Florin,一套服装是80Florin,中国瓷器的进口原价是相对较低的。虽然将具有大规模的贸易性质、出口欧洲市场的明民窑瓷的出厂价格,与15世纪中期至16世纪初的朝鲜出土瓷器的情况进行直接比较未必妥当。但是,朝鲜也在16世纪中后期增加了瓷器的贸易量,因此能够为平均进口成本提供参考。参见贾敬颜:《明代瓷器的海外贸易》,《历史教学》1954年第8期;钱江:《十七至十八世纪中国与荷兰的瓷器贸易》,《南洋问题研究》1989年第1期;进东旭:《世界史

〔28〕 李炫妊：《朝鲜前期白瓷上可见之明代瓷器的影响》，高丽大学校大学院文化财学协同课程美术史学专攻硕士学位论文，2007年，第16页；田胜昌：《5—16世纪朝鲜时代京畿道广州官窑研究》，弘益大学校大学院美术史学科博士学位论文，2007年，第229页。

〔29〕 《新增东国舆地胜览》卷六《（京畿）广州牧》"土产条"："每岁，司饔院官率画员监造御用之器。"

〔30〕 李炫妊：《朝鲜前期白磁上可见之明代磁器的影响》，高丽大学校大学院文化财学协同课程美术史学专攻硕士学位论文，2007年，第16页；田胜昌：《5-16世纪朝鲜时代京畿道广州官窑研究》，弘益大学校大学院美术史学科博士学位论文，2007年，第229页。

〔31〕 全世营：《明代中国的朝鲜观研究——以〈明史〉〈朝鲜列传〉为中心》，《21世纪政治学会报》第21集1号，2011年，第5、6页。

〔32〕 《太宗实录》卷三，太宗二年二月二十六日己卯："帝遣鸿胪寺行人潘文奎来，锡王冕服，结山棚备傩礼，上率群臣迎于郊，至阙受敕书冕服，出服冕服行礼。其敕书曰：敕朝鲜国王李讳。日者陪臣来朝，屡以冕服为请，事下有司，稽诸古制，以为：'四夷之国，虽大曰子。且朝鲜本郡王爵，宜赐以五章或七章服。'朕惟《春秋》之义，远人能自进于中国则中国之。今朝鲜固远郡也，而能自进于礼义，不得待以子男礼，且其地邈在海外，非特中国之宠数，则无以令其臣民。兹特命赐以亲王九章之服，遣使者往谕朕意。呜呼！朕之于王，显宠表饰，无异吾骨肉，所以示亲爱也。王其笃慎忠孝，保乃宠命，世为东藩，以补华夏，称朕意焉。"

〔33〕 参见韩亨周：《通过对明仪礼来看15世纪的朝—明关系》，《历史民俗学》第28号，2008年；柳在云：《世宗代对明关系与官服制度（Ⅱ）》，《韩服文化》第11号，2008年；朴竣镐：《公文书的官印研究——以按照礼式官印体制为中心》，《古文书研究》第36号，2010年。

〔34〕 以明藩王的身份出发看待朝鲜王室艺术品的研究，到目前为止没有更多的成果，但在陶瓷史方面，几年前由金允贞首次比较了明藩王墓出土瓷器与朝鲜官窑青花瓷，并进行了初步研究。笔者非常同意金允贞所主张的，透过中国藩王墓出土品获得线索，来研究传入朝鲜王室的瓷器。金允贞：《朝鲜初酒器的造型变化与原因》，《讲座美术史》第37号，2011年，第128—131页。

〔35〕 丁鹏勃：《明代藩王墓出土瓷器研究》，《中国历史文物》2008年第1期，第61、62页。

〔36〕 丁鹏勃：《明代藩王墓出土瓷器研究》，《中国历史文物》2008年第1期，第59、60页。

〔37〕 陆明华：《明代藩王及其家族所用瓷器研究》，《中国古陶瓷研究》第6辑，2000年，第79页。

15世纪中叶明朝由盛而衰的历史转折

◉ 赵　毅、杨　维　辽宁师范大学历史文化旅游学院

对于明代在15世纪中叶面临的由盛而衰的转折，历来是官家和学者们关注的焦点。前有究其缘由以期镜鉴，如《明实录》及清修《明史》认为英宗亲政后，太皇太后张氏驾崩，"三杨"相继辞世。没有了太皇太后和"三杨"内阁的钳制，王振权势迅速膨胀，以致明朝陷入危机四伏的境地。后有现当代学人品评是非功过，如认为朱祁镇实为"宠佞斥良"的一代昏君。本人也曾着眼于这段历史，今幸与诸君探讨、交流。

一、英宗幼年即位与宦官干政

（一）襁褓天子，无力治国

明前期是朱明王朝继元朝而起，立纲陈纪，统一区夏，恢复经济，稳定局面，由乱而治的繁荣强盛阶段。这期间的五位君主对于创立霸业的艰辛，或亲身经历，或耳濡目染，既通晓庶务国政，又深谙内官外臣统驭之术。太祖朱元璋自不必说，本是淮右布衣，起自寒微，遭元季之变乱，投缁从戎，披坚执锐，外驱蒙元，内并群雄，临民驭下，积累了丰富的治国经验。他在位31年，"忧危积心，日勤不怠"[1]。继承人惠帝朱允炆为皇太孙时，太祖便对其着意培养，师承明初硕儒宋濂，深悉儒家修齐治平之道。虽因性格懦弱，在皇族内部争夺最高统治权的激烈斗争中失国，但仍然不失君德。成祖朱棣发迹于燕邸，即位之前，在诸多的塞王中便以勇武善智见称。他援引《皇明祖训》"清君侧"之名，起兵靖难，鏖兵四载，夺得皇冠。为避篡弑之嫌，他五征朔漠，建立了历代帝王莫敢企冀的事功和威望。仁宗朱高炽、宣宗朱瞻基父子，在永乐朝即得立为皇太子、皇太孙，成祖北伐朔漠，各有从征或监国的历练，深谙统治权术，即位之时分别是"不惑"或"而立"之年。宣宗皇帝登基之初，面对汉王朱高煦的反叛，亲统六师，出征乐安（今

山东广饶），很快就平定了汉庶人的叛乱。仁宗、宣宗在位期间，继承洪武、永乐基业，又能勤政爱民，玉成"仁宣之治"。

而明朝第六位皇帝朱祁镇的个人素质却异于乃祖乃父，非但不能光大"仁宣之治"，又险些断送了朱明王朝的江山，使明王朝步入了由盛转衰的困难时期。他于宣德三年（1428年）二月初六日便被立为太子，实足年龄仅有两个月零二十五天。到宣德十年（1435年）正月，宣宗皇帝病逝时，祁镇虚龄九岁，实足年纪仅有七岁零两个月。他登基之前，出阁讲读还未及举行，是位昏然无知的储君。

正统五年（1440年）正月以前，祁镇处于接受教育、学习历练阶段，实际上不能乾纲独断。每天早朝的仪式尽行从简，廷臣奏报都有严格的数量限制，且早已由阁臣拟就了处理意见，交祁镇事先记熟，一奏一答，事毕散朝。正统五年祁镇14岁，这年正旦祁镇亲诣奉先殿接受文武群臣及四夷使臣的朝贺，至此"始与正朝"。但据我推测，此次早朝以后，祁镇按时出席正朝可能都并未坚持下来，因为正统六年《明英宗实录》还载有"已于今年十一月初一日御正朝，临群臣"[2]等言，所发布诏书涉及赦免罪囚、蠲除逋赋等42款，比祁镇登基诏书还要全面、细致，表现了他切盼"臻于郅治"的心情。此外，祁镇这一天还一锤定音，解决了明朝开国以来一直悬而未决的定都问题。其诏曰："改给两京文武衙门印。先是北京诸衙门皆冠以'行在'字。至是，以宫殿成，始去之。而于南京诸衙门增南京二字，遂悉改其印。"[3]这一举措标志着明代两京制正式形成，北京作为国都的政治中心地位的砥定，而南京便相形而退居留都的位置。此后，御早朝理国政走上正轨，标志着英宗亲政的正式开始。

（二）宦官干政，前朝遗祸

对于英宗正统朝出现的宦官干政，朝政腐败，《明实录》以及清修《明史》似乎已有定论。他们认为，英宗亲政前的正统初元，皇帝尚幼，军国重务多由太皇太后张氏和"三杨"内阁裁决，王振虽获皇帝青睐而掌司礼监，但多有收敛，没有过多干涉朝政。所以，该阶段朝政稳定，经济繁荣，"仁宣盛世"的成就得以延续。而在英宗亲政后不久，太皇太后张氏崩驾，"三杨"相继辞世。没有了太皇太后和"三杨"内阁的钳制，王振权势迅速膨胀。于是宦官干政，武备废弛，流民聚集，明朝陷入危机四伏的境地，最后导致了土木之变、英宗北狩的惨剧。对此，我并不认同。我认为明朝由盛至衰的转折，在正统初元业已形成，其根源更应该从洪熙、宣德朝乃至永乐、洪武朝去寻觅制度设计上的缺陷，而不应仅将目光局限于英宗亲政后的短暂数年。

有明一代，洪武时期对宦官权势的压制最为严厉，"洪武十七年（1384年）铸铁牌，文曰'内臣不得干预政事，犯者斩'，置宫门中。又敕诸司毋得与内官监文移往来。然二十五年（1392年）命聂庆童往河州敕谕茶马，中官奉使行事已自此始"[4]。看来，宦官近侍可谓专制皇权的"喉舌耳目"，难以割舍。成祖靖难功成，多有中官之功。即位后亦效法乃父，不仅利用宦官侦视外情、监刺朝臣，还许令参预机务。永乐二十二年（1424年），成祖于第五次北征蒙古返程途中驾崩，"太监马云等以六师在远外，秘不发丧。密与杨荣、金幼孜议丧事"[5]。皇帝驾崩事关国本，杨荣等重臣还得与马云共同商议决策，说明在成祖生前，马云参与天子和诸大臣的重要会议已为常例。宣宗时许令"内阁杨士奇辈及尚书兼詹事蹇义、夏原吉等，于中外章奏许用小票墨书，贴各疏面以进，谓之条旨，中易红书批出"[6]，此即票拟之始。同时，由于"凡每日奏文书，自御笔亲批数本外，皆众太监分批"[7]，宣宗又将砅批大权赋予司礼监。这实际上开启了大臣票拟与司礼监砅批沆瀣牵制的新的权力运作体制，这不仅全面否定宦官不许干政的"铁律"，而且还使得宦官正式进入明王朝的最高权力中心。于宣宗而言，对这种内阁与司礼监互相钳制的局面是乐享其成的。然而，司礼监掌砅批大权直接导致了朱祁镇皇权旁落的恶果，却是宣宗始料未及的。

正统初元，朱祁镇是一位名副其实的孩提皇帝，朝中军国重务，名义上是由太皇太后张氏和"三杨"内阁参决。但实际上，国家机器的运行是依靠"三杨"内阁和王振司礼监这两个机构的制衡与配合来维持的。"自正统后，始专命内阁条旨，然中每依违或经由中出，是时上方幼冲，委政中官王振，一至于此，上下蒙蔽，乃及土木之难"[8]。不过，究竟是司礼监的作用大，还是内阁的作用大？这难以一言以蔽之。原本，这种监阁共理的双轨运行体制之下，皇帝是内阁与司礼监较量中的决定力量，但奈何此时的朱祁镇还是一个尚无力亲政的孩童。从正统初年几位核心人物的情况分析，以王振为首的宦官势力是逐渐占据上风的。太皇太后张氏的政治态度倾向"三杨"内阁，而孩提皇帝祁镇则倒向王振一边。太皇太后张氏及"三杨"、张辅等都已年届迟暮，尽管"三杨"等都有数十年的官场历练，也难抵王振一伙的张扬权势，何况王振背后还站着一个神圣不可侵犯的天子呢！而在英宗亲政之前，内阁与王振的实际较量中，"三杨"就处在劣势，王振已经能够假皇权以肆虐，随意贬斥、逮系、杖责朝中勋贵大臣。仁宣时期奉行的重大政策正在被扭曲篡改。"三杨"的传统儒家政治伦理观念，明哲保身的处世哲学，更决定了他们宁做太平宰相，而不当乱世诤臣与王振阉党决裂。可见，明朝宦官势力张大的趋势，自永乐初年即已出现，至宣德年间，已是积重难返，正统朝王振权倾朝野亦是明朝制度使然。

正统十四年（1449年）的土木之变，是正统朝以来奉行的一系列错误政策所酿成的社会危机的总爆发，其恶果显露于太皇太后张氏及"三杨"身后，而诱发恶果的因子都孕育在他们生前。

二、频繁民变与社会动荡

（一）地荒民逃，流民渐起

明朝前半期，全国土地数额曾有过大量丢失的情况。嘉靖八年（1529年）霍韬奉命重修《明会典》所讲"自洪武迄弘治百四十年，天下额田已减强半，而湖广、河南、广东失额尤多。非拨给于王府，则欺隐于猾民"[9]已成定论。

我们仔细检索《明实录》后发现，明代田去其半的现象应始于英宗正统年间。宣德十年（1435年）十二月，户部公布"天下户口九百七十万二千四百九十五口……田地四百二十七万一百七十二顷"[10]。该数据与洪武二十六年（1393年）的相比较，田地已失额半数。姑且不去讨论明代田土统计方法等技术上的问题，也不去深究明代疆域管理的体制问题。有一个基本前提，即田地失额的趋势是不容否定的，"非拨给于王府，则欺隐于猾民"的现象大量存在也是不容否定的。而失去土地的广大农民，则或为流民，或为佃户。福建南靖县"第兵燹之后，民多流离，境内田亩归他邑豪右者，十之七八。土著之民大都佃耕自活"[11]，自耕农佃农化的趋势已经出现。而地主对农民的地租剥削又日益加重，江苏武进地主李盛对佃户每亩征租一石六斗，租额高达田地收成的50%以上，有的甚至高达70%、80%。于是，山东、河南、陕西、北直隶等地"民贫者无牛具、种子耕种，佣丐衣食以度日，父母妻子啼饥号寒者十室八九"[12]。山西平定、岢岚等地"往往车载幼小男女，牵扶辇疾老羸，采野菜煮榆皮而食，百十为群，沿途住宿，皆因饥饿而逃者"[13]。但是，对于日益严峻的侵夺官田民地的现象，正统朝非但没设法阻止、约束，反而时有姑息、纵容，以至于成化年间爆发了持续数十年之久的流民运动。

（二）民变频发，国无良策

明朝初年，曾有明令，交易中禁止使用金银等贵金属作流通手段。仁宣时期，由于农业、手工业的恢复发展，海外贸易和国内大宗交易的发达，白银便成为价值尺度，在社会流通领域普遍使用。相应地，正统元年（1436年）准许将南畿、浙江、江西、湖广、福建、广东、广西等地两税以米麦折银征收，谓之"金花银"，每年得银一百余万两，入内承运库。从此，白银逐渐取得了法币的地位。但同时，明廷又规定金银等矿皆为官矿，多次颁布禁采令，采取杀头、流放等重刑处罚"盗矿"者，还划定封禁山区，驻军防守，这两者无疑是极其矛盾的。

正统后期，因国家财用紧张，廷臣纷纷建议弛矿禁，开利源。正统九年（1444年），户部右侍郎王质"往福建、浙江重开银场……福建岁课银二万一千一百二十余两，浙江岁课四万一千七十余两。盖虽比宣德时减半，而比洪武时已十倍矣。至于内外官属供亿之费，殆过公税。厥后民困而盗益众"[14]。由于矿禁已开，便有大批矿徒及无以为生的流民聚集于各矿区。正统十一年（1446年），福建矿区便有流民三千五百九十三户，男女八千三百零九口之多。浙江温州、处州二府所辖的丽水、平阳等县原来关闭银矿四十八处，奉命重新开采，矿徒流民聚集甚多。但"各坑矿脉微细，用工艰难，得银数少，累民陪纳"[15]，这便种下了矿工反明起义的因子。

叶宗留，浙江庆元人，家贫，以盗矿为生，常遭驱逐。正统十二年（1447年），朝廷虽已开矿禁，宗留聚众遍掘少阳、云山、少亭等地矿坑，历经数月，所得亦不抵所用。可见，开采银矿已无法维持这帮穷苦矿徒的生计。宗留对同伴们说"以吾之众，即索金于市易耳，何至自疲山谷间，常苦不给也"[16]。遂举义旗，队伍迅速壮大，控制了福建、浙江、江西之间的交通冲要，宗留自称"大王"。后叶宗留牺牲，义军分为叶希八和陈鉴湖两大支，众至数万人，与福建邓茂七义军"互为声援，此入彼出"，使官军两线作战，疲于奔命。其中，陈鉴湖率义军攻克浙江松阳、龙泉后，"自号太平国王，改泰定元年"。然因福建邓茂七起义失败，失去呼应援助，势力渐衰。后在朝廷招抚之下，纷纷归籍复业。

福建沙县邓茂七于正统十三年（1448年）四月率众起义，自称"闽王"，东南震动。与叶宗留不同的是，邓茂七是借协助官军剿捕"矿盗"的总甲身份，聚集乡兵、民壮，"刑白马，歃血誓众"发动起义的。起义军与浙江叶宗留义军互为应援，声势浩大。后在朝廷镇压下，这场蔓延八府二十余县的反抗斗争暂告平息。

与此同时，广东又爆发了黄萧养领导的农民起义。义军主体是被明廷称为"山海盗"而被关押的数百名贫苦农民，正统十三年（1448年）九月，在狱外同伴的接应下，黄萧养率众集体越狱，并攻入广州军械局夺得大批武器，开始武装起义，队伍很快壮大到十余万人，黄萧养建立了政权，自称"广阳王"。起义军蓬勃发展之时，因正值"土木之变"，朝廷无暇顾及，直到景泰二年（1451年），才在右佥都御史杨信、佥都御史同知董兴剿抚并施之下逐渐平息。

东南动乱之时，旷日持久的"麓川之役"已经进行了近十年，长时间的战乱动荡使得西南边陲众少数民族的对立情绪高涨，以致广西、贵州、云南、四川与东南的动乱连成一片，形势不容乐观。

三、轻启边衅与北防空虚

（一）麓川之役，斫丧国力

英宗正统十四年（1449年）以前，最为斫丧国力的事件莫若"麓川之役"。麓川为滇西之地，在今云南西部腾冲县西南，是少数民族聚居的地方。其首领思任发叛附无常，明朝乃兴麓川之师，旷日持久地打了近十年之久。史称"兴麓川之师，西南骚动"[17]。这一事件的起因是多方面的。其一，麓川宣慰使思任发叛附无常，袭扰邻境，多次打败明朝驻守官军，英宗祁镇和廷臣一派官员认为"麓川负恩怙恶，在所必诛"[18]。其二，镇守云南的黔国公沐晟曾派兵讨伐，作战不利，暴死军中。其弟沐昂代镇云南，袭封黔国公，欲为其兄报仇，奏报朝廷极力促成出兵云南，使官军愈陷愈深，欲胜不能，欲罢不可，战事长时间拖延。其三，当时朝中司礼监太监王振干政，贪功名图利禄，为固位邀宠，力赞其议。其四，负责全国戎攻，素称"刚毅有胆，畅晓戎略"的兵部尚书、宿将王骥颇思效命疆场，欲图侯伯之封。其五，对这次大规模军事行动持异议的大学士杨士奇年届垂暮，沉浮自保，对自己的观点持之不力，不敢与祁镇、王振公开对抗。而反对这场战争的侍讲刘球，惨遭罹难，从此再无人敢持异词。正统朝征伐麓川，自正统四年（1439年）始至正统十三年（1448年）止共四次，长达十年，大大斫损了明王朝的国力。

正统八年（1443年）六月，翰林院侍讲学士刘球上疏言事，第十款为修武备以防外患，刘球讲："《大易》有曰'思患而预防之，盖能防患于前，斯可无患于后'。今北房比年来贡之人，有增无减，其包藏祸心，诚所难测。东西二边亦数有警，不可不预防之。"[19]刘球分析指出，明朝的边患在北不在南，威胁来自蒙古而不是麓川。刘球因触怒王振等宦官集团，被罗织罪名入狱，王振唆使其死党马顺将刘球杀死肢解。阴杀刘球祁镇是不会知道的，但是逮捕刘球却是祁镇同意的，这就表明英宗对刘球指出的边患在北不在南持否定态度。

同永乐宣德时期治理西南边陲的措施相比，此次英宗出兵麓川，有过于激进之嫌。自洪武三十一年（1398年）左军都督何福、瞿能等平定麓川后，明廷便采取分而治之的策略，在此设置了孟养等四府、威远等三州、湾甸等八长官司。他们虽然共同奉明王朝中央政府的圭臬，但为争夺土地、人口、矿冶经常火拼不止，朝廷大多开导抚谕，很少以叛乱视之。此次动乱，正是思任发与木邦、孟养、缅甸互相攻杀掠夺时乘机而起的，目的是"欲尽复其故地"，首先进攻的孟定府、湾甸州均是其故地。而沐晟奏其"叛形已著"，朝廷便将出师了。我以为称麓川为"叛"、为"反"是过于言重了，"仅是动乱而已，而且完全可以用抚谕的方式解决"[20]。

其实,仅一次征战所耗之人力、物力,尚不足以伤及明王朝的根基。开战以后,麓川方面便不断遣使朝贡纳降,但朝廷并未同意。到正统十三年(1448年)二月,思机发再次"遣头目刀克猛等来朝,贡象、马及金银器皿、差发银等物"[21]乞降。英宗不允,必欲思机发亲自诣阙谢罪。而且,三月便又命王骥再次出兵讨伐,几乎没给思机发诣阙请罪的时间。十四年(1449年)二月"骥虑馈饷不继,亟谋引还。时思机发虽遁匿,而思任发少子思陆复拥众据孟养。骥度贼终不可灭,乃与思陆约,立石表,誓金沙江上,曰:'石烂江枯,尔乃得渡。'遂班师"[22]。前后耗时十年的征战终以盟约形式结束,但其实此役并无真正的赢家。抛开国财民力耗费巨大不说,单就西南边陲也并未因此而归于平静。因为在王骥出兵的同时,英宗还命木邦、孟养宣慰司发兵助剿,许诺割地以酬;又谕缅甸宣慰使莽德剌"广起夷兵,躬亲统领,将思任发交付官军解京。仍协助官军剿杀思机发等,庶见忠顺朝廷之心。尔所得地方悉令尚书、总兵官(王骥、蒋贵)拨与尔管属"[23]。木邦、孟养、缅甸的卷入,使问题更加错综复杂。整个滇西地区,直到成化、嘉靖、万历年间还处于无休止的动荡之中。

可以说,英宗征剿麓川有三错:"其始也,用剿不用抚,决策之错;其继也,大举兴师不纳乞降,战术之错;其终也,谕木邦、缅甸参与征剿,许裂地以酬,战略之错。"[24]此次决策的失误导致了严重的后果:经年对麓川用兵,无暇北顾;财政困难,无力北顾;文恬武嬉,无能北顾。在此十余年时间里,明廷对北方蒙古奉行消极防御的方针,瓦剌利用此有利时机,极力扩张势力范围。

(二)卫所空虚,武备废弛

明代实行卫所军制,五军都督府负责全国的都司卫所操练屯守,兵部"掌天下武卫官军选授简练之政令",可使军不私将,将不专军,养兵而不耗民财。但到15世纪中叶,卫所军制出现了一些较严重的问题。

明初为防止武臣专恣,出兵作战多用文臣参赞军务。英宗正统以后,遇有征伐便由文臣出任总督或提督军务,于是总兵官凌驾于都指挥使之上,变成了地方的最高军事统帅。而每遇战事,又以兵部侍郎、都察院副都御史等大员出任巡抚,兼治一方民政军务,虽事毕复命,但却使地方的军政机构叠床架屋。更为严重的是,其后皇帝又钦差宦官出任各镇镇守太监。如此三番,地方各镇军事指挥权极度分散,极大地削弱了卫所军的作战能力和应变机制。

洪武、永乐时期卫所军逃亡严重,至正统年间更甚,卫所、都司军官的腐败是其主因。宣德九年（1434年）二月，行在兵部右侍郎王骥言："中外都司卫所官，罔体圣心，惟欲肥己，征差则卖富差贫，征办则以一科十，或占纳月钱，或私役买卖，或以科需扣其月粮，或指操备减其布絮，衣食既窘，遂致逃亡。"[25]正统二年（1437年）十月，直隶巡按御史李奎报告："沿海诸卫所官旗，多克减军粮入己，以致军士艰难，或相聚为盗，或兴贩私盐。"[26]而面临大量逃军的情况，正统朝寄期望于清军、勾军来补充缺额。正统三年（1438年）兵部统计"天下都司卫所发册坐勾逃故军士一百二十万有奇，今所清出十无二三，到伍未几，又有逃"[27]。故按此估算，逃军可占正军总数的百分之五十左右，这是何等惊人的数字。这种情况到正统十三年（1448年）仍未根本好转，兵部奏报"在京在外各卫所军伍，自正统十三年（1448年）四月以前造册，送部转发清勾军士共六十六万六千八百有奇，今清军御史盛琦等止清出六万一千二百人，其未清出之数较之已清出者殆十倍之"[28]。看来，英宗一味强调清军、勾军，没有重视到军政败坏这一症结。

而在伍旗军之中，其精壮者被军官占役的情况也相当严重。宣德十年（1435年）五月，宣府卫指挥姚升"私役军人出境捕鱼"[29]被降职。大同左副总兵都督佥事"曹险隐军伴六百人，占种军田二十余处"[30]，被总兵官都督方政劾奏。三个月之后，这位总兵官方政也因"私役精锐军"[31]被英宗申斥。尽管英宗叮咛再三，禁止私役军士，可各级军官私役军士依然如故。另外，在伍旗军的生活异常窘困。景泰年间，巡按御史张鹏出按北边重镇大同、宣府，奏称"两镇军士敝衣菲食，病无药，死无棺，乞官给医药棺椁"[32]。朝廷非常重视的九边重镇的情况如此，可见其他非紧要卫所的状况只会更加糟糕。

卫所军大批逃亡，所余精壮军士多被军官占役，不消说守备乏人，就是军屯也遭败坏。明初边地卫所军三分守城，七分屯种；内地卫所军二分守城，八分屯种的情况难以为继。此外，卫所军士还面临军器不堪使用，缺少必备的军装衣帽等问题。这些情况在英宗登基之初就相当严重，而朝廷又始终没有拿出有效措施予以制止，卫所军士战斗力急剧下降已是积重难返了。

（三）瓦剌势强，英宗北狩

自正统四年（1439年）也先嗣位顺宁王以来，瓦剌部的势力不断扩张。首先臣服了鞑靼蒙古，继而分化了西域哈密等卫，最后征服了兀良哈蒙古，势力推进到辽东，压迫女真，威胁朝鲜。明王朝长城一线的任何一个隘口、要塞随时都可能遭到瓦剌铁骑的冲击。也先大举入侵，仅是迟早的问题。而在此期间，瓦剌大举入寇的军情不时由九边传报北京，真真假假，虚虚实实，把明朝君臣将校都搞疲沓、麻痹了。在这种不战不和、不好不坏的氛围中，通过慷慨赐予的朝贡贸易，明王朝同瓦剌部勉强维持了近十年的相对平静。正统十四年（1449年），也先终于抓到了大举入侵的口实，其一是"减去马价"，其二是"答诏无许婚意"。折减马价之事，是由于此次入贡实来2524人，却虚报3598人，且贡马瘦小，削减马价无可指责。拒绝和亲之事，亦或有之，但英宗可能根本就不知此事。所以，此两点均为借口而已。

正统十四年（1449年）秋七月初一日，守备偏头关都指挥使杜忠奏报"瓦剌虏寇欲来犯边，其势甚众。上命兵部即移文山西都司，令将偏头关下班官军催促，限七月以里到关防守，仍令忠将两班官军如法操练备贼"[33]。瓦剌骑兵此行来势汹汹，大有摧垮明王朝九边防线，重新入主北京的势头。七月十一日，瓦剌骑兵分道入犯，"也先寇大同，至猫儿庄……脱脱卜花王寇辽东，阿剌知院寇宣府，围赤城。又别遣人寇甘州"[34]。其中以也先一路兵锋最锐，明朝大同右参将吴浩率兵迎战，兵败而死。

军情吃紧的消息传报京城，英宗派遣驸马都尉井源等四将各率兵万人出京御敌。此时，"太监王振劝上亲征"[35]，祁镇遂令群臣计议亲征事宜。群臣对英宗的草率决定大为惊愕不解，吏部尚书王直率廷臣苦心劝谏。可是英宗却说："卿等所言，皆忠君爱国之意，但虏贼逆天悖恩，已犯边境，杀掠军民，边将累请兵救援，朕不得不亲率大兵以剿之。"[36]英宗何以如此坚定北上亲征呢？大家都不会忘记，朱祁镇的高祖朱元璋南征北讨，在马上为儿孙们争来了朱明王朝这份基业。曾祖朱棣五次亲征朔漠，追剿故元残部，建树了赫赫武功。乃父朱瞻基也曾亲统六师，一举荡平了"汉庶人之乱"。还记得朱瞻基曾将其爱抚于膝上，意味深长地问，敢有干扰国家法纪犯上作乱者，敢亲帅六师致讨吗？他坚定果断地以"敢"字对答。何况现在，时年23岁的朱祁镇已成为一位切盼"臻于郅治"的青年国君，父祖们的赫赫武功，对他的吸引力是何等之大！

英宗之所以不能审时度势，草率决定亲征，与服侍其长大的太监王振的怂恿关系更大。其实，英宗正统年间是明王朝的多事之秋，征麓川、平闽浙、远征兀良哈、戡定湖广苗瑶动乱等一系列军事活动，均有宦官参与其间，王振的侪辈曹吉祥、吴诚、亦失哈、韦力转等人都建立了军功。要巩固地位、膨胀权力、把持朝政，非建立军功不可！并且有50万京军随征，哪会有任何危险？

英宗命御弟朱祁钰留守京师，驸马都尉焦敬辅政，并于七月十六日率大小官员100多人、京军50余万从北京出发，计划从大同出关，与瓦剌蒙古决战。当然结局就是，八月十五日明英宗朱祁镇于土木堡被俘，王振被明将斩杀，兵部尚书邝埜、户部尚书王佐等数十位大臣战死。从征50余万京军伤亡过半，骡马20余万并衣甲、器械、辎重尽为也先所得。

英宗被俘之后，朝廷迅速制定应对之策：八月二十一日授主战代表于谦为兵部尚书，全权组织北京保卫战；果断铲除王振余党；九月拥立朱祁钰为帝，改元景泰，遥尊明英宗为太上皇。于谦的主要举措有调南北两京、河南备操军,山东及南京沿海备倭军,江北及北京诸府运粮军以及宁阳侯陈懋率往浙江、福建剿捕起义军的明朝官军急赴北京回防。同时又下令移通州仓粮储入北京。各地勤王军队陆续开往北京,城内又有较充足的粮食储备,使得北京城成为亚洲范围内的巍然坚城,足以抵御蒙古骑兵如潮水般的冲击。在于谦的高效调度之下,官民将士从惊慌失措的失败主义情绪中恢复过来,精神焕发,同仇敌忾共赴国难。

也先带领瓦剌骑兵在十月初一兵临北京城下,先企图利用英宗索求金银珠宝、逼迫明廷就范。但在于谦等主战派强硬的态度面前,也先的讹诈诡计无从施展。而强攻硬打更无便宜可赚,于十月十五日便垂头丧气拔营北遁,十一月八日退回塞外,北京城解除戒严。而此时明英宗对于也先而言,已由奇货变为空质,于是在第二年送还明廷。景泰元年(1450年)八月十五日,朱祁镇回到北京城,简单迎接后,被送入南宫的崇质殿。英宗结束了十三个月的俘虏生涯,却又作为太上皇帝,开始了七年寂寥难挨的幽禁生活。

也先退回塞外后,与脱脱不花可汗矛盾激化,遂擒杀脱脱不花,并于景泰四年(1453年)自称"天圣大可汗",建号"添元",但引起部众的不满和反抗。景泰六年(1455年),阿剌知院攻打也先,也先被暗杀身亡。鞑靼部的孛来又杀了阿剌知院,夺去了也先的母亲和妻子,以及他的玉玺。从此瓦剌势衰,鞑靼复起。但各部异姓贵族仍争权夺利,操纵可汗。孛来推戴脱脱不花之子麻儿可儿为汗,是为第一个"小王子"。成化六年(1470年)第二位"小王子"把秃猛可即位,号达延汗。史称"贤智卓越",他结束了权臣专政、诸部纷争局面,击败瓦剌,统一鞑靼各部。1517年达延汗死后,鞑靼又陷于分裂。隆庆五年(1571年)俺答汗受明朝封为顺义王,双方封贡互市,至此明廷与北元之间的征战告一段落。

四、结语

15世纪中叶的明朝,有危社稷之事接连不断。明代宦官势力张大的趋势从永乐初年便已出现,到宣德年间已成积重,加之英宗尚且年幼,顾命之臣又已垂暮,致使王振权倾朝野。而面对日益严峻的侵夺官民田地的现象,正统朝非但没设法阻止、约束,反而时有姑息、纵容,于是发展为成化年间持续数十年之久的流民运动。明朝对麓川动乱和北方瓦剌经年吞并扩张而边警常鸣的局势判断失策,放松了对瓦剌蒙古的警惕。四征麓川延绵十年,征调军士30余万,粮饷物资更是所耗巨万,加之卫所逃军严重,武备废弛,终酿土木之祸。

因此，明王朝在 15 世纪中叶由盛而衰的转折，不是在英宗亲政或者"土木之变"后才开始，而是肇始于英宗初元。其深层次原因更是自永乐、宣德年间就已酿成，英宗的幼冲即位促使各种矛盾集中爆发。

注释：

[1] 朱绍侯主编：《昏君传（下）》，河南人民出版社，1988年。
[2] 《明英宗实录》卷八五"正统六年十一月甲午"条，中研院史语所，1962年，第1685页。
[3] 《明英宗实录》卷八五"正统六年十一月甲午"条，中研院史语所，1962年，第1696页。
[4] 张廷玉等：《明史》卷七四《宦官传》，中华书局，1974年，第1826页。
[5] 严从简撰，余思黎点校：《殊域周咨录》卷一七《鞑靼》，中华书局，1993年，第552页。
[6] 嵇璜、曹仁虎等撰：《钦定续文献通考》卷五二《职官考》，载永瑢、纪昀等纂《景印文渊阁四库全书》总第627册、史部第385册，台湾商务印书馆，1986年，第430页。
[7] 刘若愚：《酌中志》卷一六《内府衙门职掌》，北京古籍出版社，1994年，第93页。
[8] 黄佐：《翰林记》卷二《传旨条旨》，载王云五主编《丛书集成初编》第882册，商务印书馆，1935年，第18页。
[9] 张廷玉等：《明史》卷七七《食货志一》，中华书局，1974年，第1882页。
[10] 《明英宗实录》卷一二"宣德十年十二月丙寅"条，中研院史语所，1962年，第227页。
[11] 顾炎武：《天下郡国利病书·南靖志》，载黄珅等校点《顾炎武全集》第6册，上海古籍出版社，2012年，第3120页。
[12] 《明英宗实录》卷三四"正统二年九月癸巳"条，中研院史语所，1962年，第658页。
[13] 《明英宗实录》卷六六"正统五年四月己丑"条，中研院史语所，1962年，第1273页。
[14] 《明英宗实录》卷一一九"正统九年闰七月戊寅"条，中研院史语所，1962年，第2395页。
[15] 《明英宗实录》卷一五五"正统十二年六月丙子"条，中研院史语所，1962年，第3030页。
[16] 谷应泰：《明史纪事本末》，中华书局，1977年，第461页。
[17] 张廷玉等：《明史》卷三〇四《王振传》，中华书局，1974年，第7773页。
[18] 张廷玉等：《明史》卷三一四《云南土司传二》，中华书局，1974年，第8117页。
[19] 《明英宗实录》卷一〇五"正统八年六月丁亥"条，中研院史语所，1962年，第2130页。
[20] 赵毅：《论麓川之役》，《史学集刊》1993年第3期，第60页。
[21] 《明英宗实录》卷一六三"正统十三年二月乙巳"条，中研院史语所，1962年，第3164页。
[22] 张廷玉等：《明史》卷一七一《王骥传》，中华书局，1974年，第4559页。
[23] 《明英宗实录》卷一〇四"正统八年五月甲戌"条，中研院史语所，1962年，第2110页。
[24] 赵毅：《论麓川之役》，《史学集刊》1993年第3期，第62页。

〔25〕 《明宣宗实录》卷一〇八"宣德九年正月壬申"条,中研院史语所,1962年,第2431页。

〔26〕 《明英宗实录》卷一二六"正统十年二月辛亥"条,中研院史语所,1962年,第2515页。

〔27〕 《明英宗实录》卷四六"正统三年九月丙戌"条,中研院史语所,1962年,第889页。

〔28〕 《明英宗实录》卷一七〇"正统十三年九月戊子"条,中研院史语所,1962年,第3274页。

〔29〕 《明英宗实录》卷五"宣德十年五月辛巳"条,中研院史语所,1962年,第103页。

〔30〕 《明英宗实录》卷九"宣德十年九月己卯"条,中研院史语所,1962年,第172页。

〔31〕 《明英宗实录》卷一二"宣德十年十二月癸卯"条,中研院史语所,1962年,第218页。

〔32〕 张廷玉等:《明史》卷一六〇《张鹏传》,中华书局,1974年,第4367页。

〔33〕 《明英宗实录》卷一八〇"正统十四年七月己卯"条,中研院史语所,1962年,第3479页。

〔34〕 《明英宗实录》卷一八〇"正统十四年七月己卯"条,中研院史语所,1962年,第3485、3486页。

〔35〕 谷应泰:《明史纪事本末》卷三二《土木之变》,中华书局,1977年,第472页。

〔36〕 《明英宗实录》卷一八〇"正统十四年七月己丑"条,中研院史语所,1962年,第3487页。

"两帝三朝"并非空白

● 江建新　景德镇市陶瓷考古研究所

一、"两帝三朝"乱世现

这是明代历史上一个重要的转折期，明宣德十年（1435年）正月初三日，38岁的宣宗殁于乾清宫，其子年仅9岁的朱祁镇继位，是为正统朝（1436—1449年）。幼帝英宗登上大宝，幸赖张太皇太后抚帝听政，又有三杨（即杨士奇、杨荣、杨溥）辅政，正统有国十四年，前七年，一遵仁、宣之政，号称治平之世。而后七年则因张太皇太后病逝，三杨也先后离去，英宗虽日益长大，却倚赖太监王振如父师[1]，朝中大权落入王振之手，形成明代历史上第一次宦官专权局面，"土木之变"英宗成了蒙古人的俘虏。国难间皇位由英宗之弟朱祁钰继承，是为景泰朝（1450—1456年）。而"夺门之变"，英宗又从其弟手中夺回皇位宝座，改年号为天顺（1457—1464年）。明代这二帝三朝的28年时间，可谓多事之秋。

二、历史上的"空白期"

我国古陶瓷学界普遍认为明代这三朝瓷器陷于衰退期[2]，而三朝官窑瓷器，由于不书年款，其面貌模糊不清，陶瓷史上称其为"空白期"或"黑暗期"。如果考察有关三朝窑事的文献，可获得以下信息：

1.《明史》载，英宗于宣德十年（1435年）正月登基便下达了减免征役、造作的诏令[3]。《明英宗实录》载："正统元年九月乙卯，江西浮梁民陆子顺进瓷器五万余件，上令送光禄寺充用，赐钞偿其直。"[4]这揭示了正统初年官窑曾一度停烧，而民窑可能承担了官窑向朝廷贡瓷的任务。

2.正统三年（1438年）禁民窑"烧造官样青花白地瓷于各处货卖，及馈送官员之家，违者正正犯处死，全家谪戍"（《明英宗实录》）。正统六年（1441年）北京重建三大殿（谨身、华盖、奉天），"命造九龙九凤膳案诸器，既又造青龙白地花缸"（《明史·食货志》），又"行在光禄寺奏……其金龙金凤白瓷罐等件，令江西饶州府造"（《明英宗实录》）。由此可见，正统初，民窑生产相当活跃，而官窑于正统六年之后似也全面恢复了生产。

3.《明英宗实录》载，正统十二年（1447年）"禁江西饶州府私造黄、紫、红、绿、青、蓝、白地青花等瓷器"，这反映了当时民窑盛产彩瓷的情况。

4. 明郭子章《豫章大事记》载："景泰五年，减饶州岁造瓷器三之一。"可见，景泰一朝虽短暂，但也有官窑生产，只是量较前代锐减。

5. 天顺元年（1457年）"仍委中官烧造"（《浮梁县志》），天顺三年（1459年），"光禄寺奏请于江西饶州府烧造瓷器共十三万三千有余，工部以饶州民艰难，奏减八万，从之"（《江西大志·陶书》）。又，天顺八年（1464年）正月"江西饶州府、浙江处州府，见差内官在彼烧造磁器，诏书到日，除已烧完者照数起解，未完者悉皆停止"（《明宪宗实录》卷一）。由此可见，天顺官窑似一直未辍烧。

如果我们结合上述文献，综合考察近年景德镇地区出土"空白期"遗物与传世品便可知，所谓"空白期"，并非完全空白，其时官窑烧造有一定规模，产品也有较高的水平。

三、正统官窑出御瓷

1988年11月珠山明御厂西墙一带发现一正统官窑遗存（图1），出土瓷器有：青花云龙纹大缸，腹径达88厘米，器形硕大，似为明朝最大的一件瓷器（图2.1）。青花海兽仙山海潮纹器座（图2.2、2.3），内外两面彩，器足底部饰有青花卷草纹，十分罕见。青花缠枝花卉纹四棱双耳瓶（图3），其颈部之小双耳，似为"空白期"富有特色且流行的样式，如景德镇陶瓷馆藏景泰四年（1453年）墓出土民窑青花折枝牡丹纹双耳瓶，具有与该器相似的特征[5]（图4）。另出土有青花缠枝宝相花纹葫芦瓶，青花海水纹靶盏与碗盘（图5），青花八宝纹碗，青花海浪海怪纹缸（图6），青花莲池纹盘（图7），青花海水白龙纹盘和青花云纹刻白龙纹盘、青花云纹刻白龙纹大碗（图8），青花九龙纹填红直壁碗（图9），青花斗彩鸳鸯莲池纹碗等[6]（图10）。

以上出土瓷器的主要特征有以下三点：1. 其青花色调与宣德青花相似，根据中国科学院上海硅酸盐研究所的测试，宣德青花所用的青花色料都含有较低的 Fe_2O_3 和较高的 MnO，应是国内产料，故色调呈现深沉浓丽的特色[7]；2. 器形方面：靶盏、碗、盘和宣德瓷相似，而龙纹大缸、海怪缸、器座、双耳瓶则既不见于早于它的宣德官窑，也不见于晚于它的成化官窑，属该期特有的器形，其中青花龙纹大缸可与上述《明史》关于太监王振令景德镇为三大殿（谨身、华盖、奉天）烧造青龙白地花缸的记载相印证，说明

图1
珠山明御厂西墙发现正统官窑遗存

15世纪的亚洲与景德镇瓷器

图2.1
青花云龙纹大缸 / 明·正统
江西景德镇珠山御厂遗址出土

图2.2
青花海兽仙山海潮纹四铺首器座 / 明·正统
江西景德镇珠山御厂遗址出土

图2.3
青花海兽仙山海潮纹四铺首器座底部 / 明·正统
江西景德镇珠山御厂遗址出土

图3
青花缠枝花卉纹四棱双耳瓶 / 明·正统
江西景德镇珠山御厂遗址出土

图4
青花折枝牡丹纹双耳瓶 / 明·景泰
江西景德镇景泰四年（1453年）严昇墓出土
景德镇中国陶瓷博物馆藏

"两帝三朝"并非空白

图 5.1
青花海水纹侈口小盘 / 明·正统
江西景德镇珠山御厂遗址出土

图 5.2
青花海水纹侈口碗 / 明·正统
江西景德镇珠山御厂遗址出土

图 5.3
青花海水纹靶盏 / 明·正统
江西景德镇珠山御厂遗址出土

图 6
青花海浪海怪纹缸 / 明·正统
江西景德镇珠山御厂遗址出土

图 7
青花莲池纹盘 / 明·正统
江西景德镇珠山御厂遗址出土

图 8.1
青花海水白龙纹侈口盘 / 明·正统
江西景德镇珠山御厂遗址出土

图 8.2
青花云纹刻白龙纹侈口盘 / 明·正统
江西景德镇珠山御厂遗址出土

"两帝三朝"并非空白

图 8.3
青花云纹刻白龙纹大碗 / 明·正统
江西景德镇珠山御厂遗址出土

图 9
青花九龙纹填红直壁碗 / 明·正统
江西景德镇珠山御厂遗址出土

图 10
青花斗彩鸳鸯莲池纹侈口碗 / 明·正统
江西景德镇珠山御厂遗址出土

图 11
瓷器上的青花八宝纹单鱼纹／明·正统
江西景德镇珠山御厂遗址出土

其烧造年代在正统六年（1441年）左右；3.纹饰方面：龙纹、缠枝花卉、边饰纹样与宣德相近，其汹涌海潮、海兽、云气、福海仙山和球花纹等为正统独特纹样。而八宝纹中之"鱼"纹，画成"单鱼"(图11)，其八宝排列顺序是：轮、螺、伞、盖、罐、花、鱼、肠，与宣德和成化八宝排序"轮、螺、伞、盖、花、鱼、罐、肠"稍有不同，且后者鱼纹为双鱼纹[8]。斗彩鸳鸯莲池纹中小鸟般的鸳鸯和花大而叶小的莲荷纹样均富正统特色，成化官窑有仿正统斗彩鸳鸯莲池纹作品[9](图12)，而这类制品源自宣德斗彩鸳鸯莲池纹盘[10](图13)。

此次出土的正统官窑遗物，以青花龙纹大缸为代表，该器无款，但胎釉、纹样与宣德官窑遗物非常相似，尤其是大缸上所绘竖发龙纹、莲瓣纹，既有宣德意味，又有正统特点，似可定为正统早期官窑器，可作为正统官窑瓷器的重要参照器。大量的海水纹装饰也是此次出土正统官窑瓷器的一大特色，可视为正统官窑瓷器典型纹样(图14)。

1995年珠山明御厂西侧东司岭基建，在一有宣德纪年瓷片地层的上层，出土几块青花八仙人物大罐瓷片，这类无款青花瓷片的胎、釉和青花料与宣德器相近，但纹饰极为特殊：其人物周围有弥漫的云气，与1983年珠山中路出土的"空白期"青花瓷片上的缭绕云气和宽服大袖人物纹风格相近[11](图15)，与湖田窑出土的民窑"空白期"青花人物云气纹也极为相似(图16)，该大罐当属正统官窑器无疑。上述特殊纹样，日本陶瓷界习称为"云堂手"，可视为正统之纹饰特征。

2014年，为了配合龙珠阁北麓保护房改扩建工程，景德镇市陶瓷考古研究所考古人员对保护房改扩建区域进行了抢救性清理，面积约500平方米，出土遗物有宣德、"空

"两帝三朝"并非空白

图 12
仿正统青花斗彩莲池鸳鸯纹盘 / 明·成化
江西景德镇珠山御厂遗址出土

图 13
青花斗彩鸳鸯莲池纹盘 / 明·宣德

103

图14
青花海水龙纹大盘 / 明·正统
江西景德镇珠山御厂遗址出土

白期"、成化、弘治、正德、同治、光绪等各时期的官窑瓷片,其中以"空白期"的瓷片为主。该窑业遗存堆积丰富,层位清晰,以"空白期"窑业堆积最为丰厚和重要。

经室内整理,其"空白期"瓷器品种有青花、青花矾红彩、斗彩、红绿彩、青釉、白釉瓷等;器形主要以碗、盘、靶盏为主,以及罐、大花盆、梅瓶、长颈瓶、花觚、绣墩、瓷枕(图17)、山子等,其中大花盆、绣墩、各式长颈瓶、匜(图18)、山子(图19)等为罕见之物,不见有传世品。有的出土瓷器纹饰非常特殊:如青花、红绿彩绣墩镂空花纹;青花绣墩面上有狮子绣球纹、松竹梅纹、方胜等三种不同纹饰(图20);青花大花盆上饰多种海怪瑞兽;青花大盘盘心所绘海水松竹梅纹(图21)、莲花山石等;还有团花(球形花卉)、海水

"两帝三朝"并非空白

图 15
青花人物纹残片 / 明·正统—天顺
江西景德镇珠山御厂遗址出土

图 16
湖田窑青花人物碗残片 / 明

图 17
青花缠枝花卉纹枕 / 明·正统
江西景德镇珠山御厂遗址出土

图 18
青花云龙纹匜 / 明·正统
江西景德镇珠山御厂遗址出土

图 19
青花山子 / 明·正统
江西景德镇珠山御厂遗址出土

图 20.1
青花狮子绣球纹绣墩 / 明·正统
江西景德镇珠山御厂遗址出土

图 20.2
青花松竹梅纹绣墩 / 明·正统
江西景德镇珠山御厂遗址出土

图 20.3
青花方胜纹绣墩 / 明·正统
江西景德镇珠山御厂遗址出土

图 21.1
青花海水松竹梅纹大盘 / 明·正统
江西景德镇珠山御厂遗址出土

图 21.2
青花海水松竹梅纹盘 / 明·正统
江西景德镇珠山御厂遗址出土

纹、海浪山石纹等，在瓶、碗、盘、靶盏上均有装饰。

此次发掘清理因配合施工，发掘条件有限，故在龙珠阁北麓布一探沟进行清理，因该区域地层堆积较厚，窑业遗物堆积疏松，清理至深约5米处便无法向下发掘。现将发掘的探沟南壁地层情况介绍如下：

第①层：表土层，厚10—30厘米，内含水泥、砖块、碎瓦片和少量草木灰等，并出土有民国名人（蒋介石）像章，土色为黄灰色，土质较疏松，该层为近现代层。

第②层：厚15—25厘米，土色为灰黄色，土质疏松，内含大量青砖、红砖、厚板瓦，以及晚清至民国时期的瓷片，瓷片以民国时期为主，该层为清晚期到民国层。

第③层为一大层，共分四个亚层：

第③a层：厚0—28厘米，距地表深40—75厘米，黄白色土，土质疏松，内含大量白色小石子颗粒及较大的岩石类颗粒，还有大量的青瓦片，土质疏松，出土有晚清瓷片。该层应为清晚期地层。

第③b层：厚10—75厘米，距地表深40—155厘米，黄褐色土，土质疏松，内含少量的碎瓦片。该层应为清中晚期地层。

第③c层：厚0—40厘米，距地表深50—140厘米，为灰黑色土，与第②层较为相似，内含大量的草木灰、青瓦片、白色小颗粒。该层应为清中期地层。

第③d层：厚0—50厘米，距地表深55—140厘米，为灰白色土，土质较为致密，内含大量白色岩石颗粒及个别砖块、瓦片。该层应为清早期地层。

第④层：厚10—140厘米，距地表深110—280厘米，为棕褐色土，较厚，土质较为致密，内含少量瓦片、匣钵、碎瓷片等。该层应为明末清初地层。

第⑤层：厚40—95厘米，距地表深135—350厘米，为红烧土，土质疏松，内含大量的烧土颗粒及窑砖（带窑汗）、匣钵片、板瓦、垫饼等。该层应为明代弘治、正德地层。

第⑥层：厚0—50厘米，距地表深180—270厘米，黄白色土，土质较为致密，内含大量白色大块颗粒及少量红烧土，较为纯净，基本不见瓷片和匣钵等遗物，有淤积痕迹。该层应为明代成化地层。

第⑦层：厚60—90厘米，距地表深210—420厘米，为红褐色土，土质较为疏松，内含大块匣钵、空心砖、砖块、垫饼等。出土许多带有成化款的瓷片，以及部分无款瓷片，该层为明代成化地层。

第⑧层：距地表285—420厘米，红烧土块夹杂红烧土颗粒，土质疏松，包含大量瓷片、窑具等，出土的瓷器均无款，除青花瓷外，还有仿龙泉釉、红绿彩等，该层为明代"空白期"地层[12]。

图 22
珠山北麓"空白期"地层堆积情况

  从第⑦层出土的瓷片来看，主要以带成化款瓷器为主，也有少量与成化款器物略有不同的无款瓷器，这部分无款瓷器有可能是略早于成化时期的"空白期"瓷器。第⑧层出土遗物较为单纯，瓷器均无款，但种类丰富，出土器物有的与宣德相似，但与宣德和成化相比却又有差异，且均无款，根据地层和类型学分析，可知第⑧层出土瓷器应为明正统至天顺时期遗物（图22）。

  由于该地层出土"空白期"遗物特征明显，根据类型学比较，其遗物似可分为二期：第一期与宣德瓷相近；第二期则与成化瓷相近。第一期遗物的主要特征为：以青花龙纹大缸为代表，有成化海怪瑞兽纹大花盆，青花瓠、枕、绣墩、海水纹碗、盘、靶盏等，其中花瓠等器物与宣德同类器物十分相似，此类产品胎釉、青花料也接近宣德官窑。第二期遗物的主要特征为：以青花云纹刻龙纹碗、盘、靶盏（图23），青花海水龙纹碗、盘、靶盏，青花婴戏纹碗、盘、靶盏（图24），团花（球形花）纹碗、盘、靶盏为主，此外还有梨形壶、长颈瓶（图25）、青花狮子绣球纹盘等。此类制品的胎釉、青花料、纹饰与第⑦层出土的成化官窑瓷器非常相似（图26），这类有成化风格的瓷器，可能是"空白期"后期——天顺官窑的遗物。

"两帝三朝"并非空白

图 23.1
青花云纹刻龙纹碗 / 明
江西景德镇珠山御厂遗址出土

图 23.2
青花云纹刻龙纹盘 / 明
江西景德镇珠山御厂遗址出土

图 23.3
青花云纹刻龙纹靶盏 / 明
江西景德镇珠山御厂遗址出土

图 24.1
青花婴戏纹碗 / 明
江西景德镇珠山御厂遗址出土

图 24.2
青花婴戏纹盘 / 明
江西景德镇珠山御厂遗址出土

109

图 25.1
青花团花纹碗 / 明
江西景德镇珠山御厂遗址出土

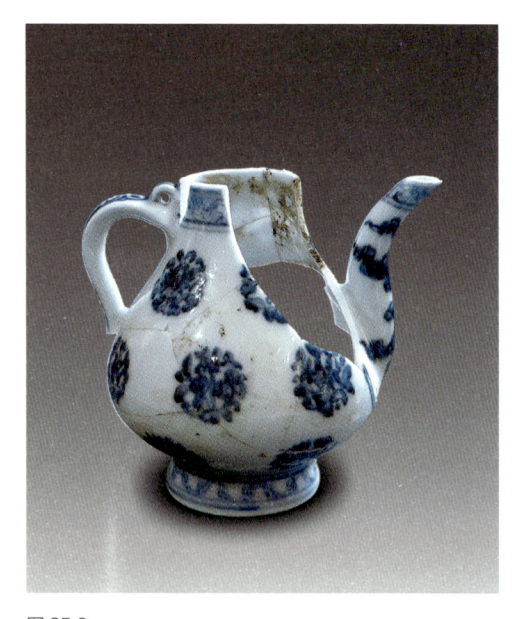

图 25.2
青花团花纹梨形壶 / 明
江西景德镇珠山御厂遗址出土

图 25.3
青花团花纹长颈瓶 / 明
江西景德镇珠山御厂遗址出土

图 26.1
青花云纹刻龙纹碗碗心残片 / 明·成化
江西景德镇珠山御厂遗址出土

图 26.2
青花云纹刻龙纹碗碗底残片 / 明·成化
江西景德镇珠山御厂遗址出土

图 26.3
青花团花纹碗碗底残片 / 明·成化
江西景德镇珠山御厂遗址出土

四、出土器物的纹饰

根据整理发现,第一期遗物中,以海怪瑞兽纹装饰最常见,其装饰纹饰较为特殊,这种海怪瑞兽纹在同一器物上最多装饰有九种(图27),如应龙、天马、海马、文鳐鱼、海象等,这九种青花海怪纹饰与宣德官窑瓷器的同类纹饰十分相似。从装饰纹样在器物上的流行程度和形式来看,这类青花纹饰似有其特殊寓意,那么,我们先期考察以下几种特殊纹样的内涵。

1. 应龙纹,双角,五爪,双翅,该类纹饰在此次出土器物中最常见(图28)。据《山海经·大荒东经》谓:"大荒东北隅中,有山名曰凶犁土丘。应龙处南极,杀蚩尤与夸父,不得复上,故下数旱,旱而为应龙之状,乃得大雨。"[13]由此可知应龙在旱季可以求得大雨。

2. 天马纹,形似犬而黑头,有双翅,宣德与"空白期"瓷器上都有装饰(图29)。据《山海经·北三经》谓"又东北二百里,曰马成之山,其上多文石,其阴多金玉。有兽焉,其状如白犬而黑头,见人则飞,其名曰天马,其鸣自詨"[14](图30)。这种天马到了明代则成为瑞兽的象征了。明王圻《三才图会·鸟兽卷》天马图上说明文字谓"天马,马成山兽,状如白犬,黑头,见人则飞,不由翅翼,名曰天马,其鸣自呼,见则丰穰"[15]。天马出现,则天下太平、五谷丰登。

3. 文鳐鱼,形状似鲤鱼,鱼身而鸟翼(图31)。《山海经·西山经》谓"又西百八十里,曰泰器之山。观水出焉,西流注于流沙。是多文鳐鱼,状如鲤鱼,鱼身而鸟翼,苍文而白首,赤喙,常行西海,游于东海,以夜飞。其音如鸾鸡,其味酸甘,食之已狂,见则天下大穰"[16](图32)。文鳐鱼的出现,则预示着天下五谷丰稔。

图 27
青花饰九种海怪纹碗 / 明·正统
江西景德镇珠山御厂遗址出土

图 28
青花应龙纹盘 / 明·正统
江西景德镇珠山御厂遗址出土

图 29
瓷器上的青花天马纹

图 30
《山海经》中的天马纹

图 31
瓷器上的青花文鳐鱼纹

图 32
《山海经》中的文鳐鱼纹

图 33
青花海怪瑞兽纹大盘 / 明·宣德
江西景德镇珠山御厂遗址出土

  这类海怪瑞兽纹似明显受宣德影响，宣德青花碗、盘、靶盏多见海怪瑞兽纹装饰（图33），如宣德青花蟋蟀罐上的天马纹便与出土器物上的天马纹相似[17]。可见，此次出土的装饰有青花海怪瑞兽纹的瓷器，很可能是受宣德影响，继宣德之后——即正统早期的制品。

  海怪瑞兽纹在正统官窑瓷器中大量流行，很可能与明代正统时期的社会政治以及灾异有关。正统时期"人祸"和自然灾害连绵，蒙古瓦刺人不断扰边，英宗最终被虏。而自然灾害也一直不断，据《明史·志第四·五行一》载：

  正统元年闰六月，顺天、真定、保定、济南、开封、彰德六府俱大水。二年，凤阳、淮安、扬州诸府，徐、和、滁诸州，河南开封，四五月河、淮泛涨，漂居民禾稼。九月，河决阳武、原武、荥泽。湖广沿江六县大水决江堤。三年，阳武河决，武陟沁决，广平、顺德漳决，通州白河溢。四年五月，京师大水，坏官舍民居三千三百九十区。顺天、真定、保定三府州县及开封、卫辉、彰德三府俱大水。七月，滹沱、沁、漳三水俱决，坏饶阳、献县、卫辉、彰德堤岸。八月，白沟、浑河二水溢，决保定安州堤。苏、常、镇三府及江宁五县俱水，溺死男妇甚众。九月，滹沱复决深州，淹百余里。五年五月至七月，江西江溢，河南河溢。八月，潮决萧山海塘。六年五月，泗州水溢丈余，漂庐舍。七月，白河决武清、漷县堤二十二处。八月，宁夏久雨，水泛，坏屯堡墩台甚众。八年六月，浑河决固安。八月，台州、松门、海门海潮泛溢，坏城郭、官亭、民舍、军器。九年七月，扬子江沙州潮水溢涨，高丈五六尺，溺男女千余人。闰七月，北畿七府及应天、济南、岳州嘉兴、湖州、台州俱大水。河南山水灌卫河，没卫辉、开封、怀庆、彰德民舍，坏卫所城。十年三月，洪洞汾水堤决，移置普润驿以远其害。夏，福建大水，坏延平府卫城，没三县田禾民舍，人畜漂流无算。河南州县多大雨。七月，延安卫大水，坏护城河大堤。九月，广东卫所多大水。十月，河决山东金龙口阳谷堤。十一年六月，浑河溢固安。两畿、浙江、河南俱连月大雨水。是岁，太原、兖州、武昌亦俱大水。十二年春，赣州、临江大水。五月，吉安江涨淹田。十三年六月，大名河决，淹三百余里，坏庐舍二万区，死者千余人。河南、济南、青、兖、东昌亦俱河决。七月，宁夏大水。河决汉、唐二坝。河南八树口决，漫曹、濮二州，抵东昌，坏沙湾等堤。十四年四月，吉安、南昌临江俱水，坏坛庙廨舍。[18]

正统朝十几年间，华北平原和山东连遭旱灾和虫灾，黄河、大运河决口，浙江旱灾严重、瘟疫流行，同时民间又动乱不止，东南部发生邓茂七农民大起义等[19]，年幼登基的英宗在这多事之秋，很想借助于海怪瑞兽镇妖降魔，祈求天下太平。

五、景泰、天顺官窑瓷器

目前在珠山御厂遗址尚未发现景泰、天顺官窑遗存和此类传世官款瓷器，但纪年墓中有几例出土，而近年珠山御厂出土的如下遗物也值得重视。

1990年珠山明御厂成化地层之下出土无款青花印红鳜鱼莲蓬形大碗，推断为不早于正统初、不晚于成化末的制品[20]（图34）。该器敞口敛腹，圈足矮小，底与壁下部较厚，碗心绘青花云龙纹，云龙周围以一圈海水为边饰，外壁下部饰以仙山海水，上部饰三红鳜鱼。其装饰奇特，红鳜鱼纹处的碗壁内凹外凸，当用鱼形模具压印而成，该装饰方式目前仅此一例，极为罕见。该器整个风格与正统器和成化器既有相似处又有相异处，极可能是天顺官窑遗物。

1993年6月，在明御厂故址西侧（老市政府大楼西侧前食堂）基建工地上发现一批宣德、成化纪年官款瓷片和无款青花瓷片。这批遗物无叠压关系，可能出自明早中期的扰土和填土。其中无款青花瓷片上的缠枝宝相花极似正统风格，但色泽较正统灰暗，胎、釉亦不如正统精细，盘的圈足比正统圈足大，且低矮微内敛。其风络与正统和成化有异，当属景泰或天顺官窑遗物。景德镇陶瓷馆藏景泰四年（1453年）墓出土青花宝杵纹盘与这类出土遗物相似[21]（图35）。

图 34
青花印红鳜鱼莲蓬形大碗残片 / 明·正统—成化
江西景德镇珠山御厂遗址出土

图 35
青花宝杵纹盘 / 明·景泰
江西景德镇景泰四年（1453 年）严昇墓出土
景德镇中国陶瓷博物馆藏

　　1995 年在珠山龙珠阁成化早期地层夹杂着一些无款青花靶盏和碗、盘残片。其造型和纹样与宣德器相近，但胎釉较粗，青花色调略显灰暗，与同时出土的成化青花清幽淡雅的色调区别较大。这批遗物可能是正统之后成化之前的景泰或天顺官窑制品。

　　以上遗物说明景泰、天顺有官窑烧造，与前述文献有关记载吻合。从现有出土遗物判断，其时官窑烧造量似不大，品种亦不如前代丰富，主要生产日用器，亦烧造少量罐、梅瓶。其青花产品的主要特征为：青花色调多偏灰淡，似与江西省博物馆藏景泰元年（1450 年）青花"奉天敕命"碑青花料相似[22]（图36），既不如之前的正统青花厚重浓丽，也没有成化青花的纤细淡雅；造型上（主要是靶盏、碗、盘）多承正统形制，但盘圈足矮而微内敛，挖足多不过肩；纹饰上多承正统风格，但花卉纹较为流行。

六、"空白"时期不空白

　　明永宣官窑是中国陶瓷史上最为辉煌的时期，其后的三朝瓷器则有明显的衰退趋势。综合考察目前传世与出土遗物可见，三朝产品的数量和质量均逊色于永宣时期，虽然有个别产品可与永宣官窑产品相媲美，但总体而言不能同日而语，也不及之后的成化官窑精彩。三朝官窑的衰退之势是显而易见的，比如宣德官窑常见的高温红釉、釉上彩等精美瓷器，在"空白期"瓷器中则几乎不见。

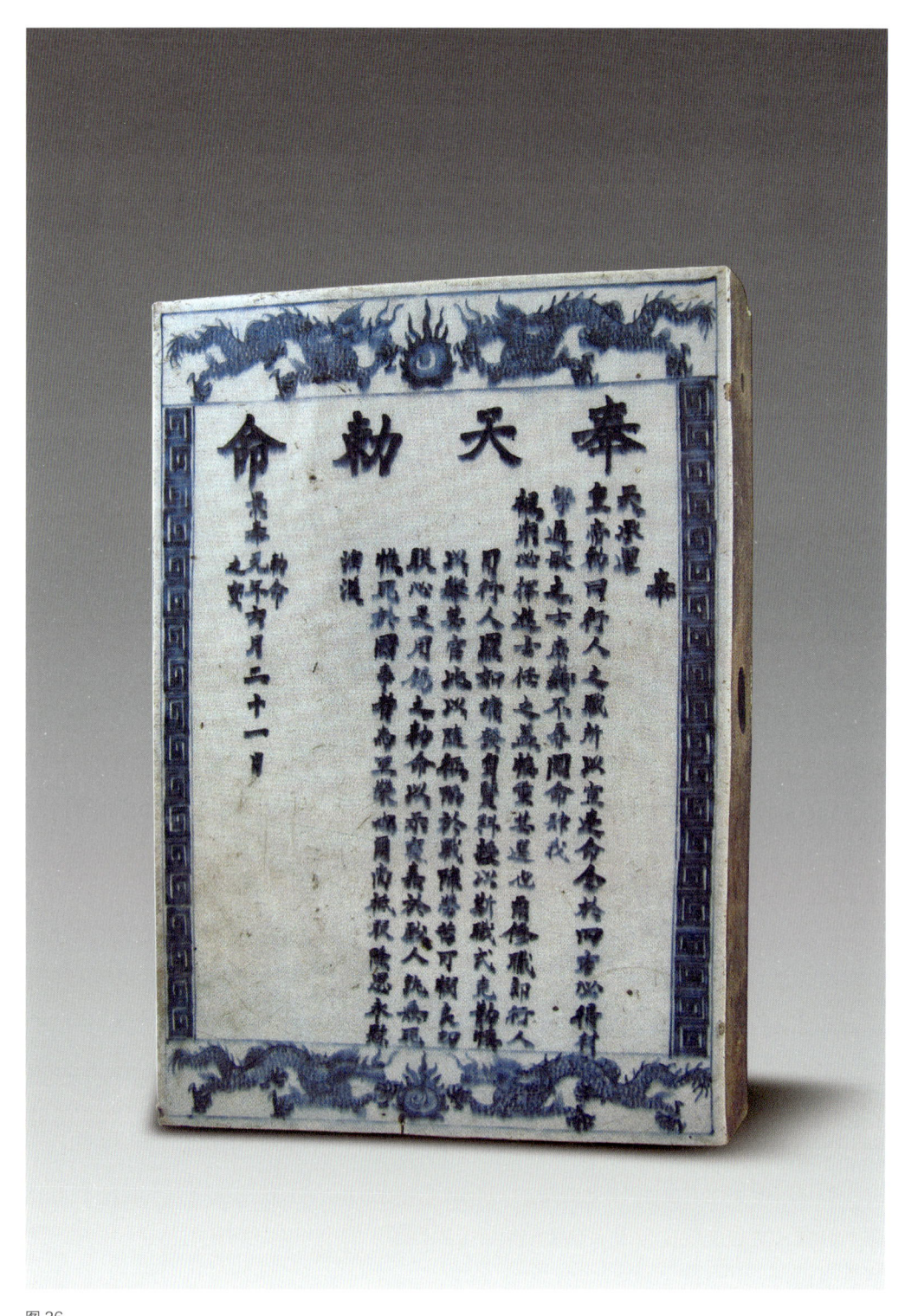

图36
青花"奉天敕命"碑 / 明·景泰元年（1450年）
江西省博物馆藏

宣德官窑瓷器盛行书写年款，而其后的正统、景泰、天顺三朝官窑却不书写年款，这一颇使人费解的现象，近来引起古陶瓷研究者的广泛关注。笔者以为其不书款似乎与以下事实有关：1.正统朝开始推行财政紧缩、反对糜费的措施。宣庙崩，张太后"命将宫中一切玩好之物，不急之务悉皆罢去"，停止耗资巨大的"下番"活动。2.自然灾害和"人祸"不断。如前所述，华北平原和山东连遭旱灾和虫灾，黄河、大运河决口，浙江旱灾严重、瘟疫流行，同时英宗被俘，民间动乱不止；而景泰、天顺二帝在争斗和惶恐自保中度日，并无闲暇来关心本属"国兴"而"瓷兴"的烧作活动。3.从款式制度上看，洪武时不写年款，永乐才出现刻、印"永乐年制"篆书款，且仅见于靶盏一类的制品。那么，在当时书写年款尚未形成定制的时代，正统不效仿奢侈的宣德而追仿简朴的洪武官窑也就非常自然了。综上所述，三朝官窑不写年款就使人容易理解了。

综合考察近年明御厂遗址出土正统官窑遗物与相关传世品，再结合相关文献可知，所谓"空白期"，并非完全空白，其时官窑烧造有一定规模，产品也有较高的水平。1983年珠山中路出土的"空白期"青花缭绕云气和宽服大袖人物纹有正统官窑特征。1988年珠山明御厂西墙一带发现的正统官窑遗存，以青花云龙纹大缸为代表，器形硕大，举世罕见，与文献相印证，可知烧造于正统六年（1441年）左右，可作为正统官窑瓷器的重要参照器。大量的海水纹装饰也是此次出土正统官窑瓷器的一大特色，可视之为正统官窑瓷器典型纹样。同一地层出土的斗彩莲池鸳鸯纹盘与成化官窑所仿正统斗彩莲池鸳鸯纹盘相似，可知这类制品均源自宣德斗彩莲池鸳鸯纹盘，为认识明代斗彩工艺技术的演变提供了珍贵的实物依据。2014年龙珠阁北麓发掘的遗物以"空白期"的瓷片为主。从出土遗物的堆积情况看，该遗物堆积不同于2002年至2003年珠山北麓发掘的永乐官窑瓷片掩埋坑，而是呈片状堆积。由于第⑧层的瓷器中同时包含宣德和成化风格的瓷器，而二者（类型学上可分为二期）出于同一地层，根据考古学的地层划分标准，其地层年代当为出土遗物第二期（接近成化期）的年代。那么第二期的年代应为哪一具体的历史年代呢？据《明宪宗实录》载，英宗驾崩，天顺八年（1464年）正月命"江西饶州府、浙江处州府，见差内官在彼烧造瓷器，诏书到日，除已烧完者照数起解，未完者悉皆停止"。所以，此第⑧层出土的遗物，很可能是在天顺八年正月御窑停止烧造前，御厂的督陶官或太监们将库房内来不及运至京城的正统至天顺官窑品，一次性处理在御厂内。因此，我以为此第⑧层的瓷器当包含正统、景泰、天顺时期遗物，而地层年代当是"空白期"后期——天顺八年左右的堆积。根据类型学比较，其遗物似可分为二期：第一期风格与宣德相近；第二期风格则与成化相近。第一期遗物中流行的海怪瑞兽纹饰，似有特殊寓意，可能与明代正统时期的社会政治及灾异有关。此次出土的遗物可区分为"类宣德"和"类成化"风格的两期瓷器，而且这些出土的"类宣德"和"类成化"瓷器又具有明显不同于宣德、成化的特点，因此，可以根据类型学分析将这批遗物断定为晚于宣德、早于成化的瓷器。

景泰、天顺有官窑烧造，与文献有关记载吻合。从现有出土遗物判断，其时官窑烧造量似不大，品种亦不如前代丰富，主要是日用器的生产，亦有少量罐、梅瓶的烧造。其青花产品的主要特征：青花色调多偏灰淡，既不如它之前的正统青花厚重浓丽，也不似成化青花纤细淡雅；造型上（主要是靶盏、碗、盘）多承正统形制，但盘圈足矮而微内敛，挖足多不过肩；纹饰上多承正统风格，但花卉纹则较为流行。

被定为15世纪民窑瓷的一些绘琴棋书画、楼台亭阁、仙女、八仙和松竹梅纹大罐，以及绘携琴访友、麒麟和孔雀牡丹纹梅瓶等，其风格亦有明显的正统官窑特征。这类器形规整、构图谨严的制品，可能出自正统官窑。从出土与传世的"空白期"民窑产品来看，当时的民窑有可能临时承担过进贡朝廷的任务。

综上，从出土与传世遗物，以及相关文献来看，正统、景泰、天顺三朝显然不是"空白"或"黑暗期"，但三朝官窑有衰退之势是显而易见的。"空白期"官窑不书年款，乃由于当时书写年款尚未形成定制，正统官窑不效仿奢侈的宣德而追仿简朴的洪武官窑也就非常自然了，而三朝官窑不写年款也就使人容易理解了。2014年龙珠阁北麓发掘的第⑧层出土瓷器当包含正统、景泰、天顺时期遗物，为"空白期"后期——天顺八年左右的堆积。

注释：

〔1〕　孟森：《明史讲义》，上海古籍出版社，2002年，第128页。
〔2〕　汪庆正编：《青花釉里红》，两木出版社，1997年，第9页。
〔3〕　《明史·宣宗本纪》卷九，宣德"十年春正月癸酉朔，不视朝，命群臣谒皇太子于文华殿。甲戌，大渐。罢采买、营造诸使"，中华书局，1982年。
〔4〕　《明英宗实录》卷二十，《明史》卷八二《食货志》载："正统元年，浮梁民进瓷器五万余，偿以钞。"中华书局，1982年，第1998页。
〔5〕　江西省博物馆、香港中文大学文物馆：《江西元明青花瓷》，2002年，图37。
〔6〕　《景德镇发现大量明正统官窑瓷器》，《光明日报》1988年12月15日第1版；《皇帝的磁器》，大阪市立东洋陶瓷美术馆，1995年，图版81—91。
〔7〕　李家治、刘新园等：《景德镇元代及明初官窑青花瓷器的工艺研究》，载《景德镇出土明初官窑瓷器》，台湾鸿禧美术馆，1996年。

〔8〕 《成窑遗珍》，香港徐氏艺术馆，1995年，图版123。
〔9〕 《成窑遗珍》，香港徐氏艺术馆，1995年，图版4。
〔10〕 《景德镇出土明宣德官窑瓷器》，台湾鸿禧美术馆，1998年，图75。
〔11〕 《景德镇出土陶瓷》，香港大学冯平山博物馆，1992年，图版230。
〔12〕 《2014年珠山北麓考古新发现》，载景德镇市陶瓷考古研究所、故宫博物院编《明清御窑瓷器——故宫博物院与景德镇瓷器考古新发现》，故宫出版社，2016年。
〔13〕 元阳真人：《山海经》卷十四《大荒东经》，云南科技出版社，1994年，第138页。
〔14〕 元阳真人：《山海经》卷三《北三经》，云南科技出版社，1994年，第67页。
〔15〕 王圻等：《三才图会·鸟兽卷》，上海古籍出版社，1988年，第2235页。
〔16〕 元阳真人：《山海经》卷二《西山经》，云南科技出版社，1994年，第49页。
〔17〕 刘新园：《明宣德官窑蟋蟀罐》，台湾艺术家出版社，1995年，第53页。
〔18〕 《明史》卷二八，中华书局，1982年，第448页。
〔19〕 牟复礼：《剑桥中国明代史》第五章，中国社会科学出版社，1992年，第341—346页。
〔20〕 《景德镇出土陶瓷》，香港大学冯平山博物馆，1992年，图版234。
〔21〕 《江西藏瓷全集·明代》，朝华出版社，2007年，第232页。
〔22〕 江西省博物馆、香港中文大学文物馆：《江西元明青花瓷》，2002年，图版39。

明正统、景泰、天顺御窑瓷器与宫廷生活

◉ 郭学雷　深圳博物馆

以往对正统、景泰、天顺三朝瓷器的研究，大多着力于窑址考古、墓葬遗物、器物编年、相关文献梳理及历史背景的考察等方面，并已取得丰硕成果。随着考古材料的积累和相关研究的推进，以往认为正统、景泰、天顺三朝瓷业的所谓"空白期"，早已不再"空白"，其瓷业面貌不仅丰富多样，而且取得的成就以及在陶瓷史上的地位也不容小觑。不过，与三朝御窑瓷器关系最密切的，即其在宫廷生活中具体使用的情形，我们却知之甚少。本文将主要围绕2014年正统、景泰、天顺御窑瓷器的新发现[1]，对三朝御窑瓷器在宫廷生活中的具体用途、配套组合、使用场合等细节，作一初步考察。

一、膳亭用器

何为"膳亭"？我们先来看《明英宗实录》卷七九中的记载：

正统六年五月，己亥，行在光禄寺奏，新造上用膳亭器皿共三十万七千九百余件，除令南京工部修造外，其金龙金凤白瓷罐等件令江西饶州府造，朱红膳盒等件令行在营膳所造，从之。

正统六年（1441年）五月，毁于永乐十九年（1421年）大火的南京明故宫谨身、华盖、奉天三大殿重建即将告成，光禄寺上奏，要求新造"上用膳亭器皿"。此处的"上用膳亭"，即帝王用膳之亭，而"膳亭器皿"，自然是指皇帝自用或赐宴使用的各类膳食器皿。

刘新园先生在研究宣德官窑时，曾引用北京故宫博物院藏《宣宗行乐图》，首次探讨宣宗用膳使用瓷器的情形[2]。王冠宇博士也注意到2014年大量发现的宴享用器与"膳亭"的关系[3]。需指出的是，已有学者认为《宣宗行乐图》为成化年间作品[4]，画中主

角也并非"宣宗",而是"宪宗"。但无论如何,《行乐图》的年代都与"空白期"三朝相衔接,故该图对于了解"空白期"宫廷瓷器使用情况,仍具重要参考价值。

《行乐图》是描绘宪宗在宫中射箭、蹴鞠、击毬、投壶等活动的巨幅长卷。其中"投壶"片段(图1.1),画面中宪宗正向太子示范燕饮投壶之礼。宪宗背后即是"膳亭",亭内膳桌上,膳食已备妥(图1.2),膳亭左侧前方设一酒桌(图1.3)。宪宗右侧应是尚膳监太监四人,分别手捧酒注、劝盘、脯醢酒果侍奉(图1.4)。

酒桌上置一屏风及一套黄金酒器(图1.3)。屏风前的三尊酒(1大罐、2梅瓶),均置于瓶床[5]。这三尊酒器的形制,虽未见于御窑"空白期"遗存,但两侧大口梅瓶的造型与龙纹装饰,与湖北蕲春藩王王妃墓出土品特征一致(图2),与中间大罐类似的器物,在湖北江夏流芳岭佛嘴村明藩王家族墓有发现(图3),惜器盖均已不存。不难看出,藩王家族墓所出梅瓶与大罐,造型纹饰完全模仿自帝王酒桌上的金器。另外,前揭《明英宗实录》所载"膳亭器皿"中的"金龙金凤白瓷罐",也应是大罐、梅瓶一类酒器。2014年"空白期"遗存出土的一件白瓷梅瓶当属此类,或是尚未贴金的半成品(图4.1)。1993年景德镇明御厂遗址出土15世纪的白瓷梅瓶,也属此类,还配有瓷制瓶床(图4.2)。

《行乐图》中的三尊酒之前,依次是酒注、劝盘、壶瓶(玉壶春瓶)、盖碗(图1.3)。2014年明御厂出土的"空白期"酒注、壶瓶等(图5.1、13),正是"膳亭"一侧酒桌上的同类器具。先来看《行乐图》最右侧的酒注,其鸡心扁身的造型,与2014年发现的青花、红彩、绿彩鸡心扁身酒注特征一致。细观《行乐图》中的酒注,竟然配有浅盏形的注碗(图5.2)。恰巧2014年出土的与鸡心扁身酒注成组的器物当中,有一类唇口浅盏。从其大小、尺度来看,正是与酒注配套的注碗(图5.1)。此外,梁庄王墓出土的鸡心扁身金酒注,也配有唇口浅盏的注碗(图6)。酒注配注碗,源于五代,流行于宋,明代注碗只不过比宋式更浅一些[6]。事实上,明代酒注配注碗的例证还很多,如东京国立博物馆藏明人《琴棋书画图》(子明款,实为明中期以前作品),其中"棋"图,描绘带注碗的酒注与劝盘配合使用之情形(图7)。日本根津美术馆藏明吕文英的《货郎图·秋景》中,也有表现青花酒注配注碗之细节(图8)。再看《行乐图》中酒注的左侧,是劝盘一副。盘中的劝杯很有特色,带双耳,可知珠山出土"宣德年制"青花双耳劝杯的造型,原本是对金器的模仿(图9)。遗憾的是,与其配套的劝盘已失。北京海淀区八里庄泰昌元年(1620年)太监杜茂墓,出土类似银鎏金劝盘一副,虽年代较晚,但仍可资参考(图10)。2014年的"空白期"遗存中,虽发现有青花八宝纹劝盘,但劝杯不存(图11)。不过四川平武天顺八年(1464年)王玺墓出土的一副类似青花劝盘,亦可作参照(图12)。《行乐图》中除了酒桌上的一套酒注、劝盘外,宣宗右侧的两位侍者手中所捧也是完全相同的一套酒注、劝盘,可了解两者配套使用的情形(图1.4)。《行乐图》中还有带盖的壶瓶(玉壶春瓶)(图1.3),可与2014年发现

图 1.1
《宣宗行乐图》"膳亭"局部 / 明
故宫博物院藏

图 1.3
《宣宗行乐图》"酒桌"局部 / 明
故宫博物院藏

图 1.2
《宣宗行乐图》"膳桌"局部 / 明
故宫博物院藏

图 1.4
《宣宗行乐图》"投壶奉酒"局部 / 明
故宫博物院藏

的壶瓶对应(图13)。据谢明良的研究，今人习称的"玉壶春瓶"，古人称之为"胡瓶"或"壶瓶"[7]。从明定陵出土的自铭"壶瓶"的金制带盖壶瓶(图14.1)、成都市区出土的明代中期带银盖青花壶瓶(图14.2)，可知壶瓶的流行，贯穿了有明一代。据此亦可推知，2014年发现的壶瓶，其器盖或应是入宫后再行配置。最后再来看《行乐图》中最左侧的盖碗(图1.3)，其似乎是与壶瓶配套的器具，但具体用途，还有待考证。

无独有偶，台湾周海圣先生藏成化《四季赏玩图》中，同样有酒桌之设及宫女为宪宗备酒之细节。《四季赏玩图》是一幅近7米的巨幅长卷，分五段描绘宪宗观看公主荡秋千及宪宗于春、夏、秋、冬四季观赏牡丹、荷花、菊花、梅花的情形。在春赏牡丹一

图 2
青花龙纹梅瓶 / 明
湖北蕲春三角山明王妃墓出土
湖北省博物馆藏

图 3
青花龙纹罐 / 明
湖北江夏流芳岭佛嘴村明藩王家族墓出土
武汉市江夏区博物馆藏

图 4.1
白瓷梅瓶 / 明
江西景德镇珠山御厂遗址出土

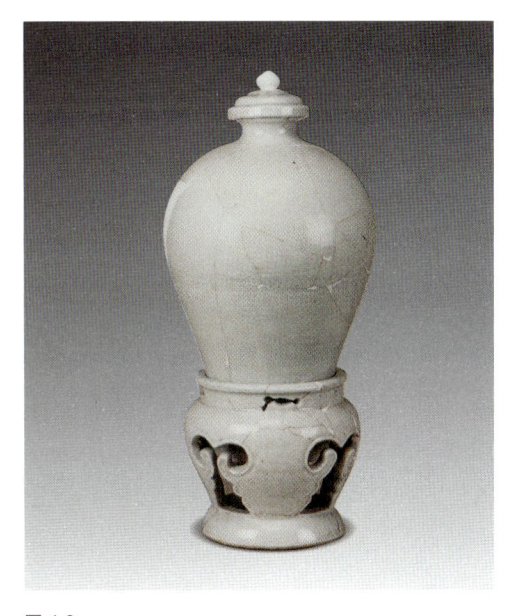

图 4.2
白瓷梅瓶 / 明
江西景德镇珠山御厂遗址出土

图 5.1
白地绿彩龙纹酒注、注碗 / 明
江西景德镇珠山御厂遗址出土

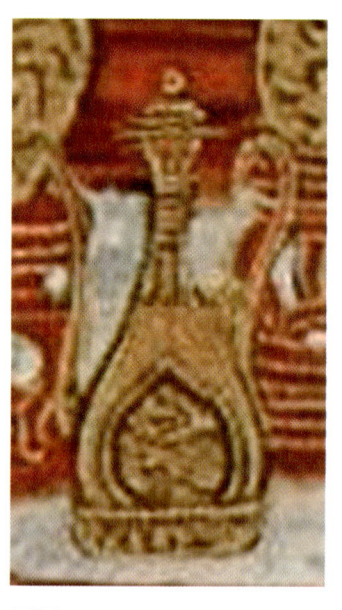

图 5.2
《宣宗行乐图》酒桌上的酒注（配有注碗）/ 明
故宫博物院藏

图 6
鸡心扁身金酒注、注碗 / 明
湖北钟祥梁庄王墓出土

图 7
子明款《琴棋书画图》局部 / 明
日本东京国立博物馆（Tokyo National Museum）藏

图 8
《货郎图·秋景》局部 / 明 吕文英
日本根津美术馆（Nezu Museum）藏

图9
"宣德年制"青花双耳劝杯／明·宣德
江西景德镇珠山御厂遗址出土

图10
银鎏金劝盘一副／明·泰昌
北京海淀八里庄泰昌元年（1620年）太监杜茂墓出土

图11
青花八宝纹劝盘（杯已失）／明
江西景德镇珠山御厂遗址出土

图12
青花岁寒三友纹劝盘一副／明·天顺
四川平武天顺八年（1464年）王玺墓出土

图 13
龙纹壶瓶 / 明
江西景德镇珠山御厂遗址出土

图 14.1
金壶瓶 / 明
北京昌平定陵出土

图 14.2
青花壶瓶 / 明中期
成都出土

15世纪的亚洲与景德镇瓷器

图 15.1
《四季赏玩图》"春赏牡丹"局部 / 明·成化
周海圣藏

段,宪宗侧坐方亭中,皇子跪奉牡丹瓶花给宪宗。方亭之后,设一长条豪华酒桌于屏风之前(图15.1),酒桌之上设三酒尊(带瓶床)及牡丹花瓶一对,酒桌上依次排列茶盏一套、酒注、盖碗、酒注、劝盘一副。酒桌一侧两宫女手中分别捧酒注(带注碗)、劝盘侍奉(图15.2)。

值得关注的是,2014年的"空白期"遗存中,与壶瓶、酒注、注碗配套的器物中,还发现了一定数量的匜(图16、17)。据耿宝昌先生《明清瓷器鉴定》一书介绍,永乐朝仅见白瓷匜,器身较元代和宣德器略大,宣德匜器身适中,仅见白釉器,器身光素或于口沿下绘一周青花弦纹装饰[8]。另永乐十二年(1414年)郢靖王墓,还出土了作为明器的锡匜[9],正统六年(1441年)梁庄王墓的遗物中发现有银匜[10]。明朝所见匜的式样,在元朝就已风行,可知明朝匜的再度流行,显然是蒙元文化的孑遗。

据明曹昭《格古要论》载:

古人用汤瓶酒注,不用胡瓶及有嘴折盂,茶锺、台盏此皆外国所用者,中国始于元朝,汝、定、官窑俱无此器。

参酌前文提及的谢明良先生关于玉壶春瓶的研究,可知《格古要论》所提始于元朝的"胡瓶",即明人文献及前文《行乐图》中的"壶瓶",今人习称"玉壶春瓶";"有

图 15.2
《四季赏玩图》"春赏牡丹"酒桌局部 / 明·成化
周海圣藏

图 16
青花龙纹匜 / 明
江西景德镇珠山御厂遗址出土

图 17
白地矾红龙纹匜 / 明
江西景德镇珠山御厂遗址出土

图 18
《张雨题倪瓒像》/ 元
台北故宫博物院藏

图 19
《仕女图》局部 / 明 杜堇
上海博物馆藏

图 20
青花团花纹碗 / 明
江西景德镇珠山御厂遗址出土

嘴折盂"即"匜";"台盘"即《行乐图》中的劝盘。元明日常生活和重要礼仪场合,常设盥盆帨巾,有奉匜沃盥之俗。据叶倩的研究,匜正是沃盥必备之水器[11]。台北故宫博物院藏元代《张雨题倪瓒像》(图18)、上海博物馆藏明代杜堇《仕女图》(图19),使我们得以了解元明时期奉匜沃盥的生动细节。

再来看膳亭(图1.1)。膳亭内,屏风前设一餐桌、一交椅,可知是宣宗一人用餐。膳桌上竟然摆了14道菜肴,备4只空碗,可谓丰盛至极(图1.2)。2014年出土的瓷碗中,有一类口径在15厘米左右的碗(图20),其造型特征、体量与《行乐图》中的空碗最为接近,应是直接用以餐食的器具。《行乐图》中盛放点心、菜肴的盘子,大小不一,对比2014年出土大小瓷盘中,口径在15—20厘米左右的盘,应与"膳亭"餐桌盛放各式菜肴盘子的功用相同。

二、宫廷茶器

明代帝王、后妃的日常起居、饮食都离不开茶。从文献来看,可知宫廷饮茶既有传统末茶,也有新鲜芽茶[12]。对宫廷茶器,廖宝秀女士颇有研究[13],但仍有诸多问题有待解决。明御厂出土的"空白期"瓷器中,又有哪些与饮茶有关呢?

图 21.1
《御花园赏玩图》"奉茶"局部（左、右上）与台北故宫博物院藏
15 世纪红釉高足碗对比（右下）

  我们先来看明代宫廷绘画资料。目前，虽然尚无法找到正统、景泰、天顺三朝与茶事有关的宫廷绘画，但紧随三朝之后的成化朝，有一幅《御花园赏玩图》长卷传世。该卷依次描绘了奉茶、戏猫、赏鱼、斗蟋蟀、抚琴、斗鹌鹑、对弈、戏鹦鹉等场景。据笔者观察，该卷中有两处宪宗饮茶的细节。从该卷题跋开头所记"茶烟湿润，清五腑之精神"，可知开卷画面的御花园正厅，呈现的正是宪宗接受奉茶的场景，定格在二位侍者奉茶及宪宗正欲伸右手接茶盏的瞬间（图21.1）。正厅内，宪宗侧身坐于屏风前的交椅上，身旁侍从若干，其中正对宪宗两人，腰系管事牌穗，或为御茶房太监，手中分别捧茶瓶、带茶托及盖子的茶盏。茶瓶虽被遮挡，但仍可辨认出鸡心扁身的特点。而且从题跋中"雀舌茶烹味上品，顿清肺腑能延年"的内容，可知宪宗品的是雀舌茶。再细观之，侍从手中的茶具，竟然是贴金龙的红釉瓷。另一处场景是宪宗与侍从对弈的场景，同样描绘了两位侍者分别捧茶瓶、茶盏向宪宗奉茶的细节（图21.2）。此处茶瓶仍是鸡心扁身的造型，但茶盏较前者略小，同样配托和盖子，不过茶托的式样与前者明显不同，茶托的底盘较大，有点类似劝盘的样子。从绘画的颜色质感来看，这套茶器似乎也是红釉描金的瓷器。无独有偶，苏州虎丘新庄出土的成化二十一年（1485 年）《元宵行乐图》卷末端，描绘宪宗端坐于大殿之前临时搭建的帐篷之内，在其身后大殿内侧，两宫女分别捧着鸡心扁身茶

明正统、景泰、天顺御窑瓷器与宫廷生活

图 21.2
《御花园赏玩图》"奉茶"局部
明·成化
私人藏

图 21.3
《元宵行乐图》"奉茶"局部
明·成化
中国国家博物馆藏

瓶和带托、盖的茶盏，正欲跨过门槛给宪宗奉茶(图21.3)。另外，台湾周海圣先生收藏的成化《四季赏玩图》中，同样有宪宗接受宫女奉茶的细节。该卷第一段描绘宪宗坐于长亭下，观看公主荡秋千的情景(图22.1)。宪宗身后的围幔之内，桌上已备好茶、酒、膳食。酒桌上三酒尊无瓶床承托，桌上还有酒注、劝盘、壶瓶、带托和盖的茶盏。酒桌一侧的桌上有花瓶、直口小碗、撇口碗。两桌上均有朱红色的大盖盒，应是前揭《明英宗实录》卷七九中所载"朱红膳盒"，用于盛放已备好的膳食菜肴。在宪宗的右前方，两位宫女分别捧茶瓶、茶盏奉茶(图22.2)。

鸡心扁身的茶瓶实物，见有明御厂出土的永乐甜白釉制品(图23.2)，禹州钧台窑出土的钧瓷制品(图24.3)。之所以确认其为茶瓶，除了《御花园赏玩图》题跋中点题的"茶烟湿润，清五腑之精神"内容外，台北故宫博物院藏明人《十八学士图》中，也有此类鸡心扁身的白釉茶瓶与茶盏配合使用之细节可以佐证(图25)。鸡心扁身瓶还见于永乐时期官样锡制品[14]。明正统年间的梁庄王墓中也出土了两件分别为金、银所制的方流鸡心扁身茶瓶[15](图26.3、26.4)。美国费城博物馆还收藏有金制嵌宝石的方流鸡心扁身茶瓶[16](图27)。这种方流鸡心扁身茶瓶，嘉靖时还在生产(图28)，定陵也有出土，但口部更为大些(图29.2)。方流鸡心扁身茶瓶，与鸡心扁身酒注(图29.1)颇为类似，但容易区分，酒注略高和瘦长些(图5、7)，茶瓶略低和矮胖些(图23.2、24.3、26.3、26.4、27、28、29.2)。

那么上述绘画中的茶盏又有什么特点呢？这就不是绘画中能看到的这么简单了。《御花园赏玩图》第一个奉茶场景，描绘的是一套贴金龙的红釉瓷茶盏(图21.1)。前文所提《御

133

图 22.1
《四季赏玩图》"观秋千"局部 / 明·成化
周海圣藏

图 22.2
《四季赏玩图》"观秋千"之"奉茶"局部 / 明·成化
周海圣藏

明正统、景泰、天顺御窑瓷器与宫廷生活

图 23.1
甜白釉高足碗 / 明·永乐
江西景德镇珠山御厂遗址出土

图 23.2
甜白釉鸡心扁身茶瓶 / 明·永乐
江西景德镇珠山御厂遗址出土

图 24.1
钧瓷高足碗 / 明
河南禹县钧台窑址出土
河南省文物考古研究所藏

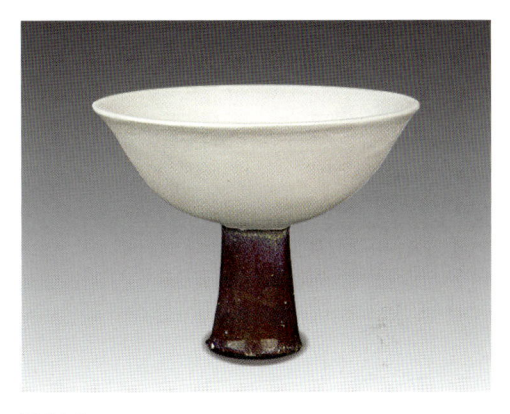

图 24.2
钧瓷紫红釉高足碗 / 明
河南禹县钧台窑址出土
深圳市文物考古鉴定所藏

图 24.3
钧瓷紫红釉鸡心扁身茶瓶 / 明
河南禹县钧台窑址出土
深圳市文物考古鉴定所藏

135

15世纪的亚洲与景德镇瓷器

图 25
《十八学士图》"备茶"局部 / 明
台北故宫博物院藏

图 26.1
青花龙纹高足碗（带金盖、银托）/ 明
湖北钟祥梁庄王墓出土

图 26.2
青花龙纹高足碗（带金盖）/ 明
湖北钟祥梁庄王墓出土

明正统、景泰、天顺御窑瓷器与宫廷生活

图 26.3
金方流鸡心扁身茶瓶 / 明
湖北钟祥梁庄王墓出土

图 26.4
银方流鸡心扁身茶瓶 / 明
湖北钟祥梁庄王墓出土

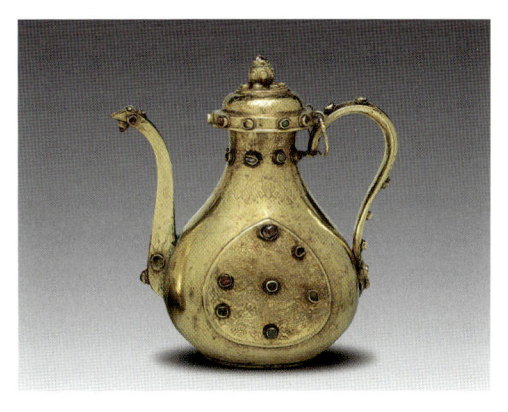

图 27
金嵌宝石方流鸡心扁身茶瓶 / 明
美国费城艺术博物馆（Philadelphia Museum of Art）藏

图 28
青花婴戏纹方流鸡心扁身茶瓶 / 明·嘉靖
日本德川美术馆（Tokugawa Art Museum）藏

图 29.1
金鸡心扁身酒注 / 明
北京昌平定陵出土

图 29.2
金鸡心扁身茶瓶 / 明
北京昌平定陵出土

137

花园赏玩图》《元宵行乐图》(图21.3)《四季赏玩图》(图22.2)中描绘的茶盏,其外观的共性特征是带托,盏撇口、较大,配一大过口沿的盖子。那么,这究竟是什么样的茶盏呢?

我们先来看成书于万历十九年(1591年)的高濂《遵生八笺》,该书"论饶器新窑古窑"条云:

宣德年造红鱼靶杯,以西红宝石为末,图画鱼形,自骨肉烧出凸起,宝光鲜红夺目,若紫黑色者,火候失手,似稍次矣。青花如龙、松梅茶靶杯,人物、海兽酒靶杯。

此外,万历十四年(1586年)升为右佥都御史,时任江西巡抚的陈有年有《陈恭介公文集》传世。该书"钦奉圣旨事疏"载:

烧造难成器皿共三千七百八十九个……里白暗云龙外红五龙青海水靶茶锺五十个,里白暗双龙外淡红鱼白姜芽青海水靶茶锺五十个,里青大明万历年制外鲜红鱼靶酒盏一百个。

由上揭文献可知,明代高足碗、杯用途有茶、酒之别,明人称之为"茶靶杯"或"靶茶锺""酒靶杯"或"靶酒盏",那么如何把"靶茶锺"与"靶酒盏"区分开来呢?2001年梁庄王墓的发现,使这一问题得以解决。该墓发现一件精美的青花龙纹高足碗。出土时,该碗覆置,其侧有仰置的金盖和侧置的银托,可知碗、盖、托原是完整的一套组合(图26.1、26.2)。至关重要的是,金盖口沿内壁有"承奉司正统二年造金锺盖四两九钱"铭文,使我们得以知晓,以往人们司空见惯的高足碗,明人称之为"锺",而且从其配套银托看,完全承袭宋元以来的茶托形制,结合前揭明人文献中的"靶茶锺",可知梁庄王墓出土的这套瓷"锺",正是明人文献所谓"靶茶锺"。不仅如此,梁庄王墓发现青花龙纹瓷"锺"的棺床上,也发现了金鸡心扁身茶瓶,为皇家鸡心扁身茶瓶与高足带托瓷"锺"的配套使用,提供了重要实物证据(图26)。据此可知,明代御厂出土的永乐甜白鸡心扁壶与高足碗,禹州钧台窑出土的钧瓷鸡心扁壶与高足碗,也均是明代宫廷流行的鸡心扁壶(茶瓶)与瓷"锺"的茶器组合(图23、24)。

我们回头再看《御花园赏玩图》(图21.1)、《四季赏玩图》(图22.2)及《元宵行乐图》(图21.3)中所见茶盏,托的形制、锺盖大于盏、盏斜壁撇口较大,与梁庄王墓发现带托的青花龙纹瓷"锺"特征完全吻合。由于绘画中茶托的遮罩,我们根本无法知晓以上三幅宫廷绘画中的茶盏,原来竟然是明代颇为流行的高足的"靶茶锺"。

此外,描绘万历皇帝谒陵返宫的宏幅巨作《入跸图》中,绘一艘专供万历皇帝膳

图 30
《入跸图》"茶酒桌"局部／明·万历
台北故宫博物院藏

饮的船,船的中央桌面上,陈设有带托和配金盖的瓷"锺",旁边还有鸡心扁壶、香花陈设(图30)。从图中瓷"锺"盏托的高度和金盖特征看,其与梁庄王墓所见瓷"锺"同属高足茶锺一类。

事实上,"靶茶锺"是深受藏传佛教文化影响而产生的一种"藏式茶碗",在以藏传佛教为主导的蒙古统治者影响下,这种"靶茶锺"在元代就已出现并广为流行,只不过其原本作为茶盏的功用,早已湮没在历史的长河中而不为人知了。明代承续元代,"靶茶锺"在西藏、宫廷中的使用更为普遍,例证更多,笔者曾撰文做过系统研究[17],不再赘言。

需说明的是,"靶茶锺"只是明代流行的一种茶盏式样。前文所提《御花园赏玩图》中,第二个奉茶场景中的茶盏,显然是比"靶茶锺"略小的矮圈足盏,虽同样带托和盖子,但茶托的底盘较大,有点类似劝盘的样子(图21.2)。这类茶盏的使用情况,虽未能在明代早期资料中未找到例证,但在较晚的明定陵遗物中找到了此类组合的实例,其配套茶盏,口径在10厘米左右(图31)。从台北故宫博物院藏明人《十八学士图》(图25)及美国大都会博物馆藏明谢环《杏园雅集图》备茶的细节(图49)可知,明代前期的茶盏,也有矮圈足茶盏置于茶托中的情形。这类茶盏口径在10厘米左右,相对较小。

图 31
青花缠枝花卉纹茶盏（配金盖、金托）/ 明
北京昌平定陵出土

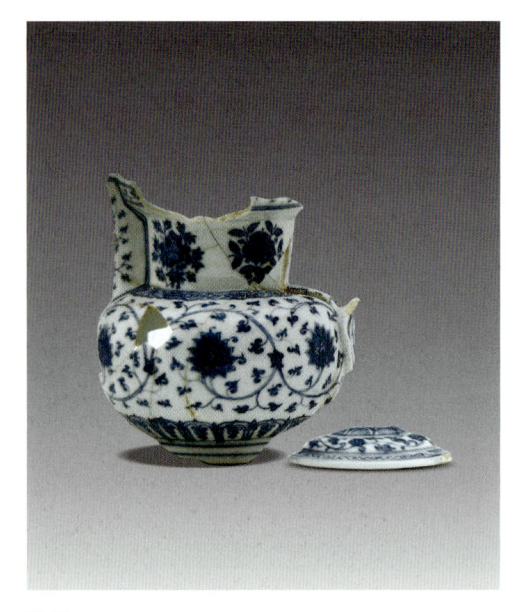

图 32
青花缠枝莲纹僧帽壶 / 明
江西景德镇珠山御厂遗址出土

综上可知，2014 年"空白期"遗存中的各类高足碗(图35上右2、下右4)、10 厘米左右的撇口小碗(图35上左3、下右3)，均是宫廷流行的茶盏式样。明代宫廷中大小、形制完全不同的两类茶盏，可能与宫廷饮茶的不同品类与习俗有关，具体情形尚需进一步考察。

2014 年的发现，还有一件青花缠枝莲纹僧帽壶(图32)。关于其用途，先来看明永乐间的一段重要文献。西藏档案馆藏《致如来大宝法王书及赏单》所载永乐六年正月初一，成祖赏赐大宝法王的礼物中有"……白瓷八吉祥茶瓶三个，银索全；白瓷茶锺九个，红油斜皮骰手全，五龙五个，双龙四个……"的记载。

陈克伦先生援引该文献，指出"白瓷茶锺"饰有龙纹，与西藏博物馆藏永乐甜白釉印花龙纹高足碗一致(图33.1)，并认为，"白瓷八吉祥茶瓶"有"银索"，说明有盖，有盖而用以盛茶的瓶，应该就是在西藏地区传世较多的白釉刻花僧帽壶[18](图33.2)。

陈克伦的判断没错，西藏博物馆藏明"永乐年制"甜白釉印花龙纹高足碗，其明宫廷原配碗套尚存，与上揭文献"红油斜皮骰手"完全相符。而从前文对高足碗的考证，"永乐年制"甜白釉印花龙纹高足碗，是明廷赐予大宝法王的"白瓷茶锺"一类无疑。而且，陈克伦对高足碗与僧帽壶配套使用的判断也没错。另有西藏博物馆藏宣德青花八宝藏文僧帽壶，与宣德青花八宝藏文高足碗的八宝纹、藏文特点完全一致，显然是一组配套的设计(图34)。由此看来，僧帽壶是与高足碗配合使用的藏式茶瓶。

明正统、景泰、天顺御窑瓷器与宫廷生活

图 33.1
甜白釉印花龙纹高足碗（带原配红油斜皮碗套）/ 明·永乐
西藏博物馆藏

图 33.2
甜白釉僧帽壶 / 明·永乐
西藏博物馆藏

图 34.1
青花八宝藏文高足碗 / 明·宣德
西藏博物馆藏

图 34.2
青花八宝藏文僧帽壶 / 明·宣德
西藏博物馆藏

141

三、筵宴茶饭器皿

从上述明代宫廷绘画及相关文献来看,上用膳亭器皿及御用茶器,主要以金器为主,或是贴金的瓷器。至于皇帝赐宴或宫廷各类宴会的器用又有何特点呢?我们先来看《大明会典》卷二一七"光禄寺"条的记载:

凡本寺进一应食物,并筵宴茶饭等件器皿,正统二年敕令俱用印信揭帖,明白开写件数照进。

据此可知,2014年发现的各类不同装饰的成组餐具,应主要用于皇帝的赐宴或宫廷各类宴会,属宫廷器用中的"筵宴茶饭"器皿一类。

又,《大明会典》卷一一四礼部七二《筵宴》"郊祀庆成"条载:

永乐二年、上卓、按酒五般。果子五般。茶食五般。烧煠五般。汤三品。双下馒头。马肉饭。酒五锺。

天顺元年、上卓、宝妆茶食。向糖缠碗八个。棒子骨二块。大银锭油酥八个。花头二个。凤鸭一只。菜四色。按酒五般。汤三品。小银锭笑靥二楪。鸳鸯饭二块。大馒头一分。果子五般。黑白饼一楪。鲊一楪。每人酒五锺。

据上揭文献可知,永乐年间的"郊祀庆成"宴会,相对比较简单。总计备有菜肴、汤品和茶饭七种。天顺年间趋向奢靡,大致备有十四种以上菜肴、主食、汤品。需用到的茶盏、汤碗、酒锺及大小各式盘、碗、碟等数量倍增。值得注意的是,2014年发现的"空白期"成组餐具中,有高足碗、仰钟式碗、大撇口碗、小撇口碗、直口碗、多种以上规格的盘子(图35),这些器物均是宫廷举行各类筵宴的最佳器用。而且其设计颇为讲究配套和组合,或正与天顺年间宫廷筵宴的奢华之风有关。

从前文对宫廷茶器的考察,可知2014年"空白期"遗存发现的大量高足碗,明人称之为"靶茶锺",应是明朝宫廷"筵宴茶饭"的必备器具(图35上左2、下左4)。而同时发现的口径10厘米左右的撇口盏,则应是"靶茶锺"之外的另一类小型茶锺(图35上左3、下左3)。直口碗,口径13.5厘米左右,是最适合饮汤的器具(图35上右4、下右1)。其余大小规格不一的碗(图35),除了15厘米左右的碗用以直接用餐外(图20),许多菜品也需要用碗来盛放。而规格大小不一的盘子,更是餐桌上使用率最高的器物(图35)。

值得注意的是,配套器物中还有一类体量较小的壶(图35上右2、下左2),具体用途不明。《大

图 35
青花茶饭用器组合 / 明
江西景德镇珠山御厂遗址出土

《明会典》卷六八礼部二六"供用器皿"条载：

> 金器：壶瓶一对六十两重、酒注一对六十两重、盂子一对二十两重、赞礼盘二面六十两重、盘盏二副二十两重、……
> 银器：果合一对一百六十两重、汁瓶二对一百两重、茶瓶一对五十两重、……

上揭文献中的"壶瓶""酒注""茶瓶"，在前文的考证中，都已搞清了其具体形制与用途，唯有文献中的"汁瓶"，尚不知具体所指。不过结合这类体量较小的壶与以上"茶饭器皿"成组配套的情况，推断其极有可能是盛佐餐潲汁的"汁瓶"。

2014 年的"空白期"遗存中，还发现一些口径 40—60 厘米的硕大盘子，有青花、矾红、绿彩等品种，多饰双狮戏毬纹（图36），有的青花大盘中还绘葡萄纹（图37）。这类大盘在永宣时期，主要是针对中东伊斯兰世界饮食习惯定制。在下西洋停罢之后的正统、景泰、天顺三朝，其在宫廷中又作何用途呢？《四季赏玩图》第三段宪宗夏赏荷花的场景中给出

143

图 36
青花双狮戏毬纹盘 / 明
江西景德镇珠山御厂遗址出土

图 37
青花葡萄纹大盘 / 明
江西景德镇珠山御厂遗址出土

图 38
《四季赏玩图》"夏赏荷花"局部 / 明·成化
周海圣藏

图 39
《十八学士图》局部 / 明 杜堇
上海博物馆藏

了答案。宪宗坐于荷塘边的亭榭之中,其身后的桌子,大盘内盛放有时令水果(图38)。另上海博物馆藏杜堇《十八学士图》中,也有大盘盛放水果的细节描绘(图39)。由此看来,这类体量硕大的盘子,是宫廷设宴或上层文人雅集,用以盛放时令水果的最佳器具。

四、瓷枕与英宗

2014年"空白期"遗存中的大批青花如意瓷枕,是这次发现的最有特色的遗物之一(图40)。这批瓷枕的造型,均仿自金代流行的如意枕,缠枝花卉的装饰富于变化,工艺考究。据目前所知,这批瓷枕为明朝御厂遗物所仅见。为何明御厂仅在这一时期烧造瓷枕?经查检有关文献,笔者推测这批瓷枕的烧制,或与英宗的身体状况有关。

明李贤撰《天顺日录》载:

贤曰:"臣闻陛下夏不挥扇,冬不近炉,果然否?"上曰:"实然。暑虽极热,曾不挥扇,在宫内亦不令左右挥扇。冬虽极寒,曾不近火,亦不披暖耳,稍用双目即热。"贤曰:"陛下圣质所禀坚厚如此,盖由体披中和之气,闻宋仁宗亦然。若臣等受气薄者,不用扇,不近炉,不能过也。"[19]

众所周知,瓷枕自唐宋以来,就是古人夏日消暑之必备。从李纲"远投瓦枕比琼瑜,方暑清凉惬慢肤"[20]的诗句不难体验出,瓷枕在难捱暑日带给人的清凉惬意。

英宗经过"土木堡之变",羁留塞北一年及南宫七年惊恐不安的软禁生活,身体不佳,37岁就早崩了。前文所揭英宗与李贤的对话,虽李贤夸奖英宗身体"坚厚如此",但其"夏不挥扇,冬不近炉"的生活习性,可能恰恰是其"内热外寒"身体虚弱的表现。这种体质,中医叫"阳盛格阴",又称格阴。据《医宗金鉴·伤寒心法要诀》载:

阳气太盛,阴气不得相荣也。不相荣者,不相入也,既不相入。则格阴于外故曰阳盛格阴也。

这里指热极似寒的一种反常表现。病人具有身大寒而不欲近衣,不恶寒等反映热盛本质的症候,其实质为真热假寒。

由此可知,英宗的"暑虽极热,曾不挥扇"及"冬虽极寒,曾不近火",实为身体真热假寒的表现。既然宪宗"暑虽极热,不曾挥扇","在宫内亦不令左右挥扇",那么以瓷枕度过炎炎暑夏,不失为宪宗和宫内嫔妃的最佳选择。

图 40
青花缠枝花卉纹如意枕 / 明
江西景德镇珠山御厂遗址出土

五、庭院用器·花器·供器

1988年明御厂遗址珠山西墙外，发现了大量正统青花龙纹大缸残片堆积[21]。复原后的龙缸高75.5、腹径达88.8厘米(图41)。上海博物馆还有完整的正统大龙缸存世。刘新园先生指出，这是明代体型最大的瓷器。据《明英宗实录》载：

> 正统九年庚戌，江西饶州府造青龙白地花缸瑕璺不堪，太监王振言于上，遣锦衣指挥杖其督官，仍敕内官赍样赴饶州更造之。

难得的是，这次御厂遗址龙缸残片的发现，可与上揭文献相印证。从上揭文献中"瑕璺不堪""杖其督官""仍敕内官赍样赴饶州更造之"内容可知，大龙缸的烧造确实不易，堪称是一项前所未有极具挑战性的窑事。明代御厂在正统之后的嘉靖、万历时期也都烧造过大龙缸，万历年间还曾发生童宾纵身跳入烈火熊熊的窑内，以骨作薪，终于烧成龙缸的故事。那么朝廷花这么大的代价，烧造出的大龙缸，究竟作何用途呢？

目前普遍认为，正统年间烧制这批龙缸的目的是防火，但文献中并无任何这方面的证据。事实上，上揭文献中的"青龙白地花缸"，其"花缸"一词，已指明龙缸的用途。花缸主要是用以种植荷花等水生植物的庭院花器，也可用来养鱼，至于防火应该是其附带的功能。如日本东京国立博物馆藏明人《琴棋书画图》（子明款）中，有花缸莳养荷花的细节(图42)。不过，在明代中后期以后，龙缸又多了一种用途。明定陵玄宫中殿帝后神

15世纪的亚洲与景德镇瓷器

图41
青花龙纹大缸 / 明
江西景德镇珠山御厂遗址出土

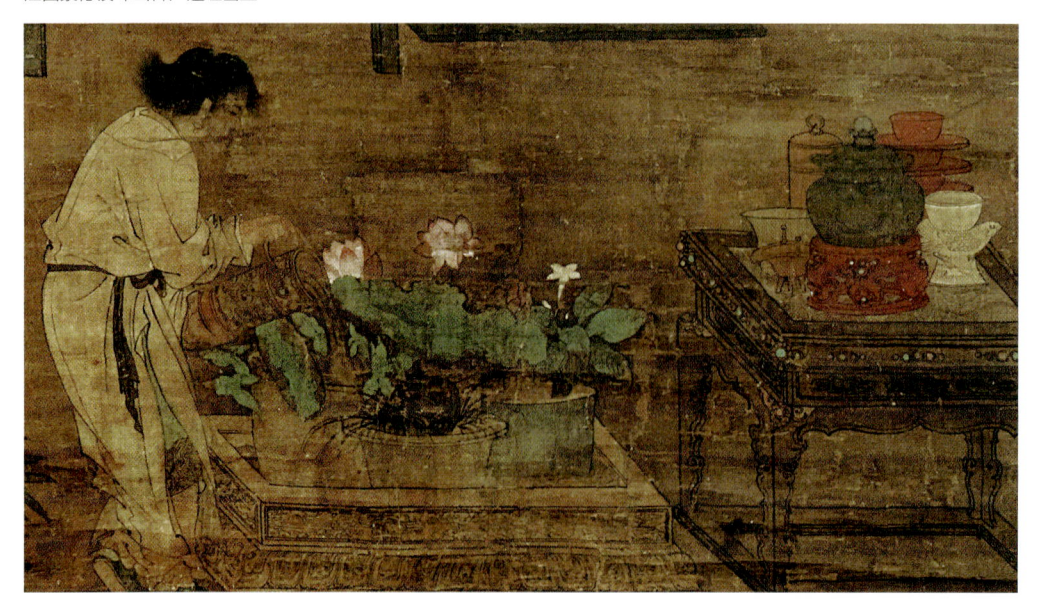

图42
子明款《琴棋书画图》"莲荷花缸"局部 / 明
日本东京国立博物馆（Tokyo National Museum）藏

图 43.1
青花瑞兽纹花盆 / 明
江西景德镇珠山御厂遗址出土

图 43.2
青花翼龙纹花盆 / 明
江西景德镇珠山御厂遗址出土

座前各放置一只龙缸，出土时缸内贮有油脂，经鉴定表面油脂为蜂蜡，下部为植物油。油面有铜漂子一个，中心有灯芯，顶端有燃烧过的痕迹。此龙缸的用途，即所谓的"万年灯"或"长明灯"。

2014年"空白期"遗存所见青花花盆，也是此次发现的一大亮点（图43）。御厂也曾出土过一些宣德官窑的花盆，底部大多无泄水孔，尺寸都比较小，应主要是室内莳养花卉的套盆。2014年发现的青花海怪纹花盆、应龙纹等花盆，口径至少在40厘米以上，最大花盆口径达60厘米，而宣德最大花盆才40多厘米。而且这批"空白期"花盆，底部都带泄水孔，可种植较大的植物。"空白期"花盆出现的这些变化，说明仁宣之治以来，宫

图44
《宣宗行乐图》"盆花"局部／明
故宫博物院藏

廷对"花木鸟兽及诸珍异之好",对庭院盆景栽培方面更为重视,对花盆用器也有了更高的要求。我们从《宣宗行乐图》《四季赏玩图》中均可看到类似大型花盆在宫廷建筑大门两侧及花园中使用的实例(图44、45.1)。大型花盆之外,还有一件青花缠枝莲纹长方形浅盆(图46),从台北故宫博物院藏明《十八学士图》中的同类器物(图47),可知其是用以种植松树等小型盆景的花盆。

2014年发现的各式花瓶,可说是前所未见。正统之前的永乐、宣德官窑花瓶比较少。仁宣之治以来,宫廷对"花木鸟兽及诸珍异之好"颇为盛行,庭院、居室、书斋的花卉清供变得必不可少。仅2014年就发现至少七种以上的花瓶。据观察,这些花瓶的使用大致可分三类。

第一类,单只花卉清供。其中一种是书桌上单只陈设的清供,用以插花卉或珊瑚等。如这次发现的青花缠枝花卉纹花觚(图48)。这类花觚置于室内或庭院,总是与书籍、香炉、香盒相伴。大都会博物馆藏正统年间的《杏园雅集图》中的书案上就有这类花瓶清供(图49.1)。又如这次发现的青花龙纹出戟尊,也是庭院、书案上流行的花器(图50)。如台北故宫博物院藏仇英《蕉阴清夏图》中,庭院石案上有插花出戟尊与香炉组合,石案上还有图书、画轴(图51);又如台北故宫博物院藏仇英《汉宫春晓图》中的书桌上还有出戟尊、香炉、香盒组合(图52);仇英《贵妃晓妆图》更有侍女捧着出戟尊,等待折枝插花的情景(图53)。再如2014年发现的青花缠枝莲纹铺首长颈瓶(图54),与成化《四季赏玩图》中,出现最多的长颈瓶类似。这类花瓶多与香炉、香盒为伴,单只陈设于香几之上(图45.2)。此

明正统、景泰、天顺御窑瓷器与宫廷生活

图 45.1
《四季赏玩图》"秋日赏菊"局部／明·成化
周海圣藏

图 45.2
《四季赏玩图》"秋日赏菊"局部／明·成化
周海圣藏

图 45.3
《四季赏玩图》秋日赏菊"绣墩"局部／明·成化
周海圣藏

外，1988年出土的青花缠枝花卉纹双耳瓶(图55)，从日本东京国立博物馆藏明人《琴棋书画图》来看，此类花瓶内插珊瑚、与香炉相伴，是陈设于书案的单设花瓶(图7)。

第二类，成对的花卉清供。前文所提青花龙纹出戟尊一类的花瓶，除了单只陈设外，在宫廷生活中，还是酒桌之上的成对花供。如明成化《四季赏玩图》中，在春赏牡丹一段的大型酒桌上，就陈设有一对类似造型的牡丹花瓶(图15.2)。又如台北故宫博物院藏明万历《入跸图》局部，皇帝乘坐船的茶酒桌上，花瓶也是成对陈设的(图30)。

151

图 46
青花缠枝莲纹长方形浅盆 / 明
江西景德镇珠山御厂遗址出土

图 47
《十八学士图》"盆景"局部 / 明
台北故宫博物院藏

图 49.1
《杏园雅集图》"书桌瓶花"局部 / 明 谢环
美国大都会艺术博物馆（The Metropolitan Museum of Art）藏

图 48
青花缠枝花卉纹觚 / 明
江西景德镇珠山御厂遗址出土

图 49.2
《杏园雅集图》"备茶"局部 / 明 谢环
美国大都会艺术博物馆（The Metropolitan Museum of Art）藏

明正统、景泰、天顺御窑瓷器与宫廷生活

图 50
青花龙纹出戟尊 / 明
江西景德镇珠山御厂遗址出土

图 51
《蕉阴清夏图》局部（瓶花、香炉组合）/ 明 仇英
台北故宫博物院藏

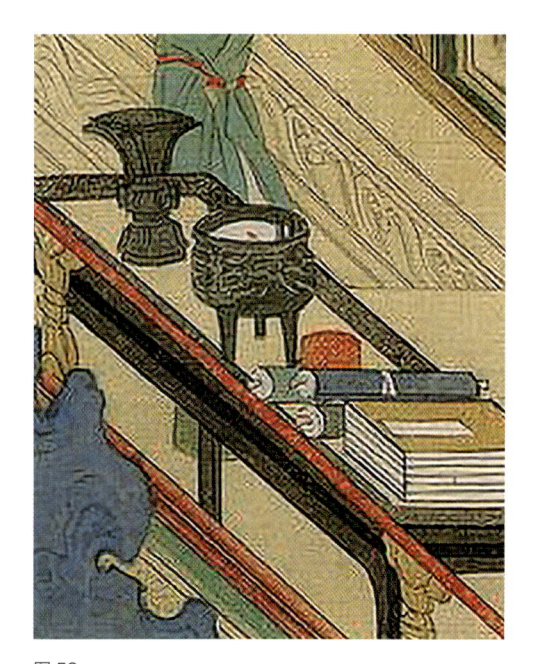

图 52
《汉宫春晓图》局部（花瓶、香炉、香盒组合）/ 明 仇英
台北故宫博物院藏

图 53
《贵妃晓妆图》局部（侍女折枝插花情景）/ 明 仇英
故宫博物院藏

图 54
青花缠枝莲纹铺首长颈瓶 / 明
江西景德镇珠山御厂遗址出土

图 55
青花缠枝花卉纹双耳瓶 / 明
江西景德镇珠山御厂遗址出土

  第三类，是与香炉配合的成对花供，即炉瓶三供。这次发现的大量花瓶多有双耳（图56—58），有青花双象耳瓶（图59）、双兽耳瓶、双鸟首瓶等。这类瓶的用途，主要是成对的供瓶，与香炉组成三供或五供组合，用以佛道神前或供奉先祖。如 1964 年北京通州明墓曾出土一对"大明嘉靖年制"青花双象耳瓶（图60），造型装饰完全模仿"空白期"制品，其成对出土，应是用于墓室祭供亡灵。在明十三陵地宫中，出戟尊也是成对出土的（图61），同样为墓室中的祭供之器。民窑纪年墓材料中，一炉两瓶三供组合的例子较多，如江西德兴市黄柏乡福泉山正统十二年（1447 年）张叔毙墓[22]出土青花瓷缠枝莲纹兽耳瓶 1 对、缠枝莲纹筒式炉 1 件（图62）；又如景德镇市东郊景泰四年（1453 年）严昇墓出土青花折枝牡丹纹长颈月牙耳瓶 1 对、折枝花卉纹筒式炉 1 件[23]。此外，2014 年发现的青花缠枝花卉纹大吉瓶（图63），是宋元以来流行的瓶式，御厂曾出土明宣德官窑青釉大吉瓶（图64）。元朝出土大吉瓶多为成对供瓶组合，如安徽青阳县文物管理所藏 1 对元代青花兔纹大吉瓶。明朝也有继承，如北京海淀区西峰寺出土青花人物方形大吉瓶及青花折枝花卉纹方炉。由此可知，2014 年发现的大吉瓶也应为成对花供之瓶。

明正统、景泰、天顺御窑瓷器与宫廷生活

图 56
青花缠枝花卉纹双耳瓶 / 明
江西景德镇珠山御厂遗址出土

图 57
青花缠枝花卉纹双耳瓶 / 明
江西景德镇珠山御厂遗址出土

图 58
青花缠枝花卉纹双耳瓶 / 明
江西景德镇珠山御厂遗址出土

图 59
青花团花纹双象耳瓶 / 明
江西景德镇珠山御厂遗址出土

155

15世纪的亚洲与景德镇瓷器

图 60
"大明嘉靖年制"款青花双象耳瓶 / 明·嘉靖
北京通州明墓出土

图 61
黄釉紫彩人物图出戟尊 / 明
北京昌平定陵出土

明正统、景泰、天顺御窑瓷器与宫廷生活

图 62
青花炉瓶三供 / 明·正统
江西德兴市福泉山正统十二年（1447年）张叔嵬墓出土

图 63
青花缠枝花卉纹大吉瓶 / 明
江西景德镇珠山御厂遗址出土

图 64
青釉大吉瓶 / 明·宣德
江西景德镇珠山御厂遗址出土

157

图 65
青花方胜结带纹绣墩 / 明·正统
江西景德镇珠山御厂遗址出土

图 66
青花岁寒三友纹绣墩 / 明·正统
江西景德镇珠山御厂遗址出土

  2014年发现的绣墩在御窑是首次发现。这批绣墩器形硕大。青花方胜结带纹绣墩、岁寒三友纹绣墩，高度均有48厘米，方胜纹绣墩的面径达46.5、腹径达52厘米，较我们通常所见的绣墩大得多（图65、66）。这批绣墩所绘狮子戏球、松竹梅等极为考究，大面积采用镂空工艺，制作工艺复杂，烧成难度极高，堪称是对烧成尺度、工艺极限的挑战。

  绣墩从宋代以来，就是庭院雅集的重要坐具。明代经洪武、永乐、宣德的发展，社会经济繁荣，国泰民安。从《宣宗行乐图》《御花园赏玩图》《四季赏玩图》《杏园雅集图》

明正统、景泰、天顺御窑瓷器与宫廷生活

图 67
《十八学士图》局部/明
台北故宫博物院藏

图 68
《十八学士图》局部/明 杜堇
上海博物馆藏

图 69
《十八学士图》局部/明 杜堇
上海博物馆藏

图 70
《十八学士图》局部/明 杜堇
上海博物馆藏

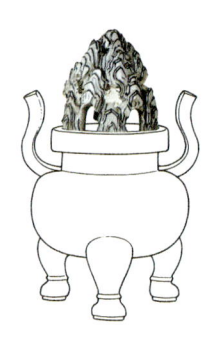

图 71
青花博山炉盖 / 明
江西景德镇珠山御厂遗址出土

图 73
明定陵石五供

图 72
三彩琉璃镂空龙凤纹熏炉 / 元
北京元大都遗址出土
首都博物馆藏

可知,此时从宫廷到士大夫阶层均颇为重视庭院景观,瓷质绣墩不畏风雨,便成为宫廷休闲、庭院雅集的最佳坐具。成化《御花园赏玩图》的花台前,便放置一瓷质青花龙纹绣墩。《四季赏玩图》第三段宪宗赏秋菊的画面中,在花园的一侧,在藤制绣墩的两侧,也放置一对青花绣墩(图45.3)。台北故宫博物院藏明人《十八学士图》中,绘有龙泉窑的青瓷绣墩,也呈现出这类体量较宽大的特征(图67)。

2014年,除发现青花绣墩外,还出土大量镂空五彩绣墩的残片。晚明高濂《遵生八笺》之《燕闲清赏笺》中有"论饶器新窑古窑"一条,内载:"又若坐墩之美,如漏空花纹,填以五色,华若云锦。"说明御厂所见这类五彩绣墩的烧制确实获得了成功,不过,从地层上来看,其可能是晚至成化时期的产品。从艺活动约在成化、弘治间的明代画家杜堇,擅长描绘宫廷生活,其创作的《十八学士图》[24],共琴棋书画四幅,每幅中都绘有五彩绣墩(图68—70)。其宽大扁矮的造型,与2014年发现的五彩绣墩在形制、色彩上颇有时代共通之处。

2014年的遗存中，还有一件特殊的青花山子(图71)，从元大都出土的博山炉及明定陵石五供中博山炉的形制特点可知(图72、73)，这件青花山子，实为五供中的大香炉的博山炉顶，其炉身应与景德镇1994年出土明永乐青花寿山福海双耳炉大致相仿。

六、结语

围绕近年正统、景泰、天顺御窑瓷器的新发现，结合对相关实物、历史文献、图像资料的考察，使我们得以初步拼缀起15世纪中期御窑瓷器在宫廷生活中某些生动、鲜活的片段，进而还原出以御窑瓷器为线索串联起来的一段宫廷往事。

注释：

[1] 江建新：《景德镇出土明正统、景泰、天顺瓷器及相关问题》，载《填空补白：考古新发现明正统、景泰、天顺御窑瓷器》，香港中文大学文物馆，2019年。

[2] 刘新园：《明宣宗与宣德官窑》，载《景德镇出土明宣德官窑瓷器》，鸿禧艺术文教基金会，1998年，第152—161页。

[3] 王冠宇：《承前启后：历史脉络中的正统、景泰、天顺瓷器》，2018年"填空补白II：考古新发现明正统、景泰、天顺御窑瓷器"研讨会发言。

[4] 对于该卷的绘制年代，朱敏先生根据曾收藏《御花园赏玩图》的清人关冕钧，及该卷与宪宗《元宵行乐图》与清内府庋藏于南熏殿的《明宪宗坐像》的比对，认为几幅作品中的主人同为宪宗，除北京故宫藏《宣宗行乐图》后跋已佚，其余三幅卷末皆有宪宗成化时期的长篇题赞。因此，朱敏先生认为以上四卷均可定名为"明宪宗行乐图卷"。

[5] 宋元以来，瓶、罐一类大都配承托的器座，称为"瓶床"。

[6] 注子与碗相配，称注碗或注子一付。注碗，以往误认为是温酒的。但已有研究者指出，事实上注子与注碗间空间狭小，有的注碗还是镂空设计，根本无法温酒。古人饮酒前要加热，注子配以注碗，是防烫的设计。

[7] 谢明良先生根据明定陵出土金壶瓶（刻铭"大明万历庚申银作局制金壶瓶一把"），认为曹昭《格古要论》所谓"胡瓶"应即"壶瓶"，也就是"玉壶春瓶"，而"有嘴折盂"可能就是带流的"匜"。见谢明良：《关于玉壶春瓶》，载《陶瓷手记——陶瓷史思索和操作的轨迹》，石头出版社，2008年。

〔8〕 耿宝昌：《明清瓷器鉴定》，紫禁城出版社、两木出版社，1993年，第43、48页。
〔9〕 河北省文物考古研究所、荆门市博物馆、钟祥市博物馆：《郢靖王墓》，文物出版社，2016年，第181页。
〔10〕 河北省文物考古研究所、钟祥市博物馆：《梁庄王墓》，文物出版社，2007年，第45、47页。
〔11〕 叶倩：《元匜小考》，《上海博物馆集刊》第十二期，2012年。
〔12〕 《大明会典》卷六十八《礼部二十六》载："末茶一十二袋，用红绿销金袋一十二箇。"又卷一一三《礼部七十一》"岁进"条载："旧例岁进茶芽及木瓜药材，俱从土产去处起解转送该衙门供用，各有定数，其后又有川扇及诸时鲜等物。"
〔13〕 廖宝秀：《茶韵茗事——故宫茶话》，台北故宫博物院，2010年。
〔14〕 耿宝昌：《明清瓷器鉴定》，紫禁城出版社，1999年，第24页。
〔15〕 《郑和时代的瑰宝——梁庄王墓出土文物精品展》，广东省博物馆、湖北省博物馆，2005年。
〔16〕 英国乔治·尤摩弗帕勒斯（George Eumorfopoulos，1863—1939年）的收藏。
〔17〕 郭学雷：《高足碗、杯源流及用途考——以藏传佛教茶器为中心》，载《祥云托起珠穆朗玛》，文物出版社，2017年。
〔18〕 陈克伦：《明清时期景德镇官窑瓷器流传西藏考略》，载《西藏博物馆藏明清瓷器精品》，中国大百科全书出版社，2004年，第12—15页。
〔19〕 李贤：《天顺日录》，明嘉靖十二年刻明良集本。
〔20〕 李纲《吴亲寄瓷枕香炉颇佳以诗答之瓷枕》诗。
〔21〕 刘新园：《景德镇瓷窑遗址的调查与中国陶瓷史上的几个相关问题》，载《景德镇出土陶瓷》，香港大学冯平山博物馆，1992年，第16—18页。
〔22〕 彭明瀚：《江西纪年墓出土明代景德镇民窑青花瓷研究》，《故宫博物院院刊》2007年第1期。
〔23〕 欧阳世彬、黄云鹏：《介绍两座明景泰墓出土的青花、釉里红瓷器》，《文物》1981年第2期。
〔24〕 菲律宾"庄万里两涂轩"旧藏，上海博物馆藏。

关于明代"空白期"瓷器的若干认识

——兼谈湖北藩王墓出土"空白期"瓷器

● 蔡路武 湖北省博物馆

一、若干认识

明代"空白期"瓷器,或叫"黑暗期"瓷器,是指15世纪明代正统、景泰、天顺三朝的瓷器。"空白期"上承永宣,下启成弘,是衔接明早期和明中期两个瓷艺高峰期的过渡期。所谓"空白期"或"黑暗期",并不表明这三朝就不烧造瓷器了。实际上官窑仍在烧造,只不过烧造量大大减少,同时民窑也在烧造,而且烧造量还不一定少。文献记载正统元年(1436年)浮梁民陆子顺一次向宫廷进贡5万余件瓷器,应该是上等民窑补官窑削减、生产之不足。

造成"空白期"瓷器量少的原因有以下几点:

一是政治原因,这是根本性的。土木之变,夺门之变,朝代更替,二帝三朝,政局震荡,政令难施,朝廷无暇顾及,导致御厂无所适从,生产受到极大的影响。二是经济原因,水旱蝗灾、民变兵祸等造成瓷业萧条,一蹶不振,特别是官窑尤为明显。民窑趁势而入,填补官窑之不足,反而有所发展。三是辨识上的问题,不论是官窑还是民窑,因缺少断代标准器,导致有些器物断代不明,无法认识清楚。现存的宣德和成化瓷器中,或许有一部分就可能是"空白期"的瓷器。而这只是一种推测,因条件所限而不能确认。文献有载,宣德八年(1433年)皇帝下诏要烧40多万件瓷器,到宣德十年(1435年)皇帝驾崩,只有短短两年,很可能没有全部完成,一部分要延后到正统朝烧造了。

造成"空白期"瓷器研究面貌混沌不清的原因有以下几点:

一是相关文献记载极少,史料阙如,语焉不详。查《明实录》等文献,所载寥寥,不过十数条。二是考古发现资料很少,均是零零星星,仅2014年在景德镇珠山北麓有一批很重要的御器发现,颇为丰富,始有改观。三是无论是出土瓷器还是传世瓷器,极少署款,无足够明确的断代标准器,对辨识此期瓷器造成极大的麻烦。为何极少书款,推测原因有三：一是朝代更替，令人无所适从。二是前朝宣德款多，遍布器身，极为繁复，三朝提倡节俭，不事奢华，不书或少书年款，化繁为简。三是三朝瓷器有元末明初遗风，追慕崇尚元朝风格，亦甚少书款。

以前由于考古发现少，资料阙如，多年来研究工作一直停滞不前，举步维艰。现在随着考古资料的日益丰富，各地多有发现，条件成熟，水到渠成，是举办展览和进行深入研究的好时机，以便"填空补白"。研究"空白期"瓷器，应从以下几个方面入手：

一是从官窑遗址出土器物入手，2014年景德镇在该时期地层出土的御窑瓷器，是不可多得的断代标准器。其中，有些器形、品种为传世品所未见，大器多，品质高，非常重要。

二是从该时期纪年墓和非纪年墓出土瓷器入手，包括王室墓葬、藩王墓葬，还包括功臣贵族墓葬及平民墓葬等。

主要纪年墓出土瓷器有以下数例：1958年正统二年（1437年）江西新建宁惠王朱盘烒墓出土青花缠枝莲纹罐5件；1956年正统七年（1442年）江苏南京牛首山弘觉寺塔基出土青花瓜棱盖罐5件；1989年江西德兴市黄柏乡福泉山正统十二年（1447）张叔嵬墓出土青花瓷3件（缠枝莲纹螭耳瓶2件、缠枝莲纹筒式炉1件）；1986年正统十三年（1448年）太仓东门柴处士（孟肤）夫妻墓出土青花盖罐2件；1958年江西新建宁献王朱权墓出土白釉盖罐2件；2001年湖北钟祥梁庄王墓出土瓷器8件（青花龙纹高足杯1件、青花瑶台赏月图高足杯1件、青花缠枝花卉纹梅瓶4件、白釉泥金龙纹高足杯2件）；1964年武汉市江夏区流芳岭妃子墓出土青花莲荷鸳鸯纹盖罐1件；1978年吉安市发现景泰元年（1450年）"奉天敕命"长方形青花瓷牌1件；1989年德兴市黄柏乡福泉山景泰二年（1451年）墓出土青花瓷3件（缠枝牡丹纹戟耳瓶1对、折枝花卉纹三足炉1件）；1974年景德镇市东郊景泰四年（1453年）严昇墓出土青花瓷7件（折枝牡丹纹长颈月牙耳瓶1对、折枝牡丹纹月牙耳瓶1对、折枝花卉纹筒式炉、松竹梅纹净水碗、结带宝杵纹碟各1件）；1953年景泰七年（1456年）南京市郊金英墓出土白釉梅瓶1件；1974年景德镇市北郊观音阁景泰七年（1456年）袁楷贞墓出土青花瓷7件（折枝花卉纹戟耳方瓶1对、折枝花卉纹连座炉1对，缠枝八宝纹碟、卷云兰草纹碗、卷云兰石纹碗各1件）；1988年天顺三年（1459年）广东东莞罗亨信墓出土青花盖罐5件；1974年波阳县磨刀石公社成化三年（1467年）墓出土青花法轮纹盖罐2件；1972年永修拓林乡易家村成化三年（1467年）明故刑部魏源夫人卢氏墓出土青花花卉纹碗2件；1974年天顺八年（1464年）四川平武龙王玺家族墓出土15世纪民窑瓷达84件；1972年广西桂林明靖江安肃王夫妇合葬墓出土青花携琴访友图梅瓶1件。2007年江夏流芳王室家族墓地出土瓷器数十件（资料未发表，据现场参观所见），主要为镇国将军朱季□、辅国将军朱均钵等墓葬出土瓷器，其中镇国将军夫妻合葬墓出土的"天顺年置"青花云龙纹碗，书明确的纪年款，弥足珍贵。

非纪年墓出土瓷器有：山东兖州道沟公社巨王林村出土青花吉语盖罐；南京林学院正统朝明墓出土孔雀纹梅瓶1件；香港大屿山竹篙湾出土青花缠枝花卉纹盖罐；福建省浦城县万安乡明墓出土青花缠枝莲纹碗；福建省浦城县万安乡明墓出土青花缠枝莲纹螭耳瓶；2007年江苏淮安市世纪佳苑人防工程5号墓出土天顺青花结带宝杵纹碗；1971年江西新干县荷埠公社出土正统青花缠枝纹鼎式炉；云南省剑川县中科山出土"空白期"青花麒麟纹盘；1952年福建省莆田县四区凤林山出土"空白期"青花山水纹高足杯；北京市出土"空白期"青花云涛花卉纹罐；北京市门头沟西峰寺出土景泰青花花卉纹香炉、青花人物纹烛台；1990年北京市海淀区学院路出土天顺青花携琴访友图罐；吉林省扶余县油田砖厂明墓出土"空白期"青花鱼纹碟；1966年湖北省蕲春县达城三角山王妃墓出土青花云凤纹梅瓶等。

三是从传世瓷器入手，既包括官窑瓷器，也包括民窑瓷器。以宣德和成化为界，通过品种、造型、胎釉、纹饰、青花、彩料、工艺等多个方面，进行比对排比，将介于宣德和成化之间的瓷器区分出来，并总结其时代特征。如果有可能的话，还可以细分至正统、景泰、天顺各朝。但由于三朝标准器太少，故细分的难度很大，还有赖于更多的考古发现。相对来说，官窑瓷器比民窑瓷器易于辨识，相较于官窑器物随朝代更替而变化的时代特征，明早期民窑器物演进缓慢，造成朝代难以辨识。

二、湖北明藩王墓出土"空白期"瓷器

湖北明代墓葬多，特别是藩王墓葬较多，自明初至明末各朝均有。明朝分封在湖北境内的藩王有12系44王。早中期的有武昌的楚系、荆州的湘系、辽系、钟祥的郢系、梁系、襄阳的襄系、蕲春的荆系。中后期的有钟祥的兴系、安陆的岐系、寿系、景系、荆州的惠系等。现将湖北历年来经过调查和发掘的明代"空白期"时期的墓葬及其出土瓷器进行介绍，判定年代，并重点研究正统、景泰、天顺三朝"空白期"瓷器。

武汉江夏二妃山明景陵王朱孟炤夫妻合葬墓[1]。景陵顺靖王朱孟炤，楚昭王朱桢第八子，永乐二年（1404年）封景陵郡王，正统十二年（1447年）薨。妃贾氏。2002年5月进行发掘，是目前武汉地区考古发掘的第一座明代郡王墓。出土有各类文物49件，其中瓷器4件。青花云龙纹盘3件（图1），敞口、尖唇、曲腹壁，腹较浅。内底、外壁均饰云龙纹图案，龙纹雄健、威武。口沿内壁有一道菱形几何纹。白胎，白釉泛青，较肥润，有橘皮纹，有开片，有缩釉点，修足不太规整。口径13.4、底径7.2、通高3.4厘米。白釉

图 1
青花云龙纹盘 / 明
湖北江夏二妃山明景陵朱孟烷夫妻合葬墓出土

瓷坛1件，腰鼓形，敛口，方唇，深腹微鼓，平底。盖面微拱，顶部有一圆纽。坛内原装有果核之类的物质。口径15、底径15.8、通高33.4厘米。上述4件瓷器，从造型、胎釉、青花发色、龙纹等纹饰来看，质量不是最好，非御窑所出，但亦非民间所用，似专为藩王烧造，其年代应在宣德晚期至正统间，而且属正统时期的可能性更大，景德镇窑址有类似的产品出土。

钟祥梁庄王朱瞻垍墓[2]。明仁宗第九子，生于永乐九年（1411年），永乐二十二年（1424年）被册封为梁王，宣德四年（1429年）就国湖广之安陆州（今钟祥市），沿用已故的郢靖王府，正统六年（1441年）薨，享年30岁。其继妃魏氏，宣德八年（1433年）被册封为梁王妃，景泰二年（1451年）薨，享年38岁。该墓出土了8件瓷器。分别为青花龙纹高足杯1件、青花仕女图高足杯1件、白釉贴金龙纹高足杯2件、青花缠枝莲纹梅瓶4件。其中，青花龙纹高足杯制作精美，应是前朝赏赐的珍贵之物，为梁庄王所珍视，为此后来还特意配置了银盏托和金锤盖，金锤盖内壁铭为"承奉司正统二年造金锤盖四两九钱"。该墓另外还有几件器物有年号和铭文，分别是：金壶，底有楷体铭文"银作局洪熙元年正月内成造捌成色金贰拾叁两，盖嘴攀索全外焊壹分"；金箸"银作局洪熙元

关于明代"空白期"瓷器的若干认识

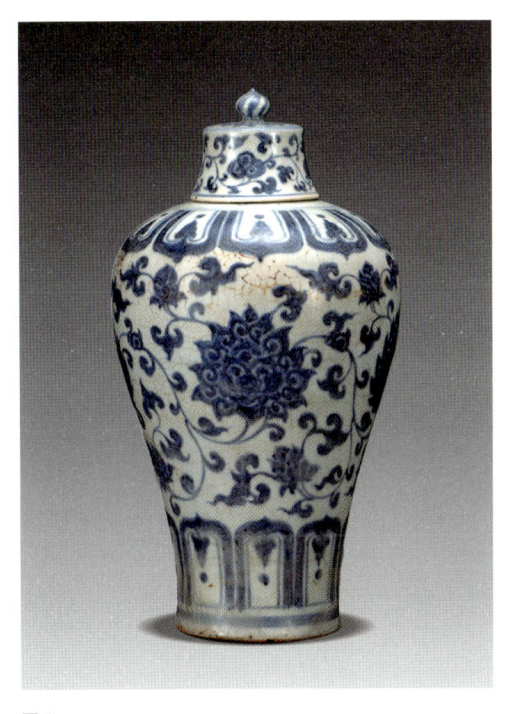

图 2
青花缠枝莲纹梅瓶 / 明·宣德—正统
湖北钟祥梁庄王朱瞻垍墓出土

图 3
青花缠枝莲纹梅瓶 / 明·宣德—正统
湖北钟祥梁庄王朱瞻垍墓出土

年正月内造捌成色金壹两贰钱五分";金钩凤纹青玉佩;金钩内铭文为"银作局洪熙元年正月内造捌成伍色金伍钱";金锭,2件,"永乐十七年四月□日□西洋等处买到八成色金壹锭伍拾两重","随驾银作局销镕八成色金伍拾两重,作头季鼎等匠人黄冈弟,永乐拾肆年捌月□日"。这些年号依次有永乐、洪熙、正统三个年号。

青花龙纹高足杯、青花仕女图高足杯形制相同,轻盈精巧,胎质轻薄细腻,白釉光洁肥润,青花鲜艳,纹饰精美,属永乐官窑,为前朝赏赐之物。

青花缠枝莲纹梅瓶(图2),2件,前室出土。小口,圆唇,短直颈,丰肩,斜腹内收,平底。带盖,盖为覆碗形,宝珠顶,弧壁,盖内有管形柱,保持元代的风格,到成化时无。灰白胎,粗松,有空隙,不致密。白釉泛青,有开片,器底有火石红。青花较浓黑。颈绘四个火珠云纹,其上下各有一道回纹,颈下绘四朵如意云纹,肩部绘一周覆莲纹,腹部绘四组对称的缠枝莲纹,为西番莲,胫部绘一周仰莲纹。盖纽绘曲带形涡纹,盖顶绘一朵番莲纹,盖壁绘四组对称的灵芝纹。口径 5、底径 11.6、通高 36.8 厘米。属宣德至正统时期。

青花缠枝莲纹梅瓶(图3),2件,后龛出土。小口,圆唇,短直颈,溜肩,斜腹内收,平

167

图4
白釉贴金龙纹高足杯 / 明·正统
湖北钟祥梁庄王朱瞻垍墓出土

底。带盖,盖为覆碗形,宝珠顶,弧壁,盖内有管形柱。灰白胎,白釉泛青,较肥润。烧成温度低,青花发色不艳,比上件稍显浅淡。口沿下绘一周回纹,颈部绘缠枝灵芝纹,腹部绘四组对称的缠枝番莲纹,胫部绘八瓣仰莲纹。盖组绘曲带形涡纹,盖顶绘一朵莲瓣纹,盖壁绘三组缠枝莲纹。口径4.8、底径11.8、通高38厘米。属宣德至正统时期。

白釉贴金龙纹高足杯(图4),2件,撇口,圆唇,深腹,弧壁内收,喇叭形高圈足。灰白胎,白釉泛青,釉面开片厉害。外壁刻二龙相逐,龙为五爪,龙身露胎未施釉,龙身上贴金,多已脱落。釉下有暗刻水波纹。内底心刻龙戏珠纹,亦贴金。高圈足有三道凹弦纹,下端刻如意云头纹,均贴金。口径15.7、底径4.5、通高10.7厘米。瓷器上露胎贴金自龙泉开始,元代枢府瓷上亦有,永乐有这个工艺,但很少见。《明英宗实录》载"正统六年(1441年)五月己亥行在光禄寺奏……其金龙、金凤白瓷罐等件,令江西饶州府造",说明当时就有类似贴金产品烧造。该器比龙纹、仕女图高足杯胎质要厚重一些,器形亦不甚规整,口不平,釉面也不光洁肥润,有缩釉、流釉现象等,从上述诸方面来看,定为正统时期为宜。

江陵八岭山曹氏王妃墓[3]。曹氏永乐元年(1403年)生,成化六年(1470年)葬。出

关于明代"空白期"瓷器的若干认识

图5
青花云龙纹高足杯 / 明·宣德—正统
湖北江夏流芳岭明妃子墓出土
武汉博物馆藏

图6
青花鸳鸯戏莲纹盖罐 / 明·宣德—正统
湖北江夏流芳岭明妃子墓出土
武汉博物馆藏

土有白瓷罐,白釉闪青。小口、短颈、鼓腹,下收成小平底。器身用弦纹将纹饰划分成四个纹饰带,颈饰双瓣莲花纹,肩部饰多瓣莲花纹,上腹部多瓣莲花纹夹水波纹,下腹部饰蝶状纹。口径9、底径12、通高28.8厘米。

另外,还在江陵八岭山明辽王妃墓出土1件甜白釉暗花凤纹罐,小口承盖,盖为子母口,盖呈帽形,宝珠顶。罐为敛口圆唇,短颈丰肩,下腹斜收,中腹有明显接痕,平底。釉下刻划暗纹,口肩部及下腹部各有两道弦纹,腹中刻划有两只展翅凤鸟纹,凤鸟间饰有壬字云纹,下腹近底处饰莲瓣纹。白胎细腻,乳浊白釉,肥厚光润。口径11、底径13.5、通高29.5厘米。该器属永宣时期的甜白釉。

江夏流芳岭墓葬群。江夏流芳岭主要为明代楚系藩王及其妃子、亲属的墓地,自建国以来陆陆续续出土过一些瓷器。兹介绍如下:

青花云龙纹高足杯(图5),武汉市江夏区流芳岭明妃子墓出土,现藏武汉博物馆。敞口,口不平,口沿下内收,浅腹,高圈足作竹节状,外撇。口沿内壁绘一圈锦地菱形纹,内心绘一朵折带状祥云。腹外壁绘两组五爪云龙纹,足下部饰一周回纹。灰白胎,胎较厚,釉泛青,釉面有开片,有缩釉点。青花浓艳,有铁锈斑。口径13.6、底径4.3、通高11.2厘米。属于宣德至正统时期。

青花鸳鸯戏莲纹盖罐[4](图6),江夏区流芳岭明妃子墓出土,现藏武汉博物馆。盔

图7
青花龙纹盘 / 明·正统
湖北江夏流芳岭出土
湖北省博物馆藏

形盖，子母口，圆唇，直颈，溜肩，硕腹，平砂底呈火石红。宝珠形火焰纹纽，盖面饰云肩纹，间以云纹。颈、肩部分别绘云纹和葵花三角纹带，腹部主题纹饰为鸳鸯戏莲，胫部饰多重海水纹，排列整齐，海水拍打礁石溅起浪花似江芽，颇有气势。全器造型稳重端庄，胎质细密厚重，内壁拉坯痕明显，通体施白釉，肥厚，白中泛青，青花色泽浓艳，蓝中泛紫，国产料。纹饰行笔奔放粗狂。口径20.5、底径19、通高50厘米。属于宣德晚期至正统时期。

青花龙纹盘(图7)，1964年江夏流芳岭出土，现藏湖北省博物馆。撇口，尖唇，浅腹，矮圈足内敛，平底，粘砂，有缩釉点和火石红。内壁有四颗火珠云纹，内底心绘五爪云龙纹，外壁绘二龙赶珠纹。口径17.6、底径9.9、通高3.6厘米。属于正统时期。

青花双兽耳长颈瓶[5](图8)，盘口，圆唇，细长颈下起弦纹，溜肩腹连以起台托座，平砂底，颈饰双兽耳，釉面青白润泽。从长颈下至托座，分饰长蕉叶、十字形灵芝云、覆莲瓣、缠枝莲、卷草纹等。该器属景泰时期。

青花人物兽耳樽[6](图9)，流芳镇佛嘴村出土。胎体厚重敦实，釉面肥腴。唇口，直颈，溜肩，饰对称兽耳，鼓腹下收，足微外撇，平砂底。颈与胫部绘回文与蕉叶边饰，肩饰钱纹锦地开光折枝花卉，器腹分绘举杯邀月与仙人乘槎两组人物故事画，有大片灵芝形云纹、寿山海水纹、随意的柳树纹、随意而细碎的云纹。槎形如瓢，云气堆垛呈蘑菇状，仙

图8
青花双兽耳长颈瓶 / 明·景泰
湖北江夏流芳岭藩王家族墓出土
武汉博物馆藏

图9
青花人物兽耳樽 / 明·景泰
湖北江夏流芳镇佛嘴村出土

人、高士神态飘逸、洒脱。口沿变形严重，口不平，火候低致青花呈色蓝黑，纹饰线条粗重。根据造型、纹饰和青花发色，该器属景泰时期。

青花兰竹纹折沿盖罐[7]（图10），江夏明八王墓出土。唇口，短颈，溜肩，鼓腹，平砂底。宝珠顶盖中腰下折，内有套口，边饰分别为仰俯莲瓣与点纹，器腹饰灵芝、丛兰、凤竹，衬以密布于天际的灵芝形流云。构图简洁疏朗，青花色泽黑蓝。根据造型、纹饰和青花发色，该器属景泰时期。

图 10
青花兰竹纹折沿盖罐 / 明·景泰
湖北江夏明八王墓出土

图 11
青花香炉 / 明·景泰
湖北江夏流芳岭藩王家族墓出土
武汉博物馆藏

青花香炉(图11)，白釉泛青，较肥润。盘口，直口，圆唇，束颈，颈部有两个宽扁耳，侈出口沿，耳下有系，鼓腹，圜底，三兽足，颈部绘杂宝纹，腹部绘缠枝莲纹。属于景泰时期。

蓝釉金彩双兽耳樽[8](图12)，撇口，圆唇，束颈，溜肩，饰双兽耳，鼓腹，平底露胎，底不平，有裂缝，修足不规整。灰胎，胎较粗，器身釉面干净肥润，呈深蓝色调。其纹饰金彩虽已脱落，肩部锦地开光中以篆书写"福如东海，寿比南山"。腹部绘仙人楼阁访友图，其下出水芙蓉摇曳于碧波之上，画面上方一角题诗句"春踏芳草地，夏赏绿荷池，秋饮黄花酒，冬吟白雪诗"。该器属天顺时期。

青花弈棋簋形瓷炉(图13)，1964年江夏区流芳岭明妃子墓出土。敛口，圆唇，束颈，垂腹，象耳，圈足。腹部一周以青花描绘人物弈棋图、二人赏花图，衬以灵芝形流云、花草。胫部绘如意云头纹。青料浅淡泛灰。器物造型系仿商周青铜簋式样。灰白胎，胎厚重，釉泛青，釉肥，有缩釉现象，卧足，底有釉，不平整。口径16、底径12、通高13.5厘米。该器属天顺至成化时期。

特别要提到的是，2007年9月至2008年1月，武汉市文物考古研究所发掘了东湖高新技术开发区内的流芳（原江夏区流芳街）明王室家族墓地[9]。发现茔园5处，共发掘明代墓葬26座，出土各类文物252件。其中出土于镇国将军夫妻合葬墓的"天顺年置"青花云龙纹碗、蓝釉鸡心执壶、白釉红绿彩绘人物纹长颈瓶、霁蓝釉三足炉等官窑瓷器弥足珍贵，填补了正统、景泰、天顺三朝瓷器的"空白"。镇国将军朱季□，楚昭王朱桢的孙子，崇阳靖简王朱孟炜庶出第六子，下葬于成化七年（1471年），曾孙辅国将军朱

关于明代"空白期"瓷器的若干认识

图12
蓝釉金彩双兽耳樽 / 明·天顺
湖北江夏流芳岭藩王家族墓出土
武汉博物馆藏

图13
青花弈棋簋式炉 / 明·天顺—成化
湖北江夏流芳岭明妃子墓出土

均钵，下葬于正德四年（1509年）。镇国将军墓出土24件瓷器，辅国将军墓出土10余件瓷器，两墓出土瓷器近40件。其中，一件青花龙纹碗上有"天顺年置"明确的纪年款，极为难得和珍贵。由于这些墓葬报告没有发表，只能根据展览和实地观察所见简要介绍。

"天顺年置"青花云龙纹碗(图14)，白胎，白釉微泛青，光洁肥润。青花浓艳，有黑斑。纹饰用笔粗。敞口，口不平，圆唇，弧腹，圈足微外撇，平底，底有釉。外壁口沿下绘菱格纹，主题纹饰为云龙纹，五爪龙纹，龙粗壮有力，下腹绘海水纹，没有宣德正统时期的有气势。内底心绘云龙纹，龙尾上卷。底有"天顺年置"四字竖款，字体肥，有楷隶意味。镇国将军朱季□墓出土。

蓝釉执壶(图15)，宝珠顶盖，敞口，口不圆，圆唇，束颈，扁鼓腹下垂，两侧凸起呈梨形，下腹兽嘴衔流，有弯曲宽执柄，圈足，平底有釉。蓝釉泛紫，口沿、执柄边棱露白，用金彩描绘花卉。修足不规整，有粘砂、旋痕，底有釉。器形比永宣时期稍显矮胖。镇国将军朱季□墓出土。

蓝釉三足炉(图16)，撇口，圆唇，短束颈，扁鼓腹，三短足。胎洁白细腻，有缩釉点。镇国将军朱季□墓出土。

白釉红绿彩绘人物纹长颈瓶(图17)，撇口，圆唇，长颈，溜肩，扁腹，圈足，平底。白胎白釉，釉有开片。白釉添红绿彩，描绘人物。根据造型、胎釉、彩料来看，属天顺成化时期。镇国将军朱季□墓出土。

青花龙纹高足杯(图18)，白釉微泛青，光洁肥润，口不平。敞口，圆唇，斜腹，高足。外

图 14
"天顺年置"青花云龙纹碗 / 明
湖北江夏镇国将军朱季□墓出土

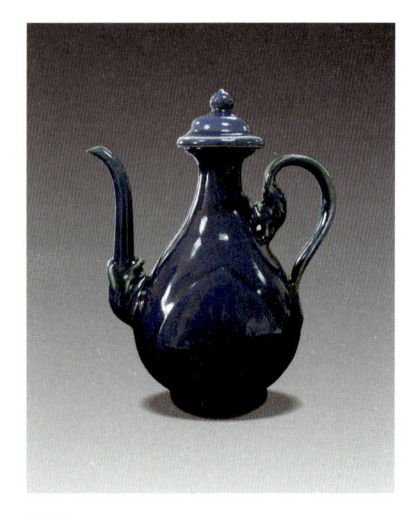

图 15
蓝釉执壶 / 明
湖北江夏镇国将军朱季□墓出土

图 16
蓝釉三足炉 / 明
湖北江夏镇国将军朱季□墓出土

图 17
白釉红绿彩绘人物纹长颈瓶 / 明·天顺一成化
湖北江夏镇国将军朱季□墓出土

壁绘云龙纹，五爪龙纹，龙粗壮有力，下腹绘海水纹，内底心绘云龙纹，龙尾上卷，没有宣德正统时期的有气势。胎釉、青花发色同龙纹碗基本一致，属同一时期。辅国将军朱均钵墓出土。

青花筒形香炉(图19)，侈口，方唇，口沿下有凸棱，斜直腹，小圈足。口沿下绘回纹，腹

关于明代"空白期"瓷器的若干认识

图 18
青花龙纹高足杯 / 明
湖北江夏辅国将军朱均钵墓出土

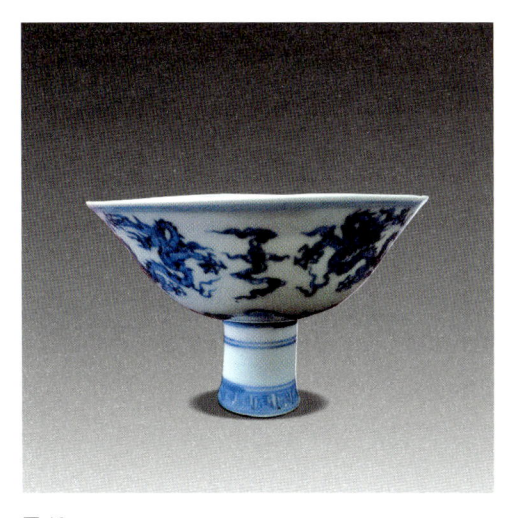

图 19
青花筒形香炉 / 明
湖北江夏辅国将军朱均钵墓出土

部绘弹簧状云纹、兰草纹。胎粗，青花灰暗，有开片，口沿内壁两道弦纹，泛黑。辅国将军朱均钵墓出土。

蕲春荆王墓。目前已发现青花龙纹、凤纹梅瓶 3 件，实际上有 2 件应为 1 对，有 1 件龙纹梅瓶不知所踪。湖北省文物商店于 1980 年和 1981 年在黄冈地区先后收购了 2 件明代青花龙凤纹梅瓶[10]。龙纹梅瓶(图20)，大口、直口、圆唇、短颈、丰肩、鼓腹，腹部下收，浅宽圈足外撇，平砂底，底足露胎处泛火石红。灰白胎，胎体坚实厚重，内腹可见一周明显的接痕，白釉泛青，光洁肥润。青花呈色蓝中泛灰，多有铁锈斑，不入胎骨，为国料青花。颈部绘一周卷草纹。肩部为一组云凤纹，腹部绘云龙戏珠纹，龙纹四肢粗壮有力，腿毛两边卷曲，趾节苍劲，五爪犀利。龙头前方四朵壬字形云中，跃动一颗硕大的火珠，胫部绘一组海水纹，海水汹涌，浪花飞溅，颇有气势。口径 11.2、底径 14.7、通高 35.4 厘米。凤纹梅瓶(图21)，此瓶原有盖，已残破。其造型、胎釉、青花呈色、纹饰布局与龙纹梅瓶相似，区别仅在于所绘纹饰的内容不同。颈部绘一周卷草纹。肩部绘一组缠枝花卉纹。主题纹饰由两对云中飞凤组成，每对有一只三尾凤和一只香草尾凤，相对比翼翻飞。胫部绘一组海水礁石纹，海水撞击在礁石上激起朵朵浪花。口径 10.4、底径 15.5、通高 35 厘米。另外一件青花凤纹梅瓶(图22)，现藏于蕲春县博物馆。蕲春县达城三角山王妃墓出土。直口略侈，圆唇，短颈，溜肩，鼓腹，胫部外撇，矮圈足，平底。颈部绘缠枝花纹，肩部绘缠枝莲纹，腹部绘两组云凤纹，胫部绘海水纹。白胎，白釉泛青，青花浓艳，有铁锈斑。口径 10.5、底径 16、通高 33.5 厘米。龙凤纹梅瓶采用了多层次的装

175

图 20
青花龙纹梅瓶／明·正统
湖北省文物商店征集

饰手法，显然继承了元青花装饰的遗风。粗犷豪放的绘画和古朴浑厚的造型融为一体，用笔雄浑，画工生辣。两件梅瓶的总体造型风格，以及龙纹、云纹、青花呈色与画意，都具有明代早期的特征。威武健壮的龙纹既不同于明初期龙纹的凶猛狰狞，又有别于明中期龙纹的柔态，与明晚期龙纹的疲乏无力相去甚远，应属正统官窑制品。

　　上述这些墓葬均是明代早中期的墓葬，大都在成化之前。属于宣德至正统时期的瓷器有钟祥梁庄王墓出土的 4 件青花缠枝莲纹梅瓶，江夏流芳岭出土的青花龙纹高足杯、青花鸳鸯戏莲纹盖罐、青花龙纹盘。属于正统时期的瓷器有钟祥梁庄王墓出土的 2 件白釉贴金龙纹高足杯、江夏二妃山明景陵朱孟炤夫妻合葬墓出土的 3 件青花云龙纹盘和白釉坛、蕲春荆王墓出土的 3 件青花龙纹、凤纹梅瓶。属于景泰时期的瓷器有江夏流芳岭出土的青花人物兽耳樽、青花兰竹纹折沿盖罐、青花岁寒三友图长颈瓶、青花香炉等。属

关于明代"空白期"瓷器的若干认识

图 21
青花凤纹梅瓶/明·正统
湖北省文物商店征集

于天顺时期的瓷器有流芳岭镇国将军朱季□墓出土的"天顺年置"青花龙纹碗，辅国将军朱均钵墓出土的青花龙纹高足杯、青花双兽耳长颈瓶、青花筒形香炉。属于天顺至成化时期的瓷器有流芳岭镇国将军朱季□墓出土的蓝釉执壶、蓝釉三足炉、白釉红绿彩绘人物纹长颈瓶等。

上述湖北地区藩王墓出土瓷器，质量较民窑要高出一等，应该不是一般民窑所产。其中，一部分质量佳者是御窑生产，由朝廷赏赐给内外官，如正统青花鸳鸯戏莲纹盖罐、正统青花龙凤纹梅瓶、"天顺年置"青花龙纹碗、青花龙纹高足杯、蓝釉执壶、蓝釉金彩双兽耳樽等。一部分质量欠佳者应该是朝廷选择上等民窑专为各地藩王烧造，组织者是官方，但技术水平和管理模式有异于前，推测承造者是当时技术水平较好的、官方组织生产的民窑。其时，御厂的生产受到一定的影响，宫廷和王室的需求又必须满足，民窑

图 22
青花凤纹梅瓶／明·正统
湖北蕲春三角山王妃墓出土
蕲春县博物馆藏

的角色就得以凸显，技艺先进且产量颇丰的民窑很可能承担了一部分御厂任务，成为御厂之外的重要辅助，如景陵顺靖王朱孟炤墓出土的青花云龙纹盘、江夏流芳岭明妃子墓出土的青花云龙纹高足杯、江夏明八王墓出土的青花兰竹纹折沿盖罐、流芳镇佛嘴村出土青花人物兽耳樽等。

　　明代亲王葬制早期从俭，朱元璋登基后，倡行节俭。明初亲王墓葬中的随葬品与明中后期相比，普遍简约。出土最多的是陶俑和锡制的器皿类明器，尤其是后者，器形小而工艺粗糙。这应该是遵从祖制而尚俭的体现，与藩王本身的荣辱没有太大关系[11]。而在早中期的藩王墓、高等级墓葬中，多出瓷器珍品，少见金玉器，恰恰说明了明代亲王葬制早期从俭、推行薄葬的现象。而到了明代中后期，则大量随葬金玉器，瓷器反而成了次要的东西，不受重视。

据文献记载，正统、景泰、天顺三朝时期的官窑从未禁烧，仅是减烧而已。如《明英宗实录》卷七九载："正统六年五月行在光禄寺奏新造上用膳亭器皿共三十万七千九百余件，除令南京工部造外，其金龙金凤白瓷罐等件令江西饶州府造，砵红膳盒等件令行在营膳所造。从之。"《大明会典》卷二九四载："景泰五年奏准，光禄寺日进、月进内库，并赏内外官瓶、坛，俱令尽数送寺备用，量减岁造三分之一。"《大明会典》卷二九四载："天顺三年奏准，光禄寺素白瓷龙凤碗碟，减造十分之四。"因为烧造数量少，存世不多，而且多不书款，给这一时期瓷器的辨识造成极大的麻烦和困惑。因此，墓葬出土瓷器，特别是纪年墓出土的瓷器，以及书明确纪年款识的瓷器，作为标准器，显得尤为珍贵。

总结上述"空白期"出土的瓷器，我们可以归纳出该时期瓷器的一些主要特点：

品种：以青花、白釉、蓝釉多见。青花有浓艳和灰暗两种。正统青花发色近宣德晚期，青花色泽浓艳沉着，天顺青花发色近成化早期。

造型：大罐、大瓶多见。正统大件多，造型古朴。瓶、樽、罐器口，正统为直颈式，景泰至天顺多为上收下阔式。

胎釉：胎体较厚，灰白胎细腻，釉面肥润，泛青，部分器物有开片。有缩釉、流釉现象。

纹饰：纹饰有满密、疏朗两种。正统时期较为满密，层次多，云气缭绕的"云堂手"画面多见，景泰时期疏朗，间空较多。中锋用笔，笔道粗，较永宣稍显滞重。正统时期沿袭明初的一笔勾勒法而又有所变化，天顺时期笔触转为圆柔。龙纹壮实，比元、永宣要肥壮，不失矫健。人物纹、菱形纹、回纹、拖焰四火珠纹、弹簧云纹多见，海水江芽纹有气势。

工艺：器形多不规整。口多不平、不圆。修足不规整，圈足宽矮，足墙不整齐。粘有窑渣，大件多砂底，小件多釉底。

款识：非常少见，主要是正统、天顺年款，款识笔道粗，字体肥，中锋用笔，雄健遒劲，色泽浓重。无圈栏。多为竖款。

注释:

〔1〕 武汉市文物考古研究所、武汉市江夏区博物馆:《武汉江夏二妃山明景陵王朱孟炤夫妻墓葬发掘简报》,《江汉考古》2010年第2期。
〔2〕 湖北省文物考古研究所:《梁庄王墓》,文物出版社,2007年。
〔3〕 荆州地区博物馆、江陵县文化局:《江陵八岭山明王妃墓清理简报》,《江汉考古》1988年第4期。
〔4〕 耿宝昌:《明清瓷器鉴定》,紫禁城出版社、两木出版社,1993年,第73页。
〔5〕 耿宝昌:《明清瓷器鉴定》,紫禁城出版社、两木出版社,1993年,第79页。
〔6〕 耿宝昌:《明清瓷器鉴定》,紫禁城出版社、两木出版社,1993年,第79页。
〔7〕 耿宝昌:《明清瓷器鉴定》,紫禁城出版社、两木出版社,1993年,第80页。
〔8〕 耿宝昌:《明清瓷器鉴定》,紫禁城出版社、两木出版社,1993年,第84页。
〔9〕 许志斌、邓辉、范江欧美:《武汉流芳明代墓葬发掘》,《武汉文博》2011年第4期。
〔10〕 张绍铭:《介绍两件明代青花梅瓶》,《文物》1988年第1期。
〔11〕 王纪潮:《明代亲王墓制的几个问题》,《文物》2003年第2期。

景德镇明代正统、景泰、天顺三朝瓷窑遗址考古发现综论

● 秦大树、高宪平　北京大学考古文博学院

关于明代正统、景泰、天顺三朝（以下简称三朝）的瓷器和制瓷业状况的研究已有相当长的时间，取得了令人瞩目的成果，但对这时期的窑业生产仍缺少比较全面的认知。近年来随着景德镇瓷窑遗址取得的一系列重要的考古新发现，三朝瓷器再次引起了学界的巨大关注。从 2018 年至今，先后在故宫博物院、香港中文大学文物馆、上海博物馆举办了几次专题展览和学术研讨会，密集的学术活动在增进学界研究热度的同时，也极大地提升了对三朝瓷器认识的深度和广度。如果说 20 世纪 50 年代以前的相关研究是停留在国外学者从对器物的直接观察而提出的假设性观点的阶段，那么 20 世纪 50 年代以后，特别是 80 年代以来，随着国内一些重要三朝纪年考古单位出土瓷器的发现，使学界开始对三朝瓷器的特征和风格有了一定程度的认识。近年来在景德镇持续开展的陶瓷考古工作，与三朝瓷器生产相关的窑址发掘取得了一系列重要成果，使研究者得以透过三朝瓷器生产地点的考古发掘所获得的各种信息，全面了解这一时期的产品种类、胎釉和装饰特点，以及工艺技术的发展状况和生产管理体制等。以往的研究历史表明，每一次瓷窑遗址考古的新进展，往往都会带来研究上的推进[1]。据此，本文希望通过梳理景德镇窑址考古的发现，使读者能够对有关三朝瓷器研究的发展历史和现状获得较为清楚的认识。我们将对三朝瓷器的认识分为初识、发展和走向深入几个发展阶段。

一、20 世纪初至 80 年代以前：对三朝瓷器的初识阶段，以湖田窑址的初步调查和试掘工作为代表

有关三朝窑业遗存的发现，最初是从国外一些学者对某些瓷器藏品的初步推测判断的基础上开始的。早在 20 世纪 80 年代以前，少数学者及考古工作者就对景德镇湖田窑址进行了初步的调查，由此开启了对三朝瓷器的初步认识阶段。

图1
白兰士敦与 KU YU-SHAN 在湖田窑址进行考察

　　湖田窑位于江西景德镇市东南4公里的湖田村，是景德镇制瓷史上最重要的窑业生产区之一，也是中国陶瓷史上负有盛名的窑场。历史上对湖田窑的记载和关注由来已久，在该窑还在兴烧的南宋时期，就已经开始有书著录，如南宋洪迈在《夷坚志》中记"饶州景德镇湖田市，乃烧造陶器处也"[2]；又南宋蒋祈在《陶记》中提到"若夫浙之东西，器尚黄黑，出于湖田之窑者也"[3]。明代嘉靖《江西通志》还比较了当时浮梁瓷业各窑区的生产情况，指出"瓷器，浮梁出。景德镇最佳，湖田市次之，麻仓洞（今瑶里）为下"[4]，这是关于明代民窑制瓷业很重要的一条记载，但反映的主要是浮梁瓷业在明代中后期的生产情况。至清代，虽然一些与陶瓷生产相关的文献提到了湖田窑，但只是指出湖田窑在清代已经倾圮[5]。直到20世纪，随着近代考古学的兴起，针对瓷器生产遗址的田野调查在最初阶段就始于这里。

　　1937年，英国学者白兰士敦（A. D. Brankston）对景德镇的几处窑址进行了简单的踏查（图1），并将所见所得的情况介绍到了欧洲。在随后出版的《景德镇明初瓷器》[6]一书的"浮梁地区和瓷窑"条中，他提到在湖田窑址[7]采集到了青花瓷、青白瓷和素白瓷，其中大量的是精细的青白瓷，许多带有刻划花装饰，青花瓷数量较少。他初步判断发现的这些标本最早到宋代，一些青花瓷的纹饰有狮子滚绣球，云、山之间的骑马人物，婴戏纹，判断是 14 世纪的，但不能确定是元代还是明代。作者所描述的"云、山之间的骑马人物纹"瓷片，应该就是我们所熟知的三朝瓷器上常见的铁索云纹和人物纹，这是首次从窑址层面获得的有关三朝瓷器的信息，但可惜该文没有配图，描述也过于简单，无法提供给读者更多有用的信息。虽然作者的这次调查和报道均比较简单，但这却是在景德镇对古代窑址开展的最早的田野调查工作。

从 50 年代开始，国内一些学者在文献的基础上开始对景德镇的古瓷窑址进行调查。50—60 年代，故宫博物院的陈万里、冯先铭等先生，先后多次对包括湖田窑在内的景德镇诸多窑址进行了调查[8]。同时期，景德镇陶瓷馆的工作人员也对浮梁县东河与南河流域一带的瓷窑遗址进行了调查。基于窑址调查采集的标本，周仁和李家治先生对景德镇历代瓷器的胎、釉和烧制工艺进行了研究[9]。相较于白兰士敦在 30 年代对湖田窑址的踏查，上述工作在记录窑业遗存状况、生产信息和产品特征等方面更加细致，而且针对一些产品进行了科学检测。但获得的遗物资料基本都是元代以前的，未见提及明代的窑业遗存，因而对于湖田等窑场的兴废时间未能作出准确的判定，这也说明了以地表采集为主的调查工作具有相当的局限性。虽然如此，这些工作毕竟是学者走出书斋到窑址开展古陶瓷研究的实地考察，获得了许多珍贵的实物资料。通过文章的介绍，使得学界对景德镇早期窑业的生产状况有了初步的了解，同时引起了考古工作者对于景德镇湖田等窑址的重视，为下一阶段考古工作的开展奠定了基础。

1972 年刘新园、白焜先生对湖田窑址开展了考古调查和小规模的试掘，正式拉开了景德镇瓷窑遗址考古发掘工作的序幕。此次调查初步探明了湖田窑址遗存的概况、遗迹和遗物的基本情况和各时期产品的种类特征，其中在乌泥岭东 90 米处清理了明代早中期葫芦形窑炉一座。稍后发表的调查报告和研究文章指出，"云气、楼阁与荷花、兰竹、湖石等日本学者称为'云堂手'的瓷器是'空白阶段'的产品"，并配发了一整版的黑白插图[10]（图2），使学界第一次从窑址的角度了解到了三朝民窑瓷器的特征。1985—1999 年，江西省文物考古研究所、景德镇民窑博物馆对湖田窑址进行了 10 次共计 13 个基建地点的抢救性考古发掘，其中对 1972 年刘新园等先生在乌泥岭[11]地点清理的窑炉再次进行了重点的发掘[12]，然而这 10 余年的考古工作发现的主要是五代至宋元时期的窑业遗存，关于明代的遗迹和遗物发现不多。

这一阶段是对三朝瓷器的初识阶段，主要是基于美术史的形式排比的方法，发现了纹样和风格介于宣德与成化之间的、没有书写官方款识的一批瓷器，推测可能是正统、景泰、天顺三朝瓷器。从断代的角度看，并无可靠的年代学依据。窑址的考古工作集中在湖田，仅有很少量的发现，以至于当时并未意识到其所属的时代，属于资料的发现阶段。

图2
20世纪70年代景德镇湖田窑址调查出土的三朝瓷器

二、20 世纪 80 年代至今：御厂遗址考古工作的蓬勃开展和民窑窑址考古工作的新进程

正统、景泰、天顺三朝之所以被称为明代瓷器发展史上"空白期"，主要是由于在故宫等皇家机构的连续不断的御窑藏品中，缺少这三朝带官方款识的瓷器，因此对这三朝瓷器的再认识也是从御窑器物开始的。20 世纪 80 年代至今，对三朝瓷器的认识在持续不断发展，但从研究的深度和广度来说，又可以分为两个阶段。

（一）对三朝瓷器研究的发展阶段

这个阶段大体从 20 世纪 80 年代到 20 世纪末，以御厂遗址的多次随工清理工作为推进动力。

景德镇御厂是明清时期瓷器的生产中心，由于其供给宫廷的特点，集中了优秀的工匠，使用景德镇地区最优质的原料和进口的彩料，生产不计成本，代表了明清时期瓷器制造的最高水平，明清两代几乎所有的创新技术都发生在御厂，最精美的器物也大多是官窑产品。因此，明清御厂在中国陶瓷史上具有重要的地位，对其开展的考古工作和研究也是最引人注目的。1973 年，景德镇法院在珠山东麓盖房挖地基时，发现成化官窑堆积一处，景德镇市陶瓷考古研究所在此进行了简单的清理和标本提取，出土了成化时期御窑的重要资料[13]，使人们认识到御窑故址的考古工作可以为解决明清官窑瓷器的诸多问题提供实证资料。在古代御窑瓷器生产地点的地层中出土的不同时期的残次品，对于了解明清各王朝的瓷器生产特点具有其他考古工作无可替代的重要意义。从此拉开了在御窑范围内随工清理性发掘的序幕。随后的 1979 年至 20 世纪末，又进行了 16 次随工清理性的发掘[14]，在文物工作者与占据遗址的政府机构和建设项目之间的博弈中，由于文物工作者的恪尽职守，紧盯遗址，不懈努力，在御厂故址范围内的基本建设几乎都伴随了相应的考古工作，也开展了少量的主动性考古发掘。如 1983 年至 1985 年，江西省文物工作队和景德镇市陶瓷历史博物馆为配合基建，两次对龙珠阁遗址的东坡进行了发掘，面积达 627 平方米，这是有资质的考古机构首次对御厂开展的正式考古发掘[15]。由此可见，在一段时间里，在御厂遗址的考古发掘成为了景德镇考古工作的重心[16]。基于明清御窑在同一地点长时间持续生产的事实，御厂遗址范围内文化层的堆积表现出极强的丰富性和连续性。在大量发现的瓷器残片中，那些写有年号款瓷器的发现，如"大明宣德年制""宣德年制""大明成化年制"等，因为烧造年代明确，研究者往往关注到的是由纪年材料构成的可靠地层中出土瓷器的品种组合、造型、胎釉特征、装饰手法、料

图3
青花人物纹残片／明·正统—天顺
江西景德镇珠山中路出土

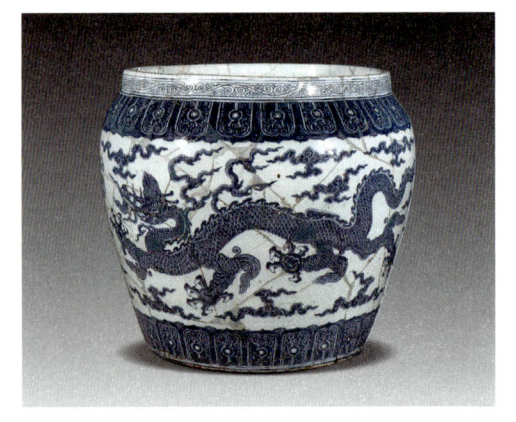

图4
青花云龙纹大缸／明·正统
江西景德镇御厂遗址西侧东司岭路出土

色、纹样风格、写款方式、烧造工艺、功能与性质等方面，乃至从宏观的角度思考御厂的建立时间、布局、御窑制度的发展与变迁等问题。在这一阶段，研究者将目光主要锁定在那些出土有款瓷器的朝代，相继在宣德时期和成化时期以及其他时期的考古与研究中取得了重要的成果。而对于那些出土了大量无款瓷器的地层，年代的判断是首要的任务。而三朝瓷器这类早年西方研究者在对传世官窑瓷器进行比较研究的过程中就已发现、推测了年代并格外关注的遗存，也逐渐成为考古工作者的主要研究课题。在数量众多的无款瓷器中，正统、景泰、天顺三朝的产品很自然地成为了亟待研究的内容。在御厂开展的诸多考古工作中，有一些涉及了三朝的瓷器生产。

1983年7月，在珠山中路出土过三朝青花人物纹残片[17]（图3）；1988年11月，在明御厂西墙一带的东司岭路东侧发现了青花云龙纹大缸等残片堆积，出土瓷器包括青花云龙纹大缸[18]（图4）、青花海兽仙山海潮纹器座、青花双耳球花纹瓶、青花缠枝宝相花纹葫芦瓶、青花海水纹碗、盘及高足杯[19]（图5）、青花八宝纹碗、青花海浪海怪纹缸、青花莲池纹盘、青花海水白龙纹碗和青花刻白龙纹盘、青花龙纹填红彩碗、斗彩鸳鸯莲池纹碗等[20]（图6）。景德镇市陶瓷考古研究所的刘新园先生将出土的青花云龙纹大缸与文献中关于正统时期景德镇烧造青龙白瓷缸的记录相结合，判定介于宣德与成化地层之间的第二层为正统地层[21]。由于这是首次披露的窑址地层资料，涉及的又是官窑方面，遂引发学界的广泛讨论。最新的考古工作证明，这些以青花云龙纹大缸为主的瓷片堆积的位置正好位于明代御厂西墙内侧的墙根处（详后述）。学者多认为该地层出土遗物可以作为正统官窑瓷器断代的标准器，如吕成龙将故宫藏的一件无款识的斗彩鸳鸯隐圈足莲纹碗与正统地层出土的同类器半成品相比较，认为出土的两件碗的造型和边饰与故宫所

图 5
青花海水纹高足杯 / 明·正统
江西景德镇御厂遗址西侧东司岭路出土

图 6
斗彩鸳鸯莲池纹碗 / 明·正统
江西景德镇御厂遗址西侧东司岭路出土

藏者完全相同，所绘纹饰、施彩种类和技法如出一辙[22]；陆明华将上海博物馆藏的青花龙缸与正统地层出土的同类器进行比较[23]（图7），认为都是《明史》中提到"造青龙白地花缸"[24]的实物见证[25]。当时尚属于对三朝时期瓷器认识的发展阶段，因此也有不同意见，如谢明良提到，"尽管刘氏列举的一件青花龙纹大缸上的赶珠龙造型与江西省博物馆藏的'奉天敕命'青花瓷牌上的龙纹有相近之处，不过，就今日已公布的资料看，我们无法判定刘氏正统地层说法的正确性"[26]。

江建新对20世纪90年代御厂遗址内与三朝瓷器相关的一些发现做过简单的介绍[27]，主要有：1990年珠山明御厂成化地层之下出土的无款青花海水釉里红鱼纹大碗；1993年在明御厂故址西侧（老市政府大楼西侧食堂）发现的一批宣德、成化纪年官款瓷片和无款青花瓷片（此次发掘并无层位记录）；1995年在珠山龙珠阁东侧发掘发现的成化早期地层中夹杂着的一些无款青花靶盏和碗、盘残片；1995年珠山明御厂西侧东司岭路基建，出土几块青花八仙人物纹大碗瓷片，人物周围有云气纹[28]（图8）。以目前的资料看，除了绘有云气纹的人物残片可以通过其他地区纪年墓葬出土相同纹饰的瓷器确认为三朝瓷器之外，其他成化地层或其下层中出土的无款官窑瓷器，哪些属于正统、景泰、天顺三朝尚有疑问，有待于更多考古资料的公布，并寄希望于未来更多的考古发现和相关研究来辨认。

同时，在御厂以外的地区，有关三朝民窑的生产情况也开始引起学者的关注，并取得了初步的成果。

1988年，因编撰《景德镇市文物志》"古瓷窑遗址"部分，江建新对景德镇市境内诸多地点的窑业遗存进行了考察，其中在景德镇东北郊瑶里乡的绕南、长明发现了明代

图7
青花云龙纹大缸 / 明·正统
上海博物馆藏

图8
青花人物纹碗 / 明·正统—天顺
江西景德镇御厂遗址西侧东司岭路出土

早期的遗存。在稍后发表的《景德镇窑业遗存考察述要》一文中指出瑶里一带的明代遗存中，产品的品种少，样式单纯，质量较粗糙。以碗为大宗，盘、高足杯次之。将碗分为了"撇口深腹宽圈足（白釉）、撇口弧壁（青花装饰、碗心有涩圈）、直口弧壁浅腹矮圈足（青花装饰）"三种；盘为折腰、厚圈足，有深、浅腹二种，盘心有涩圈，多为素白瓷，釉透明闪黄或灰暗，带青花装饰者少；高足杯为撇口、弧壁，杯身与足用釉烧接，足底部略大于上部，有青花和白瓷两种[29]。

欧阳世彬在《十五世纪景德镇民窑研究》一文中，对瑶里窑区的栗树滩窑址进行了简要的介绍，将这一地点的文化层分为六层（层位自下至上编号）。其中第四层为厚薄不等的涩圈叠烧素白折腰盘；第五层为厚约60厘米的地层，出土饰有青花云气纹（图9）、缠枝莲纹、结带绣球涩圈叠烧深腹撇口涩底碗，有精、粗之分；第六层即最上一层，出土涩圈叠烧浅腹撇口或直口碗（图10），碗的纹饰有三类：1. 外壁素白，仅碗心饰以质量较差的青料草书"福""寿"字；2. 外壁绘极草率而简单的云气纹或缠枝莲纹，内壁仅绘一弦纹；3. 外壁口沿下饰简率的青花水波纹，胫部饰蕉叶，碗心饰一法螺。同时指出该窑址产品种类单纯，仅碗、盘及少量高足杯。纹饰简单，工艺落后，质量明显次于市区沿江的窑场及市郊的湖田窑[30]。

这一阶段对三朝时期制瓷业的研究进入了发展的快行道，由于其他地区的考古单位中出土了一些年代确定的三朝时期的资料，也有自身书写纪年款识的器物被发现，对三朝时期瓷器的认识进入了实证的阶段，并在初步了解了三朝时期瓷器特点的基础上，不断深化认识，特别是依据窑址的调查资料，逐渐丰富了对三朝时期瓷业生产面貌的认知。此期主要的缺陷是缺少正式、系统的考古发掘获得的地层资料，即便是窑址出土的

图9
青花云气纹碗／明·正统—天顺
江西景德镇瑶里栗树滩窑址出土

图10
青花碗内底的环形涩圈／明·正统—天顺
江西景德镇瑶里栗树滩窑址出土

器物，也表现出对地层判断的忽视和随意性，主要是根据经验将部分遗物判定为三朝时期，影响了对三朝瓷器的全面认识和深入研究。

（二）对三朝瓷器的研究走向深入的阶段

进入21世纪以来，陶瓷考古工作在景德镇市得到了极大的发展，有两项重要的变化：第一，御厂遗址得到了全面的保护，原来占据遗址的政府机关被迁走，遗址进入了保护利用的阶段；以往在御厂范围内开展的多项小规模的配合基建的考古工作变成了主动性的、规模化的发掘和为保护利用遗址开展的清理工作。第二，在御厂以外的许多地点也开展了主动性的考古发掘工作，这些发掘有明确的地层叠压关系，对研究三朝时期的民窑生产状况起到了至关重要的作用。同时，人们对一些尚未列入必须开展先期考古勘探的地点施工出土的三朝瓷器也给予了充分的关注[31]。遗憾的是，对御厂遗址的几次正式考古发掘工作都没有发现三朝时期的地层，新世纪以来的两次主要发现还属于随工清理的工作，地层的控制尚不尽如人意。同时，由于御厂以外的许多地点开展的考古工作屈指可数，可靠的民窑生产资料尚较欠缺。也有一些镇区地点在施工中出土了非常重要的资料，但未能开展考古发掘，以致遗址遭到破坏，幸而一些有责任心的学者和爱好者关注了这些施工项目中出土的瓷器，记录了一些重要的信息，其中也包括一些三朝时期民窑生产的信息。

关于三朝时期御窑的生产情况有两项重要的考古工作。

2014年，在御厂珠山北麓为配合保护大棚空调机组建设开展的随工清理（图11），出土

图 11
2014 年江西景德镇珠山御厂北麓发掘现场

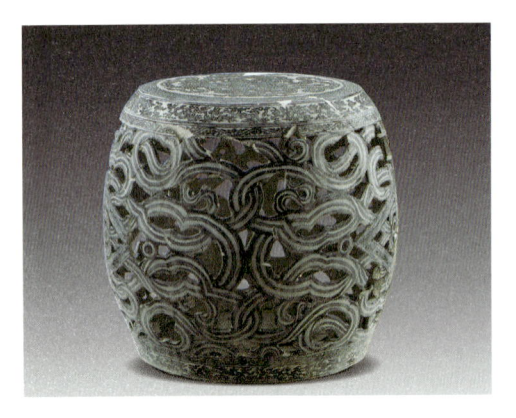

图 12
青花镂空绣墩／15 世纪中期
江西景德镇御厂珠山北麓出土

图 13
绿彩云龙纹匜／15 世纪中期
江西景德镇御厂珠山北麓出土

了异常丰富的三朝时期的遗物，为三朝官窑瓷器研究带来重大突破。此次抢救性发掘的发掘面积约 500 平方米，出土有宣德、正统至天顺、成化、弘治、正德、同治、光绪等各时期的御窑瓷片[32]。其中在宣德与成化地层之间，夹有一个丰富的地层堆积，出土了数量众多的瓷片标本，品种有青花、青花矾红彩、斗彩、红绿彩、青釉、白釉瓷等瓷器品类，器类以碗、盘、靶盏为主，另有罐、大花盆、梅瓶、长颈瓶、花觚、绣墩、瓷枕、山子、匜等，装饰有釉下及釉上彩绘、镂空、划花等，纹饰有狮子绣球、松竹梅、海

图 14
2018 年发掘江西景德镇珠山御厂西墙发现的青花云龙纹大缸瓷片堆积

怪瑞兽、莲花山石、团花、海水、方胜等。在出土的大量瓷器中，发现了不少前所未见的品种、器形和纹饰，如青花、矾红彩、斗彩绣墩[33]（图12），青花莲瓣口双耳瓶，绿彩匜[34]（图13）和各式的青花海兽海怪纹的碗、盘等。这些瓷器先后通过多个主题展览呈现出来，令人耳目一新，丰富了学界的认识，也推动了相关研究的进程[35]。对这批瓷器的基本的判断是，压在宣德地层之上、成化地层之下的就是正统到天顺三朝的地层，出土的瓷器即为三朝瓷器。有些学者也认真地将这些出土的残器与传世或其他考古单位出土的无款瓷器进行了对比研究[36]。同时需要注意的是，这次随工清理工作工期紧张，对地层的控制并不严格，发掘后的正式整理与研究工作尚未充分开展，许多认识都是基于以前对三朝瓷器的传统认知。因此，此次考古发掘所获取的地层信息以及出土的大量瓷器，虽然提供了研究三朝瓷器的重要资料，但正如有学者指出的那样，我们需要冷静客观地思考地层学的作用及其时间早晚上的相对性[37]，认真地通过器物类型学及其他研究方法辅助判断全部瓷器的年代，也即这些出土瓷器是否全部属于三朝时期？其中是否有部分成化早期和宣德晚期的瓷器？地层是否恰好覆盖了三朝的全部时间？这对三朝时期御窑的研究具有重要意义。

2018 年 4—5 月，为配合对 2004 珠山南麓发掘清理的窑炉所建保护房南扩项目[38]，景德镇市陶瓷考古研究所、北京大学考古文博学院等单位在 2016 年发掘区的西侧到东司岭路一带发掘 10×10 米探方 2 个。发现了一道南北走向的墙体遗迹，证明是明

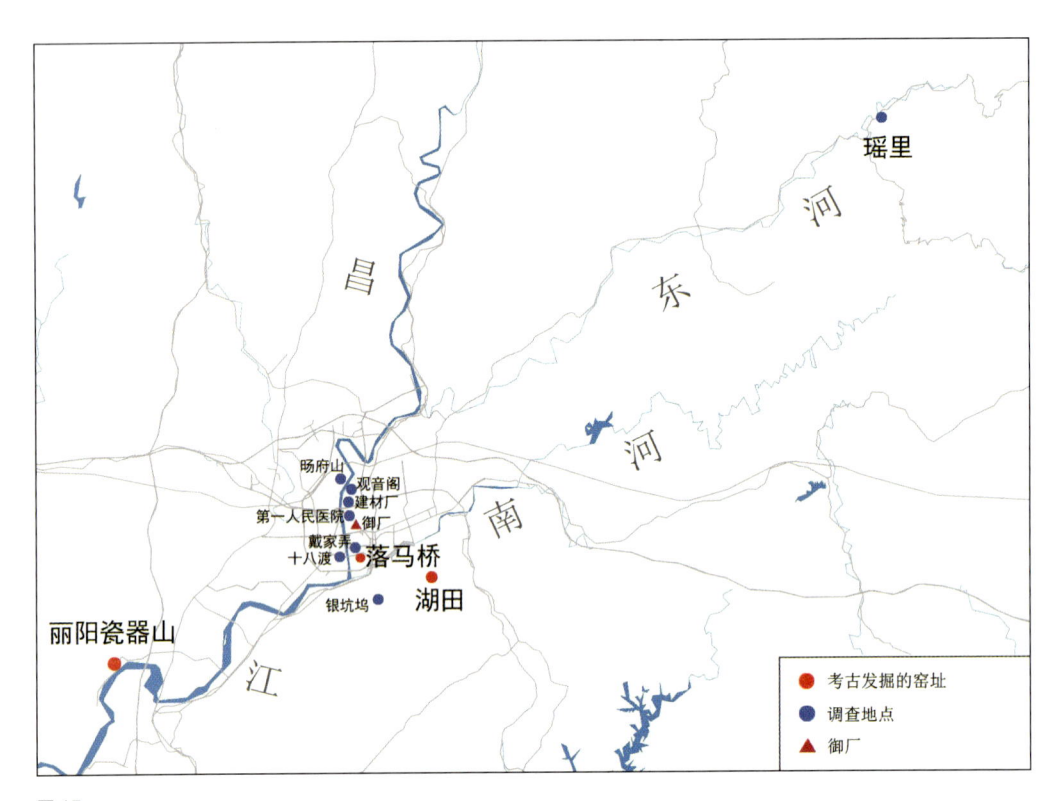

图 15
景德镇考古调查、发掘的三朝民窑遗址位置示意图

代御厂的西墙,在西墙内侧清理的地层可以分为 11 层,加上亚层可分为 19 层,时代从元代到明晚期。其中在第⑧层中发现了集中掩埋青花云龙纹大缸瓷片的次品堆(图14),这个地点与 1988 年随工清理的地点相连并有所重合,本次发掘时间充裕,发掘认真,地层较为可靠[39]。西墙内侧出土的三朝时期遗物的埋藏形式与 2014 年珠山北麓发掘出土的大量"空白期"遗物的埋藏形式还有所不同,2014 年发掘出土的"空白期"遗物散见于地层当中,并且与窑具同出[40],似乎代表了集中处理落选的次品和窑业废弃物两种性质;而西墙内侧的瓷片堆是较为单纯的次品堆积。这批资料尽管目前尚未整理,也未刊布相关的资料,但可期待的是,其在确认三朝较早的正统时期的地层方面会提供新的、可靠的资料。

与三朝官窑瓷器的认识只能通过御厂遗址的地层叠压关系来认知、断代的困境所不同,多年来在墓葬、地宫、遗址等不同的考古单位中不断发现了一些三朝时期的民窑瓷器。通过对其中带有纪年信息的出土瓷器进行总结研究,得以辨认出明确为三朝民窑瓷器的一些风格特征。同时,近年来景德镇民窑遗址的相关考古发现,又与之互为补充,进一步丰富了人们对三朝民窑瓷业的认识。目前见于正式或即将发表的相关瓷窑遗址考古

景德镇明代正统、景泰、天顺三朝瓷窑遗址考古发现综论

图 16
青花花卉纹折腹碗 / 明·正统—天顺
江西景德镇丽阳瓷器山窑址出土

图 17
仿龙泉青釉碗 / 明·正统—天顺
江西景德镇丽阳瓷器山窑址出土

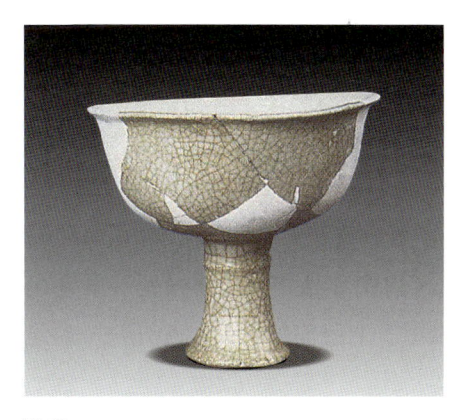

图 18
仿哥釉高足杯 / 明·正统—天顺
江西景德镇丽阳瓷器山窑址出土

图 19
外紫金釉内青花月影梅花纹碗 / 明·正统—天顺
江西景德镇丽阳瓷器山窑址出土

资料主要有湖田、瑶里、丽阳瓷器山、落马桥4处(图15)，其中在瑶里开展的是考古调查，其他三处经过正式的考古发掘。

2005年，故宫博物院、江西省文物考古研究所、景德镇市陶瓷考古研究所联合对位于景德镇市西南21公里处的丽阳乡彭家村瓷器山窑址进行了考古发掘。发现明代早期葫芦形窑炉一座，出土了数量较多的遗物，窑具有匣钵、垫饼、窑垫、窑撑、火照等；瓷器品种有青花瓷(图16)、白瓷、仿龙泉釉瓷(图17)、仿哥釉瓷(图18)、紫金釉瓷(图19)等；器形有碗、盘、高足杯、瓶、擂钵、炉等；纹饰以卷云人物纹、云气纹、缠枝莲纹、缠枝莲托八宝纹、梵文等为主。根据对出土遗物风格特征的分析和对比，判定该窑址的时代为明代早期（宣德至天顺时期）。该窑址发掘的意义在于：第一，填补了景德镇御窑遗址发现的明初（洪武、永乐）葫芦形窑和湖田窑址发现的明代中期葫芦形窑之间的空白，完善了葫芦形窑炉的演变序列；对窑炉形制和瓷器装烧方法有了较深入的认识。第二，明代早期民窑窑场仿哥釉和仿龙泉釉瓷器的发现，丰富了对明代早期景德镇地区瓷器釉色品种的认识[41]。

上述窑址的考古工作虽然重要，但由于其不在明代浮梁瓷业核心生产区"景德镇"[42]的范围内，因而无法反映浮梁瓷业在三朝时期的完整情况。其中湖田窑位于镇区的东郊，明代时瓷业生产已逊于镇区；瑶里距离镇区更远，在瓷业生产结构、规模和瓷器的品类、质量等方面都不及镇区和湖田窑区，所以《江西通志》中才有"景德镇最佳，湖田市次之，麻仓洞（今瑶里）为下"的评价。至于镇区西郊丽阳的瓷器山是不见于文献记载的一处窑场，其重要性在于集中反映了宣德至天顺时期的窑业生产状况，但同时因为遗存的年代较短，天顺以后就不再见窑业遗存，缺少纵向环节上与早晚期窑业的联系，对明初景德镇民窑制瓷业研究的参考价值有限。2012年对落马桥窑址的发掘，首次在古代景德镇范围内系统发掘了民窑遗址，出土大量的三朝遗物，获得了洪武至宣德时期与正统至天顺时期的可靠地层，出土了较多遗物。通过比较研究，使我们对三朝民窑的生产状况和历史地位有了更加清楚的认识。

落马桥窑址位于江西省景德镇市中华南路404号红光瓷厂厂区内，西距昌江约0.6公里，南距南河约1.9公里，属景德镇市老城区的中心地带。"落马桥"的地名古代就已使用，康熙《浮梁县志》所附的《景德镇图》上就能够找到"落马桥"的地名，同书卷三"建置""津梁"条下载"镇市都，拱辰桥（正统里人刘士护建）、落马桥"[43]，据此我们知道落马桥在古代的行政区划上属于饶州府浮梁县兴西乡的镇市都。明代在全国范围内推行都图制，成为各州县的基层行政区划，其统属关系是县辖乡、乡辖都、都辖图[44]，镇市都属兴西乡下的第六都，下辖一个图，正德《饶州府志》"乡镇"条载"浮梁县……兴西乡（在县西南）……镇市六都（去县二十五里，一图）"[45]。落马桥所在区域在明清时期是浮梁瓷业的核心区，属于文献中提到的"十三里"窑场的范围。关于"十三里"窑场，《景德镇陶录》载"景德镇，属浮梁之兴西乡，去城二十五里，在昌江之南，故称昌南镇，其自观音阁江南雄镇坊至小港嘴，前后街计十三里，故又有陶阳十三里之称"[46]，落马桥正是位置靠南部接近小港嘴的一处窑场。落马桥、观音阁窑址的考古发掘及以往的调查工作表明，沿昌江分布的十三里窑场应早在宋元时期已初具雏形，至明代，这里形成"陶舍重重倚岸开，舟帆日日蔽江来"[47]的壮观景象，更达到"万杵之声殷地，火光烛天，夜令人不能寝"[48]的境地，是景德镇窑业生产当之无愧的核心地区。

由于落马桥窑址位于明清时期瓷业生产的中心区域，窑址又受到了严重破坏的威胁，2012年，景德镇市陶瓷考古研究所、北京大学考古文博学院等单位组成联合考古队，对落马桥窑址进行了抢救性发掘。主要的田野工作自2012年11月持续至2013年7月，其后又陆续进行了一些小规模发掘和清理，总计发掘面积684平方米，清理了从北宋一直延续到民国时期的文化层，清理各类遗迹129处，包括窑炉1座、房址16座、池13个、辘轳坑8个、排水沟8条、路面5处、墙体14道、灰坑64个。出土了数以吨计的各时期的瓷片和窑具，瓷片以十数万计，包括各时期瓷器品种40余种，器类40余类，另发现有"官搭民烧"的重要实物，试泥、试釉、试料的照子，也出土了一些较重要的纪年瓷片和其他遗物。

重要的是通过对落马桥窑址的发掘，获得了明代比较连续的地层堆积，在明确为成化到正德地层之下、洪武到宣德地层之上，清理了一组地层，出土了大量正统、景泰、天顺三朝瓷器和窑具。许多瓷器可以与国内纪年墓葬出土的三朝瓷器相对应，如此期地层出土的青花云气纹净水碗(图20)与景德镇东郊景泰四年（1453年）严昇墓出土的青花花卉纹净水碗造型相近[49](图21)；青花麒麟望月纹盘(图22)与约沉没于15世纪中期的潘达南沉船出水的同类器造型、纹样一致[50]；青花折枝花卉纹筒式炉(图23)与前述景泰四年严昇墓出土的同类器造型、纹样一致[51](图24)，相同造型的炉还见于景德镇丽阳瓷器山窑址[52]及江西德兴黄柏乡正统十二年（1447年）张叔鬼墓[53]，筒式炉所绘的折枝花卉纹与江西德兴景泰二年（1451年）墓出土的青花戟耳瓶、青花鼎式炉(图25)上的纹样一致[54]，由此可知折枝花卉纹是景泰时期十分流行的装饰纹样；青花渣斗上的人物纹及铁索云纹(图26)与浙江嘉兴大桥景泰三年（1452年）许公墓出土的青花碗风格相近[55](图27)；青花云气纹碗内底所饰月华纹(图28)，与浙江桐乡濮院杨家桥天顺六年（1462年）墓出土的外蓝釉内青花碗纹样一致[56](图29)；晚期地层出土的青花筒式炉残片与故宫博物院藏"天顺年"款波斯文筒式炉形制一致[57]。

三朝时期地层出土的瓷器品种以青花占绝对多数(图30)，其次为白釉瓷器，另有少量的外青釉内青花(图31)、外蓝釉内青花、哥釉青花(图32)、青釉瓷器等。器类丰富，以青花瓷器为例，共有器类18种，以碗、盘为主，另有碟、杯、高足杯(图33)、炉(图23)、壶、罐、瓶、钵、渣斗(图26)、罐盖、盒盖、器座、灯盏、砚台、瓷板、枕等[58]。通过此次发掘，我们从生产地点，也即窑址的层面对三朝民窑的生产规模、产品种类及特征有了更清晰的认识。通过细致的整理研究，我们看到，这一时期瓷器的品种丰富，工艺技术大大提高，走向精致。在此基础上，进一步比较洪武至宣德时期地层的出土瓷器所反映的窑业生产状况，可以看到洪武至宣德时期的产品几乎是单纯的白釉瓷器，生产规模有限，表明经过元代后期以青花瓷器生产为代表的短暂高峰之后，景德镇民窑瓷业在明初尚未得到恢复和发展，这与同时期御厂官窑瓷器烧造很快进入高峰形

15世纪的亚洲与景德镇瓷器

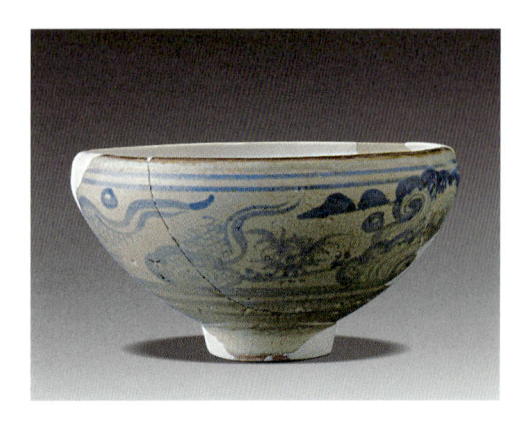

图 20
青花云气纹净水碗 / 明·正统—天顺
江西景德镇落马桥窑址出土

图 22
青花麒麟望月纹盘 / 明·正统—天顺
江西景德镇落马桥窑址出土

图 23
青花折枝花卉纹筒式炉 / 明·正统—天顺
江西景德镇落马桥窑址出土

图 21
青花花卉纹净水碗 / 明·景泰
江西景德镇景泰四年（1453年）严昇墓出土

图 24
青花折枝花卉纹筒式炉 / 明·景泰
江西景德镇景泰四年（1453年）严昇墓出土

景德镇明代正统、景泰、天顺三朝瓷窑遗址考古发现综论

图 25
青花折枝花卉纹鼎式炉 / 明·景泰
江西德兴黄柏乡景泰二年（1451年）墓出土

图 26
青花人物纹渣斗 / 明·正统—天顺
江西景德镇落马桥窑址出土

图 27
青花人物纹碗 / 明·正统—景泰
浙江嘉兴大桥景泰三年（1452年）许公墓出土

图 28
青花云气纹碗 / 明·正统—天顺
江西景德镇落马桥窑址出土

197

15 世纪的亚洲与景德镇瓷器

图 29
外蓝釉内青花月华纹碗 / 明·正统—天顺
浙江桐乡杨家桥天顺六年（1462 年）墓出土

图 30
青花云龙纹大罐 / 明·正统—天顺
江西景德镇落马桥窑址出土

图 31
外青釉内青花"福"字碗 / 明·正统—天顺
江西景德镇落马桥窑址出土

图 32
仿哥釉青花折腹盘 / 明·正统—天顺
江西景德镇落马桥窑址出土

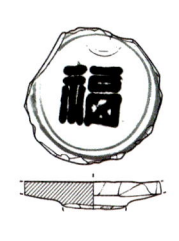

图 33
各种高足杯：左 1 青花，左 2 外青釉内青花，右 2 白釉，右 1 外蓝釉内青花／明·正统—天顺
江西景德镇落马桥窑址出土

成了强烈的对比；而三朝时期青花瓷器成为了主要的产品，标志着从这一时期开始，一个以技术含量更高、产品更具艺术性的青花瓷器生产为主的民窑生产体系建立起来了，景德镇制瓷业在总体上走上了发展的阶段。此时，以落马桥为代表的镇区十三里窑场是景德镇民窑瓷器生产的核心区，南河流域的湖田窑区和东河流域的瑶里窑区也有一定规模的瓷业生产，此外昌江下游的丽阳地区也在此时有过短时间的生产，这些考古发现与当前海内外遗址、墓葬、沉船等考古单位中不断发现三朝瓷器的情况是相符合的。

我们若将视线扩大到全国范围内，不难发现，此时最重要的两个瓷器生产区景德镇与龙泉，正在发生着重大的变化——龙泉窑在明初生产和输出上的优势地位正在被景德镇取代，这从景德镇落马桥等窑址与龙泉窑大窑枫洞岩窑址的考古发现中有直观的体现。前者在明代中期延续着强劲的发展势头，并于明代晚期达到生产的巅峰，而后者则在明早期之后步入衰落。此外另一个重要的现象是，景德镇仿龙泉窑的瓷器逐渐减少，并在明代中期几近消失。作为明初同时按照工部统一样式生产贡官贡御用瓷的两处窑场，景德镇与龙泉在秉承技术传统的基础上最大程度地相互仿效，并行发展，景德镇官窑仿龙泉瓷器在宣德时期成熟且大量烧造，同时期或稍晚的落马桥与丽阳瓷器山窑场也发现有仿龙泉的瓷器，这种情况随着天顺八年（1464 年）朝廷下令撤回饶州、处州见差内官，停烧瓷器而完结[59]。

除了上述正式考古工作外，部分学者在调查文章中还提到一些出土三朝民窑瓷器的地点，如十八渡、观音阁、白水塘、旸府滩、市水泥厂、银坑坞、瓷都大桥北等（图15）。

赵荣华在《景德镇银坑坞明代空白期民窑瓷器》[60]一文中，介绍了位于景德镇市南郊，距市区 7 公里南山脚下的一处地点，发现有一些明代"空白期"民窑残片，器类

图 34.1
青花云龙纹盘／明·正统
湖北江夏二妃山正统十二年（1447 年）景陵顺靖王朱孟烷墓（M1）出土

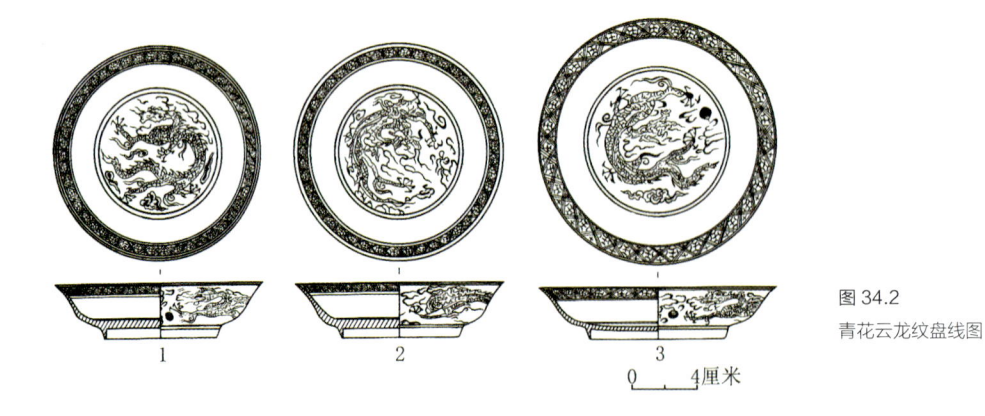

图 34.2
青花云龙纹盘线图

有碗、盘、碟、炉，装饰题材有麒麟望月、月华纹、云气纹、"福"字等，除青花瓷器外，也有少量的青釉产品。从文章所配器物彩图看，一部分瓷器属于三朝的产品，但也有一些标本，如狮子戏球纹盘、"如意云头纹"盘等是 15 世纪末的产品。

2012 年，深圳文物考古研究所和香港中文大学文物馆合作举办了名为"填空补白：景德镇明代十五世纪中期瓷器"的专题展览，深圳文物考古研究所展出了在景德镇戴家弄澡堂空地、斗富弄工地、第一人民医院工地非考古发掘出土的瓷器和残片共计 100 余

图 35
青花云龙纹盘 / 明·正统—天顺
山东兖州嘉靖八年（1529年）钜野庄宪王朱当㳻墓出土

图 36
青花龙纹盘 / 明·正统—天顺
湖北江夏流芳岭明妃子墓出土

件（片）[61]。据黄清华介绍，戴家弄出土的这批瓷器纹样均为龙凤纹，数量较多，集中发现于一个灰坑，根据瓷器的胎釉、青料、绘画质量可分出精细型和粗放型两类。器类有碗、盘、高足杯等，碗有深曲腹和斜曲腹两型；盘有13—22厘米左右不等的多种规格；高足杯有足较高和足稍低两型。结合瓷器的特征以及明显的质量缺陷（发色不正、窑裂、变形、落渣、错画），他认为"这是一批经过细心严格挑拣而落选的瓷器，生产的组织者是官方，而非民间窑业主"[62]。

图 37
青花龙纹高足杯／明·正统—天顺
湖北江夏正德四年（1509年）辅国将军朱均钵墓出土

    同类风格的瓷器在数处明代藩王墓葬或府邸遗址中有过出土，2002年发掘的武汉江夏区二妃山明楚藩景陵顺靖王朱孟烷墓出土3件青花云龙纹盘[63]（图34），山东兖州明嘉靖八年（1529年）鲁藩钜野庄宪王朱当涵墓[64]出土4件青花云龙纹盘[65]（图35），两处郡王墓葬出土的盘均为内底绘立龙，外壁绘行龙，内口沿均为菱形十字锦地纹的装饰。四川成都东华门明蜀王府遗址出土的青花龙纹瓷盘，内底立龙纹呈"折带式"，其他装饰与上述瓷器基本一致[66]。武汉江夏区流芳岭墓群也出土1件青花龙纹盘[67]（图36），整体风格与前述瓷器相类。此外，在武汉东湖高新技术开发区（原江夏区流芳街）明正德四年（1509年）楚藩辅国将军朱均钵墓与流芳岭明妃子墓均出土有同类风格的龙纹高足杯[68]（图37、38）。关于这些瓷器的年代，因为有纪年器和纪年墓出土瓷器作为参照，所以可以确认是三朝时期的遗物，武汉东湖高新技术开发区（原江夏区流芳街）明成化七年（1471年）楚藩镇国将军朱季□墓[69]出土有"天顺年置"款青花云龙纹碗[70]（图39）；朱孟烷墓虽然早年被盗，圹志无存，无法获知明确的下葬时间，但根据《明英宗实录》可知朱孟烷死于正统十一年（1446年）十二月[71]，一年后的十月正统皇帝还因朱孟烷所遗宫眷无禄养赡，而月给米抚恤[72]，所以朱孟烷下葬的时间当在其死后不久，因此该墓出土的3件青花云龙纹盘亦可作为重要的三朝纪年资料。

    基于上述发现，一些学者开始从藩府用瓷的角度思考这类瓷器的性质[73]。将这些不同地点、不同遗存发现的三朝时期藩府瓷器放在一起比较，会发现一些显著的特点。这些瓷器虽然使用的是龙、凤纹，但在质量和风格上与御厂生产的官窑瓷器有一

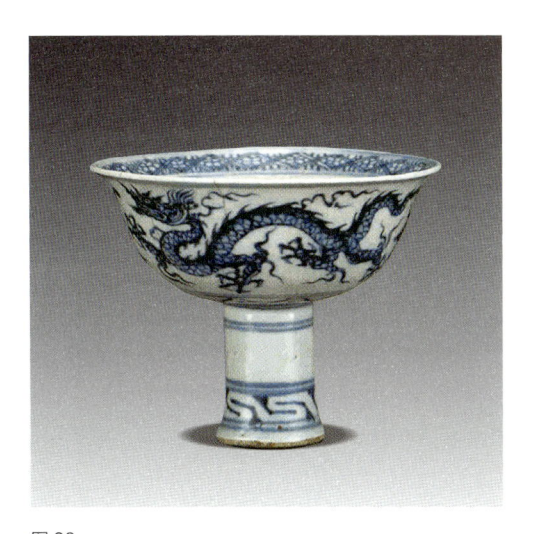

景德镇明代正统、景泰、天顺三朝瓷窑遗址考古发现综论

图 38
青花龙纹高足杯／明·正统—天顺
湖北江夏流芳岭明妃子墓出土

图 39
"天顺年置"青花云龙纹碗／明·天顺
湖北江夏镇国将军朱季□墓出土

图 40
青花云纹碗残片／明·正统—天顺
江西景德镇落马桥窑址出土

图 41
白釉黑彩云龙纹盘／明早期
四川成都东华门明蜀王府遗址出土

203

图 42
石匣／明·永乐
湖北江夏龙泉山永乐二十二年（1424年）楚昭王朱桢墓出土

图 43
雕龙纹木册盒／明·永乐
湖北江夏龙泉山永乐二十二年（1424年）楚昭王朱桢墓出土

定的差异。质量上毋庸赘言，装饰纹样方面，二者除龙纹的形态有所不同外，这些藩府瓷器使用了一些常见于民窑瓷器上的辅助性纹样(图40)，其中菱形十字锦地纹边饰最多(图34、35、38、39)，也有二方连续的"S"形装饰(图38)。结合前述镇国将军朱季□墓出土的青花云龙纹碗底部书有"天顺年置"(图39)这样明显有别于"官窑"的款识，认为这些藩府瓷器不能等同于御厂生产的官窑瓷器，其生产地点也不会是在御厂，再结合戴家弄、斗富弄、第一人民医院工地等民窑区发现的情况，说明这些瓷器应该是由官方组织、民窑烧造的产物，可视为"官搭民烧"的雏形[74]。

景德镇御窑遗址、龙泉大窑枫洞岩的考古工作证实了文献关于洪武二十六年（1393年）供御瓷器由工部下样，同时在景德镇和龙泉烧造的记载[75]，前述不同地点藩王墓葬或府邸遗址出土的三朝瓷器，令我们看到藩府瓷器也有其自身的一些特征，这些具有统一性的"特征"恰恰说明藩府用瓷的烧造也应该是有"样制"的。但这种"样制"（或可称为"藩样"）不是对御用"官样"瓷器的直接模仿，而是兼具"官样"和民窑瓷器的某些因素，这应是在明初随着藩王制度的确立而设计的。这种"样制"目前不仅见于景德镇瓷器上，还见于其他窑场生产的瓷器上，成都东华门蜀王府遗址出土有白釉黑彩云龙纹盘[76](图41)，虽然生产窑场尚不明确，但纹样与同出的青花云龙纹盘大同小异，出土瓷器中还见有凤纹、花卉纹的题材。瓷器之外，如果我们将视角扩大到其他材质的器类，会发现这种"样制"是具有普遍性的，湖北江夏龙泉山楚昭王朱桢墓出土的石匣[77](图42)和木册盒(图43)上的龙纹图案与前述瓷器的纹样如出一辙[78]。

图 44
青花麒麟纹盘／明·正统—天顺
江西景德镇瓷都大桥北调查采集

图 45
青花麒麟纹瓶／明·正统—天顺
江西景德镇瓷都大桥北调查采集

2014年，高宪平对紧靠景德镇瓷都大桥北（今古镇天御小区西侧）的一处窑址进行了考察。该地点位于昌江东岸，距离2007年发掘的观音阁窑址仅1公里[79]。在正在进行楼房建设的工地，采集到一些窑业遗物，通过与考古出土及传世的纪年材料对比，确认一部分时代为明早期。产品品种以青花瓷器为主，另有少量的青釉、蓝釉、紫金釉瓷器；器类有碗、盘(图44)、高足杯、壶、炉、瓶(图45)、盒、盖、杯等；纹饰有麒麟、人物、缠枝花卉、折枝花卉、月影梅、月华纹等[80]。

三、小结

以上我们简单梳理了此前在景德镇开展的涉及正统、景泰、天顺三朝的窑址考古工作和发现，从中我们可以了解到，在古代浮梁的各瓷器生产区如景德镇镇区的落马桥及周边地区湖田、瑶里和丽阳等开展的窑址考古工作中都发现了数量可观的三朝民窑遗存，这样由点及面的考古工作，初步构建了三朝时期整个浮梁瓷业的生产面貌。当然，目前已开展的考古工作与丰富的古代窑业遗存相比依然是不够的，比如在镇区北至观音阁、南到小港嘴的十三里窑场范围内，曾经遍布窑业遗存，目前已开展过考古发掘的地点还屈指可数，许多窑场已遭到破坏，这不能不说是巨大的损失。官窑方面，御厂遗址范围内与三朝官窑瓷器相关的重要发现，填补了长期以来发现和研究的空白，为了解陶瓷史上扑朔迷离的三朝官窑瓷器生产状况和产品特征提供了重要的资料。经过几十年的努力，学界对三朝瓷器的认识不断扩展和深入，对三朝瓷器的特征也进行了初步的总结；成功地区分御用瓷器、藩府用瓷和民间日用器皿，对明代瓷器生产的不同体制的认知起到重要的推进作用。

然而我们仍需看到，御窑遗址的几次正规的考古发掘并未发现三朝时期的可靠地层，以致在三朝瓷器研讨会上学者们还有不同意见，反映了一些重要的学术问题尚需进一步的正式考古工作和深入的研究和探讨。而民窑生产遗址的发掘获得了相对可靠的地层，可以总结出三朝时期民窑产品的基本面貌，大体确认了青花瓷器在景德镇的普遍生产始于这一阶段，使景德镇的民窑生产走向了工艺更为复杂精致，艺术含量更高的生产阶段。这使景德镇在竞争中击败了龙泉窑，确立了其在全国瓷器生产格局中的核心地位。通过上述的考古工作，我们已经不需要再证明所谓的"空白期"不空白，同时还可以说，这个阶段是景德镇发展壮大过程中至关重要的环节。今天我们所需要努力的目标是通过新的材料以及新的研究方法，努力还原正统、景泰、天顺三朝瓷器的生产、输出等诸多方面的真实情况，使之真正达到灼烁重现。

注释：

〔1〕 相关研究参见高宪平：《正统、景泰、天顺三朝景德镇瓷业研究综述》，载王冠宇、江建新主编《填空补白II：考古新发现明正统、景泰、天顺御窑瓷器》，香港中文大学文物馆，2019年，第422—437页。

〔2〕 洪迈撰，何卓点校：《夷坚志》补卷，第十七"湖田陈曾二"条，中华书局，1981年，第1710页。

〔3〕 蒋祈：《陶记》，陈淯等修，邓爔等纂：《浮梁县志》（康熙二十一年刊本）卷四"赋役""陶政""蒋祈陶记附"条，载《中国方志丛书·华中地方（第832号）》，台湾成文出版社，1989年，第410—413页。

〔4〕 林庭㭿、周广编纂：《江西通志》（影印江西省图书馆藏明嘉靖刻本）卷八"饶州府""廿"条，载四库全书存目丛书编纂委员会编《四库全书存目丛书·史部》第182册，齐鲁书社，1996年，第314页（上）。

〔5〕 《景德镇陶录》载："镇河南岸口有湖田市，元初亦陶，土墡垆质粗，多黄黑色，即浇白者亦微带黄黑，当时浙东西行之，器颇古雅。蒋《记》云：'浙东西之器，尚黄黑，则出于昌水之南之湖田窑者也。'今窑市已墟，湖田邨落尚在，其窑器犹有见者。"蓝浦乾隆十年著，郑廷桂嘉庆二十年增补：《景德镇陶录》卷五"湖田窑（附）"条，嘉庆二十年翼经堂刻本，载《续修四库全书·子部·谱录类》第1111册，上海古籍出版社，2002年，第384页。

〔6〕 A. D. Brankston, *Early Ming Wares of Chingtechen*, Peking: Henri Vetch. The North-China Daily News, Shanghai, 1938, pp. 55-60.

〔7〕 除湖田窑外，作者还提到了湘湖等窑址，但是因为湘湖等地区匪患猖獗，作者只调查了湖田窑，其他资料由当地人提供。

〔8〕 陈万里：《景德镇几个古代窑址的调查》，《文物参考资料》1953年第9期，第82—87页；陈万里：《最近调查古代窑址所见》，《文物参考资料》1955年第8期，第111—113页；冯先铭：《我国宋元时期的青白瓷》，《故宫博物院院刊》1979年第3期，第30—38页。

〔9〕 周仁、李家治：《景德镇历代瓷器胎、釉和烧制工艺的研究》，《硅酸盐》1960年第2期，第49—62页。

〔10〕 刘新园、白焜：《景德镇湖田窑考察纪要》，《文物》1980年第11期，第39—49页，图版五。

〔11〕 《景德镇湖田窑址——1988—1999年考古发掘报告》中写作"乌鱼岭"，见江西省文物考古研究所、景德镇民窑博物馆编著：《景德镇湖田窑址——1988—1999年考古发掘报告》，文物出版社，2007年，第45页。

〔12〕 江西省文物考古研究所、景德镇民窑博物馆编著：《景德镇湖田窑址——1988—1999年考古发掘报告》，文物出版社，2007年。

〔13〕 刘新园：《景德镇出土明成化官窑遗迹与遗物之研究》，载徐氏艺术馆编《成窑遗珍》，景德镇市陶瓷考古研究所、徐氏艺术馆联合出版，1993年，第18—46页。

〔14〕 这16次随工清理分别为：1.1979年冬，在龙珠阁的东北墙一带发现较为稀薄的明初地层。2.1982年6月，在御厂南院原市政府南大门之东墙边一道沟中发现永乐刻款白瓷。3.1982年11月，在珠山路中段路北人行道的探沟内发现了永乐、宣德年款瓷片以及一批无款的明初官窑残器，约2吨以上，并发现了宣德"色窑"。4.1983年至1984年珠山翻修马路，前后三次共发掘180平方米，获得了大量可以复原的永乐瓷器。5.1982年至1984年，配合景德镇明御厂公馆岭遗址的基础建设，发掘了290平方米。6.1987年春至1988年冬配合龙珠阁复建过程中对珠山东麓进行了发掘，出土遗物万件以上，成化官窑遗存为最大收获。7.1988年4—5月在中华路铺设煤气管道工程时，在明御厂东门附近发现了洪武、永乐、宣德三朝遗存。8.1988年5月，在珠山北麓的风景路马路中心发现一批疑似元官窑的遗存。9.1988年11月，在珠山以西明御厂西墙外的东司岭巷道发现明官窑遗存。10.1988年11月，在御厂故址前院西侧宣德地层发现了窑炉5座。11.1990年9月，在珠山东麓修台阶时发现有许多洪武时期的建筑瓷。12.1992年底至1993年3月，在明御厂东院发掘了约3000平方米。13.1993年春在明御厂故址东门附近发现大量宣德官窑早期遗存。14.1994年7月，在明御厂东门头东缸弄一带发现大量洪武和永乐早期瓷器。15.1999年7月，在明御厂故址西南侧（东岭岭西约20米处），配合基建挖地基进行了随工清理。16.1996年政府会议室建设清理。

〔15〕 江西省文物工作队等：《景德镇龙珠阁遗址发掘报告》，《考古学报》1989年第4期，第473—494页。

〔16〕 秦大树、钟燕娣、李慧：《景德镇御窑厂遗址2014年发掘收获与相关问题研究》，《文物》2017年第8期，第69—88页。该文详细列出了御窑遗址历年发现与发掘点的位置。

〔17〕 刘新园：《景德镇瓷窑遗址的调查与中国陶瓷史上的几个相关问题》，载《景德镇出土陶瓷》，香港大学冯平山博物馆，1992年，第8—31（第32—54页为同文的英文翻译）、230页。

〔18〕 上海博物馆编：《灼烁重现——15世纪中期景德镇瓷器特集》，上海书画出版社，2019年，第104、105页。

〔19〕 刘新园：《景德镇瓷窑遗址的调查与中国陶瓷史上的几个相关问题》，载《景德镇出土陶瓷》，香港大学冯平山博物馆，1992年，第229页。

〔20〕 刘新园：《景德镇瓷窑遗址的调查与中国陶瓷史上的几个相关问题》，载《景德镇出土陶瓷》，香港大学冯平山博物馆，1992年，第231页。

〔21〕 刘新园：《景德镇瓷窑遗址的调查与中国陶瓷史上的几个相关问题》，载《景德镇出土陶瓷》，香港大学冯平山博物馆，1992年。

〔22〕 吕成龙：《明正统斗彩鸳鸯卧莲纹碗考辩》，《收藏家》1996年第2期，第7—9页。

〔23〕 上海博物馆编：《灼烁重现——15世纪中期景德镇瓷器特集》，上海书画出版社，2019年，第44、45页。

〔24〕 《明史》载：正统元年"宫殿告成，命造九龙九凤膳案诸器，既又造青龙白地花缸。王振以为有璺，遣锦衣指挥杖提督官，敕中官往督更造"。张廷玉等：《明史》卷八二《食货六》，中华书局，1974年，第1998、1999页。

〔25〕 陆明华：《上海博物馆藏品研究大系——明代官窑瓷器》，上海人民出版社，2004年，第133、134页。

〔26〕 谢明良：《十五世纪的中国陶瓷及其有关问题》，载《中国陶瓷史论集》，台北允晨文化，2007年。

〔27〕 江建新：《略论景德镇出土明正统、景泰、天顺瓷器及相关问题》，载王冠宇、江建新主编《填空补白Ⅱ：考古新发现明正统、景泰、天顺御窑瓷器》，香港中文大学文物馆，2019年。

〔28〕 江建新：《略论明正统、景泰、天顺瓷器及相关问题》，上海博物馆编：《灼烁重现——15世纪中期景德镇瓷器特集》，上海书画出版社，2019年第29页，图9。

〔29〕 江建新：《景德镇窑业遗存考察要》，《江西文物》1991年第3期，第44—50页（转第79页）。

〔30〕 欧阳世彬：《十五世纪景德镇民窑研究》，《陶瓷学报》2000年第2期，第72—85页。

〔31〕 景德镇市作为一个古代的手工业城镇，可以说随处都有古代的窑业遗存，但景德镇市迄今未能如洛阳、杭州等历史名城那样立法规定在施工前先期开展考古勘探，致使大量的古代窑址在几十年的城市建设中遭到破坏。直到近几年情况才有所好转，但依然不是法治状态下的随工清理。

〔32〕 邬书荣、李军强、唐雪梅：《景德镇御窑遗址珠山北麓的考古新发现》，《紫禁城》2017年第5期，第88—97页。

〔33〕 上海博物馆编：《灼烁重现——15世纪中期景德镇瓷器特集》，上海书画出版社，2019年，第106页。

〔34〕 王冠宇、江建新主编《填空补白Ⅱ：考古新发现明正统、景泰、天顺御窑瓷器》，香港中文大学文物馆，2019年，第292、293页。

〔35〕 王冠宇、江建新主编《填空补白Ⅱ：考古新发现明正统、景泰、天顺御窑瓷器》，香港中文大学文物馆，2019年；上海博物馆编：《灼烁重现——15世纪中期景德镇瓷器特集》，上海书画出版社，2019年。

〔36〕 如陆明华：《明代正统、景泰、天顺景德镇瓷器再探讨》，彭涛：《明正统、景泰、天顺时期景德镇瓷业相关研究》等，载上海博物馆编《灼烁重现——十五世纪中期景德镇瓷器国际学术研讨会论文稿》，会议文稿，非正式出版物。

〔37〕 吉笃学：《景德镇明代"空白期"官窑遗存试析》，载上海博物馆《灼烁重现——十五世纪中期景德镇瓷器国际学术研讨会论文稿》，会议文稿，非正式出版物。

〔38〕 2016年9—11月，为配合对2004年珠山南麓发掘清理的窑炉所建保护房改扩建项目，在保护房区域的南侧进行了考古发掘，发掘面积401平方米，发现了明、清时期的窑炉和作坊等重要遗迹（参见景德镇市陶瓷考古研究所：《景德镇近年来御窑遗址考古发掘与出土器物修复工作情况汇报》，内部资料，2016年11月），决定将这一区域作为2004年清理窑炉的保护房的南扩项目。2018年的发掘是为了配合这一南扩项目的随工清理。

〔39〕 景德镇市陶瓷考古研究所：《2018年珠山南部考古发掘工作概况》，内部汇报资料，2018年6月；另见《2018年御窑厂遗址珠山南麓考古与遗址保护专家论证会意见书》，2018年6月4日。

〔40〕 邬书荣、李军强、唐雪梅：《景德镇御窑遗址珠山北麓的考古新发现》，《紫禁城》2017年第5期，第88—97页；江建新：《略论景德镇出土明正统、景泰、天顺瓷器及相关问题》，载王冠宇、江建新主编《填空补白Ⅱ：考古新发现明正统、景泰、天顺御窑瓷器》，香港中文大学文物馆，2019年。

〔41〕故宫博物院、江西省文物考古研究所、景德镇市陶瓷考古研究所：《江西景德镇丽阳瓷器山明代窑址发掘简报》，《文物》2007年第3期，第17—33页。

〔42〕古代的"景德镇"大体在今天景德镇的市区一带，具体讨论详见高宪平、秦大树、邹福安：《景德镇落马桥窑址发掘明代前期遗存的主要收获》，载《灼烁重现——十五世纪中期景德镇瓷器国际学术研讨会论文稿》，会议文稿，非正式出版物。

〔43〕陈淯等修，邓熽等纂：《浮梁县志》（康熙二十一年刊本）卷三"建置""津梁"条，载《中国方志丛书·华中地方（第832号）》，台湾成文出版社，1989年，第272页。

〔44〕徐茂明：《明代江南社会基层组织演变述论》，《社会科学》2003年第4期。

〔45〕正德《饶州府志》卷一《乡镇》，《天一阁藏明代方志选刊续编·四四·正德饶州府志（江西）、嘉靖南康县志（江西）》，上海书店，2014年，第50、51页。

〔46〕蓝浦乾隆十年著，郑廷桂嘉庆二十年增补：《景德镇陶录》卷一《图说》，嘉庆二十年翼经堂刻本，载《续修四库全书·子部·谱录类》第1111册，上海古籍出版社，2002年，第348页。

〔47〕缪宗周：《兀然亭》，蓝浦乾隆十年著，郑廷桂嘉庆二十年增补《景德镇陶录》卷十，嘉庆二十年翼经堂刻本，载《续修四库全书·子部·谱录类》第1111册，上海古籍出版社，2002年，第8050页。

〔48〕王世懋：《二酉委谭摘录》，中华书局，1985年。

〔49〕欧阳世彬、黄云鹏：《介绍两座明景泰墓出土的青花、釉里红瓷器》，《文物》1981年第2期。

〔50〕庄良有：《菲律宾出土的十四至十五世纪中国青花瓷》，载江西省博物馆、香港中文大学文物馆编《江西元明青花瓷》，2002年，第50—58页。

〔51〕欧阳世彬、黄云鹏：《介绍两座明景泰墓出土的青花、釉里红瓷器》，《文物》1981年第2期。

〔52〕故宫博物院、江西省文物考古研究所、景德镇市陶瓷考古研究所：《江西景德镇丽阳瓷器山明代窑址发掘简报》，《文物》2007年第3期，第17—33页。

〔53〕孙以刚：《江西省德兴明正统景泰纪年墓葬青花瓷考述》，《中国古陶瓷研究》2000年第6辑；张柏主编：《中国出土瓷器全集·14·江西卷》，科学出版社，2008年，图184、185。

〔54〕孙以刚：《江西省德兴明正统景泰纪年墓葬青花瓷考述》，《中国古陶瓷研究》2000年第6辑；张柏主编：《中国出土瓷器全集·14·江西卷》，科学出版社，2008年，图190、191。

〔55〕嘉兴博物馆：《明器载道：嘉兴博物馆藏文物·明墓古器》，中华书局，2016年，第145、148、149页。

〔56〕周伟民：《桐乡濮院杨家桥明墓发掘简报》，《东方博物》2007年第4期。

〔57〕耿宝昌主编：《故宫博物院藏文物珍品大系——青花釉里红（上）》，上海科学技术出版社、商务印书馆（香港），2000年，第201页，图188。

〔58〕高宪平、秦大树、邹福安：《景德镇落马桥窑址发掘明代前期遗存的主要收获》，载《灼烁重现——十五世纪中期景德镇瓷器国际学术研讨会论文稿》，会议文稿，非正式出版物。

〔59〕《明宪宗实录》天顺八年即位诏："江西饶州府、浙江处州府，见差内官在彼烧造磁器，诏书到日，除已烧完者照数起解，未完者悉皆停止。差委官员即便回京，违者罪之。"《明宪宗实录》卷一，中研院史语所，1962年，第17页。

〔60〕赵荣华：《景德镇银坑坞明代空白期民窑瓷器》，《收藏家》1997年第1期，第44—47页。

〔61〕包括盘、碗、盏、高足杯、火照、栏板等。品类为青花、青花地留白、斗彩（半成品）、低温绿釉、绿彩、霁蓝釉等。

〔62〕见黄清华在2012年深圳文物考古研究所举办的"空白期"瓷器讨论会上，题为"湮没的光辉——近年来景德镇窑址调查所见明代正统、景泰、天顺三朝资料初述"的发言稿。

〔63〕武汉市文物考古研究所、武汉市江夏区博物馆：《武汉江夏二妃山明景陵王朱孟炤夫妻墓发掘简报》，《江汉考古》2010年第2期，彩版四，1。

[64] 该墓与同一处墓地的多座墓在20世纪60年代"破四旧"时期被毁坏，土冢被削平，墓葬被掘，大量文物散落各处，兖州市博物馆征集到了一方钜野庄宪王墓志、14件瓷器及陶器、玉器等，见宋波、李梦：《兖州钜野庄宪王、永福温僖王墓》，载山东博物馆、山东省文物考古研究所编《鲁荒王墓》，文物出版社，2014年，第393—397页。文中作者大概是根据征集的钜野庄宪王墓志以及据传墓地"其中一座墓的一侧有一个陪葬坑，坑内出土百余件器物"，而判定上述瓷器与其他遗物也属于钜野庄宪王墓。不过即便确认这3件青花云龙纹盘是钜野庄宪王墓的遗物，由于此墓的年代在嘉靖八年（1529年），结合湖北楚藩墓葬的考古发现可知，该墓出土的3件青花云龙纹盘年代为三朝时期（详见后文），属于晚期墓葬出土早期器物的例子，因而对于判定瓷器的年代方面没有帮助。但其重要性在于使我们了解到此类风格的瓷器在鲁藩墓葬中也有发现，为辨认这类瓷器为藩王用瓷的属性又增加了一处重要的实例。

[65] 宋波、李梦：《兖州钜野庄宪王、永福温僖王墓》，载山东博物馆、山东省文物考古研究所编《鲁荒王墓》，文物出版社，2014年，图版310。

[66] 见2018年6月9日—8月19日，成都金沙遗址博物馆举办的"考古成都——新世纪成都地区考古成果展"。

[67] 蔡路武：《湖北明代"空白期"瓷器研究》，《文物天地》2016年第11期，第55—69页。

[68] 蔡路武：《湖北明代"空白期"瓷器研究》，《文物天地》2016年第11期，第55—69页。

[69] 因为墓志字迹不清，不清楚其全名，见蔡路武：《湖北明代"空白期"瓷器研究》，《文物天地》2016年第11期，第55—69页。

[70] 蔡路武：《湖北明代"空白期"瓷器研究》，《文物天地》2016年第11期，第55—69页。

[71] 正统十一年十二月乙卯："楚府景陵王孟炳薨。王，楚昭王第八子，洪武二十六年生，永乐二年册封。至是薨，年五十三，讣闻，上辍视朝一日，遣官致祭，谥曰'顺靖'，命有司治丧葬。"《明英宗实录》卷一四八，中研院史语所，1962年，第2914页。

[72] 正统十二年冬十月辛酉："楚府景陵顺靖王孟炳无嗣，所遗宫眷二十八人无禄养赡。上命所司月给米十石，存恤之。"《明英宗实录》卷一五九，中研院史语所，1962年，第3092页。

[73] 如景德镇唐英学社举办了"藩府佳器——明代正统、景泰、天顺三朝景德镇窑业特展"；郭学雷在题为"关于明代藩王用瓷的几点思考"的演讲中梳理了明代藩府瓷器的发现，并总结了各时期藩王用瓷的特点；上海博物馆举办的"灼烁重现——十五世纪中期景德镇瓷器大展"中也列有"亦官亦民——分封藩王遗留物"的单元。

[74] 高宪平：《明代正统、景泰、天顺三朝景德镇民窑瓷业研究》，景德镇陶瓷学院硕士学位论文，2014年。

[75] 《大明会典》卷一九四《工部十四》"陶器"条："凡烧造供用器皿等物，须要定夺样制，计算人工物料，如果数多，起取人匠赴京置窑兴工，或数少，行移饶、处等府烧造。"李东阳等敕撰，申时行等重修：《大明会典》，北京大学图书馆藏明万历内府刻本。

[76] 易立：《成都东华门明蜀王府宫城内河出土的瓷器》，《陶瓷考古通讯》2016年第1期，第1—6页。

[77] 湖北省文物考古研究所：《武昌龙泉山明代楚昭王墓发掘简报》，《文物》2003年第2期，第4—18页，图二二。

[78] 湖北省文物考古研究所：《武昌龙泉山明代楚昭王墓发掘简报》，《文物》2003年第2期，彩版1。

[79] 北京大学考古文博学院、江西省文物考古研究所、景德镇市陶瓷考古研究所：《江西景德镇观音阁明代窑址发掘简报》，《文物》2009年第12期，第39—58页。

[80] 高宪平：《明代正统、景泰、天顺三朝景德镇民窑瓷业研究》，景德镇陶瓷学院硕士学位论文，2014年，第20、21页。

浅谈对明代正统、景泰、天顺朝景德镇瓷器的认识

◎ 吕成龙　故宫博物院

明代正统（1436—1449 年）、景泰（1450—1456 年）、天顺（1457—1464 年）三朝历时 29 年（正统朝 14 年、景泰朝 7 年、天顺朝 8 年），由于长期以来在传世和出土瓷器上，均未发现此三朝御窑瓷器有署公认的正规年款者，致使这三朝瓷器的烧造情况扑朔迷离、模糊不清，这三朝也成为我国明代陶瓷发展史上的一个特殊时期，被陶瓷界称为"空白点""空白期"或"黑暗期"。

但从明代文献记载来看，景德镇在这三朝无论是御窑还是民窑均未停止烧造，正统六年（1441 年）、景泰五年（1454 年）、天顺元年（1457 年）、天顺三年（1459 年）、天顺八年（1464 年）等，景德镇御窑和民窑均烧造过瓷器。从实物看，窑址、墓葬、遗址、沉船等均发掘出土或打捞出水过这三朝的瓷器。随着文献资料和考古实物资料的不断增多，有关这三朝瓷器的研究不断深入，其面貌也逐渐清晰。本文拟在前人研究的基础上，综合考虑文献记载、当时历史背景和考古成果等，并结合笔者 35 年从事古陶瓷研究的心得，谈谈对这三朝瓷器特点的认识。不妥之处，敬请方家指正。

一、有关正统、景泰、天顺三朝瓷器烧造的文献记载

文献记载是研究古陶瓷的第一手资料，历来受人关注。有关这三朝瓷器烧造的文献记载显得尤为重要，主要见于《明史》《明实录》《江西省大志·陶书》《豫章大事记》等。如：

《明史》卷八二《志第五十八·食货六》载："正统元年，浮梁民进瓷器五万余，偿以钞。禁私造黄、紫、红、绿、青、蓝、白地青花诸瓷器，违者罪死。"[1]正统元年即 1436 年。

《明英宗实录》卷二二载："（正统元年）九月乙卯，江西浮梁县民陆子顺进瓷器

五万余件，上令送光禄寺充用，赐钞偿其直。"[2]

《明英宗实录》卷四九载："（正统三年）十二月丙寅，命都察院出榜，禁江西瓷器窑场烧造官样青花白地瓷器于各处货卖及馈送官员之家，违者，正犯处死，全家谪戍口外。"[3]正统三年即1438年。

正统六年（1441年），北京紫禁城重建三大殿（奉天、谨身、华盖）工程完工，《明史》卷八二《志第五十八·食货六》载："宫殿告成，命造九龙、九凤膳案诸器，既又造青龙白地花缸。王振以为有璺（即微裂，尤指陶瓷、玻璃等器物上出现的裂纹。笔者注），遣锦衣指挥杖提督官、敕中官往督更造。"[4]

《明英宗实录》卷七九载："（正统六年）五月己亥，行在光禄寺奏：新造，上用膳亭器皿，共三十万七千九百余件，除令南京工部修造外，其金龙、金凤白瓷罐等件，令江西饶州府造。砆红膳盒等件，令行在营缮所（营缮所，洪武二十五年置。笔者注）造。从之。"[5]

《明英宗实录》卷八四载："（正统六年）十月丙戌，行在工部奏：宫殿新成，奉旨造九龙、九凤膳卓（桌）等器，臣等奏准，令工部及江西饶州府料造，今屡遣官催理，皆未完，请治其官吏怠慢罪。上曰：姑恕之，仍促使完，不完不宥。"[6]

《明英宗实录》卷八六载："（正统六年）闰十一月己丑，巡按福建监察御史郑颙等奏：琉球国通事沈志良使者阿普斯古驾船载瓷器等物往爪哇国买胡椒、苏木等物，至东影山遭风桅折，进港修理，妄称进贡。今已拘收人、船，将前项物货并护船器械发福州府大储库收顿听候。上曰：远人宜加抚绥，况遇险失所，尤可矜怜其。悉以原收器物给之，听自备物料修船，完日催促起程，回还本国。"[7]

《明英宗实录》卷一五八载："（正统十二年九月戊戌）禁约两京并陕西、河南、湖广、甘肃、大同、辽东沿途驿递镇店军民、客商人等，不许私将白地青花瓷器皿卖与外夷使臣。"[8]正统十二年即1447年。

《明英宗实录》卷一六一载："（正统十二年）十二月甲戌，禁江西饶州府私造黄、紫、红、绿、青、蓝、白地青花等瓷器，命都察院榜谕其处，有敢仍冒前禁者，首犯凌迟处死，籍其家赀，丁男充军边卫，知而不以告者，连坐。"[9]

明代郭子章《豫章大事记》载："（景泰五年五月）减饶州岁造瓷器三之一。"[10]景泰五年即1454年。

明代嘉靖王宗沐纂修、万历陆万垓增纂：《江西省大志·陶书》"建置"条"续"载："天顺丁丑，仍委中官烧造。"[11]天顺丁丑即天顺元年，1457年。

《明英宗实录》卷三〇九载："（天顺三年十一月）乙未，光禄寺奏请于江西饶州府烧造瓷器共十三万三千有余，工部以饶州民艰难，奏减八万。从之。"[12]天顺三年即1459年。

《明宪宗实录》卷一载:"(天顺八年正月)乙亥,上即皇帝位。是日早,遣太保会昌侯孙继宗告天地,广宁侯刘安告太庙,怀宁侯孙镗告社稷上亲告孝恭章皇后几筵大行皇帝几筵,谒见母后,毕出,御奉天殿即位。命文武百官免贺、免宣表,止行五拜三叩头礼,遂颁诏大赦天下。诏曰:洪惟我祖宗诞膺天命,肇开帝业,为生民主几百年矣……于正月二十二日祗告天地、宗庙、社稷,即皇帝位……其以明年为成化元年,大赦天下,与民更始,所有合行事宜条列于后……江西饶州府、浙江处州府,见差内官在彼烧造瓷器,诏书到日,除已烧完者照数起解,未完者悉皆停止,差委官员即便回京,违者罪之。"[13] 天顺八年即1464年。

这些记载,主要涉及朝廷下令禁止私造瓷器、窑户向宫廷进贡瓷器、皇帝派宦官前往景德镇督造瓷器、皇帝下令烧造瓷器、皇帝下令不许私将瓷器赏卖给外国使臣、官员请求减少烧造瓷器数量、朱见深即皇帝位伊始下令停止烧造御用瓷器等。

既然此三朝景德镇御窑和民窑均曾烧造瓷器,那就应有实物传世。但以往人们多认为此时天灾人祸不断,使得朝廷无暇悉心顾及御用瓷器烧造。其实不然,天灾人祸虽对瓷器烧造带来不利影响,但以实物看,这三朝瓷器仍很可观,而且在纹饰上形成时代特点。

二、正统、景泰、天顺时期的天灾人祸

从文献记载来看,正统、景泰、天顺三朝,属于明代历史上的多事之秋,可谓天灾、人祸不断发生。

(一)天灾

天灾方面,水灾、旱灾、蝗灾频发。

水灾。

《明史》卷二八《志第四·五行一·水之水潦》载:正统元年闰六月,顺天、真定、保定、济南、开封、彰德六府俱大水。二年,凤阳、淮安、扬州诸府,徐、和、滁诸州,河南开封,四、五月河、淮泛涨,漂居民禾稼。九月,河决阳武、原武、荥泽。湖广沿江六县大水决江堤。三年,阳武河决,武陟沁决,广平、顺德漳决,通州白河溢。四年五月,京师大水,坏官舍民居三千三百九十区。顺天、真定、保定三府州县及开封、卫辉、彰

德三府俱大水。七月，滹沱、沁、漳三水俱决，坏饶阳、献县、卫辉、彰德堤岸。八月，白沟、浑河二水溢，决保定安州堤。苏、常、镇三府及江宁五县俱水，溺死男妇甚众。九月，滹沱复决，深州淹百余里。五年五月至七月，江西江溢，河南河溢。八月，潮决萧山海塘。六年五月，泗州水溢丈余，漂庐舍。七月，白河决武清、漷县堤二十二处。八月，宁夏久雨，水泛，坏屯堡墩台甚众。八年六月，浑河决固安。八月，台州、松门、海门海潮泛溢，坏城郭、官亭、民舍、军器。九年七月，扬子江沙洲潮水溢涨，高丈五六尺，溺男女千余人。闰七月，北畿七府及应天、济南、岳州、嘉兴、湖州、台州俱大水。河南山水灌卫河，没卫辉、开封、怀庆、彰德民舍，坏卫所城。十年三月，洪洞汾水堤决，移置普润驿以远其害。夏，福建大水，坏延平府卫城，没三县田禾民舍，人畜漂流无算。河南州县多大水。七月，延安卫大水，坏护城河堤。九月，广东卫所多大水。十月，河决山东金龙口阳谷堤。十一年六月，浑河溢固安。两畿、浙江、河南俱连月大雨水。是岁，太原、兖州、武昌亦俱大水。十二年春，赣州、临江大水。五月，吉安江涨淹田。十三年六月，大名河决，淹三百余里，坏庐舍二万区，死者千余人。河南、济南、青、兖、东昌亦俱河决。七月，宁夏大水。河决汉、唐二坝。河南八树口决，漫曹、濮二州，抵东昌，坏沙湾等堤。十四年四月，吉安、南昌、临江俱水，坏坛庙廨舍。[14]

景泰、天顺两朝，水灾仍频发，此不赘录。
旱灾。

《明史》卷三〇《志第六·五行三·金土之恒旸》载：正统二年，河南春旱。顺德、兖州春夏旱。平凉等六府秋旱。三年，南畿、浙江、湖广、江西九府旱。四年，直隶、陕西、河南及太原、平阳春夏旱。五年，江西夏秋旱。南畿、湖广、四川府五、州卫各一，自六月不雨至于八月。六年，陕西旱。南畿、浙江、湖广、江西府州县十五，春夏并旱。七年，南畿、浙江、湖广、江西府州县卫二十余，大旱。十年夏，胡广旱。十一年，湖广及重庆等府夏秋旱。十二年，南畿及山西、湖广等府七，夏旱。十三年，直隶、陕西、湖广府州七，夏秋旱。十四年六月，顺天、保定、河间、真定旱。[15]

景泰、天顺两朝，旱灾仍频发，此不赘录。
蝗灾。

《明史》卷二八《志第四·五行一·水之蝗蝻》载：正统二年四月，北畿、山东、河南蝗。五年夏，顺天、河间、真定、顺德、广平、应天、凤阳、淮安、开封、彰德、兖州蝗。六年夏，顺天、保定、真定、河间、顺德、广平、大名、淮安、凤阳蝗。秋，彰德、卫辉、开

浅谈对明代正统、景泰、天顺朝景德镇瓷器的认识

封、南阳、怀庆、太原、济南、东昌、青、莱、兖、登诸府及辽东广宁前、中屯二卫蝗。七年五月，顺天、广平、大名、河间、凤阳、开封、怀庆、河南蝗。八年夏，两畿蝗。十二年夏，保定、淮安、济南、开封、河南、彰德蝗。秋，永平、凤阳蝗。十三年七月，飞蝗蔽天。十四年夏，顺天、永平、济南、青州蝗。[16]

景泰、天顺两朝，蝗灾仍频发，此不赘录。

另外，正统、景泰、天顺三朝，饥荒、瘟疫、地震等灾害也不断发生。

图1
王振像拓片
大英博物馆（The British Museum）藏
北京智化寺赠

215

图 2
北京普度寺

（二）人祸

随着朝廷对农民剥削的日益加重，东南部相继发生叶宗留、邓茂七领导的农民起义，西南部则发生麓川宣慰使思任发发动的对抗朝廷的叛乱，北方则有迅速崛起的蒙古瓦剌部不断侵扰。正统十四年（1449年）八月，22岁的正统皇帝朱祁镇（1427—1464年）在太监王振（1400—1449年）（图1）的唆使下率明军亲征蒙古，在土木堡与蒙古瓦剌部交战，大败，王振战死，朱祁镇成为俘虏，被蒙古人抓走。朱祁镇被俘后，其弟郕王朱祁钰（1428—1457年）于正统十四年九月初六日即皇帝位，遥尊朱祁镇为太上皇，改年号为景泰，定翌年为景泰元年。景泰元年（1450年）八月朱祁镇被放回后，其弟景泰帝朱祁钰将其幽禁于东华门外南宫（今普度寺）（图2）长达7年之久。景泰八年（1457年）元月十七日，景泰帝病重，将军石亨、官僚徐有贞等勾结宦官曹吉祥等发动政变，拥朱祁镇复帝位，改年号为天顺。因夺东华门入宫，故史称"夺门之变"。又因当时英宗朱祁镇被幽禁于南宫（今普度寺），故英宗复辟也称"南宫复辟"。

英宗复辟后，曹吉祥、石亨因拥迎复辟有功而受到英宗崇信，权势日重。二人遂相互勾结，图谋叛乱。阴谋暴露后，叛乱被平定，石亨被抓，死于狱中；曹吉祥被抓，遭凌迟处死。历史上称这一事件为"曹石之变"。

由上述可知，"土木堡之变"英宗朱祁镇被俘后，明代统治集团内部接连发生"南宫复辟"和"曹石之变"，这说明一个问题，即明代自进入中期开始，国力遭到很大削弱，其统治已不稳定。政局不稳可能是导致这三朝御窑瓷器上不便署年款的根本原因，这亦为后人研究这三朝瓷器带来困难。

三、景德镇明代瓷窑遗址考古发掘出土的正统、景泰、天顺三朝御窑瓷器

　　1988年11月，景德镇市陶瓷考古研究所在珠山以西明代御厂遗址西墙外的东司岭发现一巷道，巷道中堆满了瓷片。在成化朝堆积层与宣德朝堆积层之间发现了"空白期"御窑瓷器堆积层，发掘出土大量青花和斗彩瓷器残片标本。其中尤为醒目的是正统朝青花云龙纹大缸残片标本，多达数吨(图3)，粘合复原出的最大者高75.5厘米，腹径约88厘米，形体之大，绝无仅有(图4)。

　　这批青花云龙纹大缸的出土，印证了文献记载。即建文四年（1402年），朱棣（1360—1424年）在南京称帝，改元永乐，改北平为北京。永乐四年（1406年）下诏营建北京宫殿，并开始为营建工程备料和进行规划。永乐十五年（1417年）正式动工，永乐十八年（1420年）落成，前后历时14年。十八年十一月，下诏迁都北京。十九年（1421年）正式迁都北京，十九年春正月，永乐皇帝御奉天殿受朝贺，大宴群臣。但北京宫殿落成

图3
青花云龙纹大缸残片／明·正统
2007年9月14日作者摄于景德镇市陶瓷考古研究所

图 4
青花云龙纹大缸 / 明·正统
江西景德镇珠山御厂遗址出土
景德镇市陶瓷考古研究所藏

图 5
青花海水纹高足碗 / 明·正统
江西景德镇珠山御厂遗址出土
景德镇市陶瓷考古研究所藏

图 6
青花缠枝花卉纹双耳瓜棱瓶 / 明·正统
江西景德镇珠山御厂遗址出土
景德镇市陶瓷考古研究所藏

刚满一年，永乐十九年四月，外朝奉天、谨身、华盖三殿即遭雷击起火焚毁。直到正统五年（1440年）二月才开始重建三殿，此时距三大殿火灾已过去19年。正统六年（1441年）九月，奉天、谨身、华盖三殿重建完工。"命造九龙、九凤膳案诸器，既又造青龙白地花缸。王振以为有疐，遣锦衣指挥杖提督官、敕中官往督更造"[17]。

与龙缸一同出土的还有青花缠枝花卉纹瓜棱双耳瓶、缠枝莲托八吉祥纹碗、海涛纹盘、瑞兽莲池纹盘、海水纹高足碗(图5)、云龙纹盘、龙涛纹盘、海马纹四铺首器座等。这些器物为研究正统朝御窑瓷器提供了可靠的实物资料。

从出土的这批正统朝御窑瓷器看，尽管有一部分和宣德朝御窑瓷器风格一致，但多

浅谈对明代正统、景泰、天顺朝景德镇瓷器的认识

图 7.1
青花云龙纹盏托 / 明
江西景德镇戴家弄遗址出土

图 7.2
青花云龙纹盘 / 明
江西景德镇戴家弄遗址出土

图 7.3
青花云龙纹高足碗 / 明·天顺
江西景德镇戴家弄遗址出土

图 7.4
青花云龙纹高足碗 / 明·天顺
江西景德镇戴家弄遗址出土

数仍具有自己的风格。如青花缠枝花纹双耳瓜棱瓶(图6)之造型为正统时所仅有，青花缠枝莲托八吉祥纹虽为明代瓷器上的常见纹样，但轮、螺、伞、盖、罐、花、鱼、肠中之鱼，正统朝御窑瓷器上画成"单鱼"，而明代其他各朝御窑瓷器上一般画成"双鱼"。

2007年9月随着景德镇旧城区改造，昔日曾为元、明两代窑业中心区域的戴家弄澡堂工地一带出土一批"空白期"青花瓷器，主要是盘、碗、高足碗等(图7)，均成套烧造，且有瑕疵，属于落选品，装饰云龙、云凤等图案，其风格为此前所不见，清宫旧藏瓷器中也无与此相类者。经过比对，发现湖北地区明代藩王家族墓出土瓷器中，有风格类似者(图8)，因此推测这批瓷器与明代藩王府关系密切，应为湖北藩王府订烧瓷器中的落选品。

15 世纪的亚洲与景德镇瓷器

图 8.1
青花云龙纹碗 / 明·天顺
湖北明代藩王墓出土

图 8.2
青花云龙纹高足碗 / 明·天顺
湖北明代藩王墓出土

  2012 年 10 月 18 日至 12 月 8 日，深圳市文物考古鉴定所趁香港中文大学文物馆举办"填空补白——景德镇明代十五世纪中期瓷器"展的机会，汇集澡堂工地出土的这批瓷器，在该所举办了"填空补白——明代正统、景泰、天顺三朝官窑瓷器特展"。

  据景德镇市陶瓷考古研究所江建新所长介绍，2014 年为配合景德镇市珠山龙珠阁北麓保护房改扩建工程，景德镇市陶瓷考古研究所对保护房改扩建区域进行了抢救性考古清理，清理面积约 500 平方米。从对所布探沟清理情况看，此处窑业遗存堆积丰厚，出土遗物有明代宣德、"空白期"、成化、弘治、正德及清代同治、光绪等各时期的御窑瓷片标本，据地表 2.85—4.2 米处的第⑧层，被确认为是明代"空白期"地层，而且以这一地层的窑业堆积最为丰富和重要。据此，陶瓷界对所谓"空白期"瓷器的研究进入新的阶段。

浅谈对明代正统、景泰、天顺朝景德镇瓷器的认识

图9
"明代正统、景泰、天顺御窑瓷器展"展室一角
作者摄

2018年5月18日至6月17日，故宫博物院与景德镇市人民政府联合在故宫博物院延禧宫东配殿展厅举办了"明代正统、景泰、天顺御窑瓷器展"（图9），首次向公众公开展出2014年出土的这批瓷器。

据景德镇市陶瓷考古研究所江建新所长介绍，由于该地层出土"空白期"瓷器特征明显，根据"类型学"比较，这些瓷器似可分为两类，第一类与宣德朝御窑瓷器风格相近，第二类则与成化朝御窑瓷器风格相近。

第一类瓷片标本所绘纹饰以瑞兽、海水瑞兽纹（图10）最为常见，所饰瑞兽数量不一，最多可达九种，基本上都是按《山海经》一书记载描绘而成，见有应龙、天马、文鳐鱼、海象等，这九种青花海兽纹饰与宣德朝御窑瓷器上的同类纹饰相似。

在所绘海兽纹中以应龙纹（图11）最为多见，应龙形象为双角、五爪、双翅。晋代郭璞撰《山海经》卷一四《大荒东经》载：

大荒东北隅中，有山名曰凶犁土丘。应龙处南极（应龙，龙有翼者也），杀蚩尤与夸父（蚩尤作兵者），不得复上（应龙遂住地下），故下数旱（上无复作雨者故也），旱

图 10
青花海水瑞兽纹碗残片 / 明·正统—天顺
江西景德镇珠山御厂遗址出土
景德镇市陶瓷考古研究所藏

图 11
青花应龙纹花盆 / 明·正统
江西景德镇珠山御厂遗址出土
景德镇市陶瓷考古研究所藏

图 12
青花瑞兽纹碗所绘天马纹 / 明·正统—天顺
江西景德镇珠山御厂遗址出土
景德镇市陶瓷考古研究所藏

而为应龙之状,乃得大雨(今之土龙本此,气应自然冥感,非人所能为也)。[18]

由此可知,应龙在干旱天气可以求得大雨。

天马纹(图12),系所绘瑞兽中的一种。形似犬,黑头,有双翅,宣德朝与"空白期"瓷

浅谈对明代正统、景泰、天顺朝景德镇瓷器的认识

图13
青花瑞兽纹碗所绘文鳐鱼（右上角）/ 明·正统—天顺
江西景德镇珠山御厂遗址出土
景德镇市陶瓷考古研究所藏

器上都有装饰。晋代郭璞撰《山海经》卷三《北三经》载："北山经之首曰单狐之山，多机木……又东北二百里曰马成之山，其上多文石，其阴多金玉。有兽焉，其状如白犬而黑头，见人则飞（言肉翅飞行自在），其名曰天马，其鸣自訆。"[19]这种天马在明代被视作瑞兽。成书于明代万历三十五年（1607年）王圻（1530—1615年）及其子王思义撰《三才图会》《鸟兽卷之三十四》天马图说明文字曰："天马，马成山兽。状如白犬，黑头，见人则飞，不由翅翼，名曰天马。其鸣自呼，见则丰穰。"[20]"穰"乃丰盛之意，认为天马出现，就会天下太平、五谷丰登。

文鳐鱼（图13），形状似鲤鱼，鱼身而鸟翼。晋代郭璞撰《山海经》卷二《西山经》曰："西山经，华山之首，曰钱来之山。其上多松，其下多洗石……又西百八十里，曰泰器之山。观水出焉，西流注于流沙。是多文鳐鱼，状如鲤鱼，鱼身而鸟翼，苍文而白首，赤喙，常行西海，游于东海，以夜飞。其音如鸾鸡，其味酸甘，食之已狂，见则天下大穰。"[21]文中"见则天下大穰"是说文鳐鱼一旦出现，天下就五谷丰熟。宋代罗愿撰《尔雅翼》（卷三〇《释鱼》之"鳐"）曰："文鳐鱼，出南海，大者长尺许，有翅与尾齐，一名'飞鱼'，群飞水上，海人候之，当有大风。《吴都赋》云'文鳐夜飞而触纶'，是矣。《西山经》曰：'鳐鱼状如鲤，鱼身鸟翼，苍文、白首赤喙，常从西海游于东海，以夜飞，音如鸾。见，大穰。'"[22]

通过对比观察可以发现，2014年景德镇市珠山龙珠阁北麓所谓明代"空白期"地层出土瓷器上的海兽纹明显带有宣德朝御窑瓷器上的同类纹饰风格，宣德朝御窑青花碗、盘、高足碗、高足杯、蟋蟀罐等器物上常见海水异兽纹，其中的天马纹便与2014年出土瓷器上的天马纹风格相似。因此，2014年出土的青花海兽纹瓷器，似宣德朝海兽纹瓷器风格之延续。

第二类遗物主要有青花祥云锥拱龙纹碗、盘、高足碗，青花海水龙纹碗、盘、高足碗，青花婴戏纹碗、盘、高足碗，青花团花纹碗、盘、高足碗，青花双狮戏球纹盘，以及梨形壶、长颈瓶等。这类瓷器的胎、釉、青料、纹饰等与第⑦层出土的成化朝御窑青花瓷器风格相似，因此，这类瓷器应属于天顺朝御窑产品。

这一时期的民窑器亦不乏精美之作，且所绘纹饰颇具时代特征。如正统朝青花大罐或梅瓶上的孔雀牡丹纹。天顺朝青花大罐或梅瓶上以大片云雾幻景作陪衬的人物故事纹等。所绘人物潇洒飘逸，犹如在仙境中漫游。

从考古发掘出土实物和传世实物看，明代正统、景泰、天顺三朝瓷器有以下几个特点。

一、产量大、质量精。由于以往人们将这三朝称作中国明代瓷器发展史上的"空白期""空白点""黑暗期"等，因此，一提这三朝瓷器，给人的感觉似乎是没烧造多少瓷器，而且即使有，其质量也不会太好。但传世品和景德镇市珠山明代御厂遗址及他处墓葬、遗址出土实物标本均表明，这三朝无论是御窑还是民窑的产量均很可观，而且质量也不差。

二、宣德朝和成化朝御窑瓷器上均普遍署正规年款，这一制度的实施，为研究正统、景泰、天顺三朝瓷器提供了难得的条件。由于宣德朝结束后就是正统朝，天顺朝结束后就是成化朝，因此，正统朝瓷器必然带有宣德朝瓷器遗风，而成化朝瓷器必然带有天顺朝瓷器遗风。既然如此，那么对于这三朝瓷器年代确定的原则应为：与宣德朝瓷器风格相似但又不署正规年款的瓷器，可考虑是正统朝产品；反之，与成化朝瓷器风格相似而又不署正规年款的瓷器，可考虑为天顺朝产品。推而论之，既有正统朝瓷器风格又兼具天顺朝瓷器风格，而且不署正规年款的瓷器，就应考虑是景泰朝产品。试想，如果宣德和成化朝瓷器也像正统、景泰、天顺朝瓷器一样均不署正规年款，那一定会对辨识正统、景泰、天顺三朝瓷器带来更大的困难。

三、尝试制作大件器物但成品率不高。这三朝的大件瓷器主要产于正统朝，从对景德镇市珠山明代御厂遗址进行考古发掘所获得的实物标本看，主要有大龙缸、大花盆、大绣墩、大盘等。特别是大龙缸、大花盆（图14）、大绣墩（图15），其形体之大，在整个明代可谓绝无仅有。由于大件、厚重器物的成型和烧成难度都很大，致使废品率很高，传世品中很少见。景德镇珠山出土有数吨正统朝青花海水云龙纹大缸残片，最终只复原了两件。

四、纹饰颇具时代特点。这三朝御窑瓷器上的纹饰既有与宣德、成化朝御窑瓷纹饰

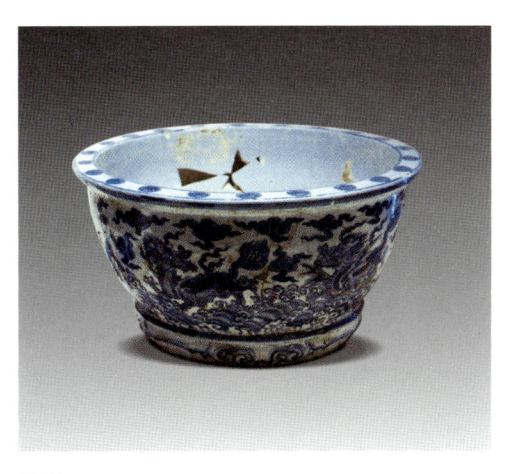

浅谈对明代正统、景泰、天顺朝景德镇瓷器的认识

图 14
青花海水瑞兽纹大花盆 / 明·正统—天顺
江西景德镇珠山御厂遗址出土
景德镇市陶瓷考古研究所藏

图 15
青花镂空松竹梅图大绣墩 / 明·正统—天顺
江西景德镇珠山御厂遗址出土
景德镇市陶瓷考古研究所藏

图 16
青花缠枝莲托八吉祥纹碗 / 明·正统
江西景德镇珠山御厂遗址出土
景德镇市陶瓷考古研究所藏

图 17
青花海水纹盘 / 明·正统
江西景德镇珠山御厂遗址出土
景德镇市陶瓷考古研究所藏

相似者，也有具有本朝特点者。具有本朝特点者如：

1. 藏传佛教"八吉祥"中"鱼"的画法特殊。这三朝青花瓷器上轮、螺、伞、盖、花、罐、鱼、肠等八种吉祥物中的"鱼"有画成单鱼者(图16)，而其他朝代一般画成双鱼。

2. 成批出现单独以海水纹作主题纹饰的御窑瓷器(图17)。其他朝代一般海水与龙、瑞兽等相伴，或单独将海水用作边饰。见有宣德朝青花海水纹渣斗(图18)，腹部以海水纹装饰，颈部绘焦叶纹。

225

图 18
青花海水纹渣斗 / 明·宣德
台北故宫博物院藏

图 19
青花海水松竹梅图盘 / 明·正统—天顺
江西景德镇珠山御厂遗址出土
景德镇市陶瓷考古研究所藏

图 20
青花皮球花纹盘 / 明·正统—天顺
江西景德镇珠山御厂遗址出土
景德镇市陶瓷考古研究所藏

图 21
青花云龙纹盘 / 明·正统
江西景德镇珠山御厂遗址出土
景德镇市陶瓷考古研究所藏

3. 松竹梅"岁寒三友"从海水怪石中长出(图19)。其他朝代一般从地上长出,或以折枝形式表现。

4. 大量出现皮球花纹装饰(图20)。明代洪武、永乐、宣德朝御窑瓷器上很少见有皮球花纹装饰,成化朝御窑瓷器上较多出现,说明受到正统至天顺朝御窑瓷器风格影响。

5. 大量出现海水龙、云龙(图21)、海水瑞兽纹装饰。这或许与三朝天灾人祸不断有关。人们希望借助龙和各种瑞兽来祛邪、消灾、避难、祈福。

浅谈对明代正统、景泰、天顺朝景德镇瓷器的认识

图 22
青花孔雀牡丹图罐 / 元
大英博物馆（The British Museum）藏

图 23
青花孔雀牡丹图罐 / 明·正统
香港天民楼藏

图 24
青花鬼谷下山图罐外底 / 元
私人收藏

图 25
青花孔雀牡丹图罐外底 / 明·正统
故宫博物院藏

6. 正统朝非御窑青花罐上大量出现孔雀牡丹图案，罐的造型、纹饰画法以及底足处理工艺明显带有元代青花罐风格（图22—25）。但无法确定究竟是何原因，与正统朝蒙古瓦剌部不断侵扰、正统十四年（1449年）发生"土木堡之变"致使英宗朱祁镇被俘有无关联，值得考虑。

五、关于这三朝御窑瓷器上不署正规年款的原因，有学者认为"与年号更换频繁、宫廷厉行节俭等客观因素有关……此时期，御厂纪年款识的书写尚未形成定制，故而正

227

图 26
青花云龙纹大缸 / 明·正统
上海博物馆藏

统、景泰、天顺三朝呈现出没有御厂纪年标准器的状况"[23]。笔者对此观点不敢苟同。因为明代御窑瓷器上署正规年款早在永乐朝就已成为常态,但不全都署款。宣德、成化朝御窑瓷器上基本形成定制,规定必须署年款。江建新先生则认为"正统皇帝九岁登基,登基时还非常年轻,他的母亲张太后担心他学父亲会玩物丧志,就把宫里好玩的东西都打掉,希望正统皇帝可以向洪武皇帝学习,效仿先朝简朴,摒弃父亲那一代的奢侈之风,后来就不写款了"。这似乎可以聊备一说,但理由恐怕也不足够充分。因为正统皇帝朱祁镇如果真想在烧造御用瓷器方面节俭,就不应该大量烧造制作难度很大的青花云龙纹大缸,虽然流传至今的传世品凤毛麟角,如上海博物馆收藏一件(图26),但景德镇珠山明代御窑遗址出土残片标本数量却很惊人。

六、通过类型学比较研究,有助于人们对一些不署正规年款瓷器的年代进行重新审定。以往囿于考古资料限制,人们对于这三朝御窑瓷器认识不清,所以只能将风格类似宣德朝御窑瓷器者定为宣德御窑产品,将风格类似成化朝御窑瓷器者,定为成化御窑产

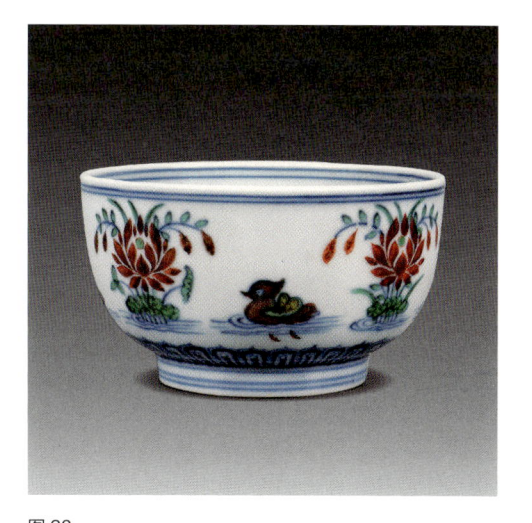

浅谈对明代正统、景泰、天顺朝景德镇瓷器的认识

图 28
斗彩满池娇图墩式碗 / 明·天顺
2016 年 5 月 16 日中贸圣佳国际拍卖有限公司春季拍卖会第 824 号拍品

图 27
斗彩满池娇图碗 / 明·天顺
故宫博物院藏

图 29
斗彩满池娇图碗（半成品）/ 明·天顺
江西景德镇珠山御厂遗址出土

229

图 30
斗彩满池娇图墩式碗 / 明·成化
江西景德镇珠山御厂遗址出土

图 31
青花海水瑞兽纹碗 / 明·天顺
江西景德镇珠山御厂遗址出土
景德镇市陶瓷考古研究所藏

品。今天，大量考古发掘出土的实物摆在人们面前，我们应该实事求是、与时俱进，还这三朝御窑瓷器以本来面目。例如，故宫博物院收藏一件斗彩满池娇图碗（图27），不署年款，其年代一直被定为成化朝。2016年5月16日在中贸圣佳国际拍卖有限公司举行的春季拍卖会上，拍卖过一件斗彩满池娇图墩式碗（图28），不署年款，其年代亦被定为成化朝。1988年景德镇市珠山西侧明代御厂遗址出土了这种碗的半成品残片（图29），系与正统朝云龙纹大缸一起出土。1996年笔者曾撰文指出，故宫博物院收藏的这件不署款的斗彩满池娇图碗是正统朝御窑产品[24]，但现在仍有专家坚持这类碗是成化朝御窑产品。后来，笔者见到景德镇珠山明代御厂遗址出土的这类碗有署成化年款者（图30），即在碗的外

图 32
青花海水瑞兽纹碗
明·成化
台北故宫博物院藏

底署有青花楷体"大明成化年制"六字双行款,外围青花双圈,证明不署款的这种碗确是所谓"空白期"产品。近来笔者一直在考虑这种不署款的斗彩满池娇图碗,究竟是正统朝还是天顺朝御窑产品。上述谈到笔者曾同意将这种碗的年代定为正统朝,是基于考古发掘成果,但从其胎、釉、彩等特征看,似乎更接近成化朝御窑产品。考虑到人们曾一直将其年代定为成化朝,说明人们认为其在造型、胎、釉、彩和制作工艺等方面更接近成化朝御窑瓷器特点,因此,现在笔者认为将其年代定为天顺朝似乎显得更合理。经过仔细比较可以发现,天顺朝御窑烧造的这种碗和成化朝御窑烧造的这种碗,在造型和纹饰方面有所区别。造型方面,这种成化朝御窑碗的圈足略高,而天顺朝御窑碗的圈足略低。纹饰方面,成化朝御窑碗外壁纹饰,不像天顺朝御窑碗外壁纹饰那样画得接近口部青花弦线;成化朝御窑碗外壁近足处所绘莲瓣纹的轮廓线,比天顺朝御窑碗外壁近足处所绘莲瓣纹的轮廓线更清晰。

传世品中有些不署年款的青花海水云龙纹或青花海水瑞兽纹盘、碗,以往均被定为成化朝御窑产品,2014 年景德镇市珠山北麓明代御厂遗址曾出土大量这类盘、碗的残片标本(图31),而我们检视后可以发现,成化朝御窑烧造的这类器物署有正规年款(图32),因此将这类不署正规年款瓷器的年代定为天顺朝似乎更合理。

七、考古发掘出土的正统、景泰、天顺三朝御窑瓷器品种有青花、青花加矾红彩、矾

图33
祭蓝釉铺首耳罐 / 明·正统
安阳博物馆藏

图34
祭蓝釉白龙纹梅瓶 / 明·正统

红彩、青釉、白釉、白釉绿彩、斗彩瓷等,从传世品看,还应有祭蓝釉瓷(图33)、祭蓝釉白花瓷(图34)等。

综上所述,明代正统、景泰、天顺三朝,景德镇无论是御窑还是民窑均未停止烧造,而且产量都很可观,质量也不逊于明代其他各朝瓷器。通过排比梳理发现,这三朝瓷器在造型、纹饰、制作工艺等方面均各具特点。因此,这三朝瓷器堪称明代乃至整个中国陶瓷发展史上不可或缺的重要一环。目前,对这三朝景德镇瓷器的研究虽已取得丰硕成果，但仍有不少问题困扰着学界，特别是景泰朝瓷器的确认，面临很大困难。笔者深信，随着考古资料的不断增多和科学技术手段在古陶瓷研究领域的运用，人们对这三朝瓷器的研究将不断深入，这三朝景德镇瓷器的面目必将愈来愈清晰。

注释：

［1］　张廷玉等：《明史》卷八二《食货六·烧造》，中华书局，2000年，第1333页。
［2］　《明英宗实录》卷二二"正统元年九月乙卯"条，中研院史语所，1962年，第444页。
［3］　《明英宗实录》卷四九"正统三年十二月丙寅"条，中研院史语所，1962年，第946页。
［4］　张廷玉等：《明史》卷八二《食货六·烧造》，中华书局，2000年，第1333页。
［5］　《明英宗实录》卷七九"正统六年五月己亥"条，中研院史语所，1962年，第1557、1558页。
［6］　《明英宗实录》卷八四"正统六年十月丙戌"条，中研院史语所，1962年，第1678、1679页。
［7］　《明英宗实录》卷八六"正统六年闰十一月己丑"条，中研院史语所，1962年，第1729、1730页。
［8］　《明英宗实录》卷一五八"正统十二年九月戊戌"条，中研院史语所，1962年，第3074页。
［9］　《明英宗实录》卷一六一"正统十二年十二月甲戌"条，中研院史语所，1962年，第3132页。
［10］　郭子章：《豫章大事记》，载谢旻等监修：《江西通志》卷二十七，辑入《景印文渊阁四库全书》第513册，商务印书馆，1986年。
［11］　王宗沐纂修、陆万垓增纂：《江西省大志·陶书》，中国国家图书馆藏善本。
［12］　《明英宗实录》卷三〇九"天顺三年十一月乙未"条，中研院史语所，1962年，第6498页。
［13］　《明宪宗实录》卷一"天顺八年正月乙亥"条，中研院史语所，1962年，第11—17页。
［14］　张廷玉等：《明史》卷二八《五行一·水之水潦》，中华书局，2000年，第302、303页。
［15］　张廷玉等：《明史》卷三〇《五行三·金土之恒旸》，中华书局，2000年，第325、326页。
［16］　张廷玉等：《明史》卷二八《五行一·水之蝗蝻》，中华书局，2000年，第295页。
［17］　张廷玉等：《明史》卷八二《食货六·烧造》，中华书局，2000年，第1333页。
［18］　郭璞：《山海经》卷一四，辑入《景印文渊阁四库全书》第1042册，商务印书馆，1985年。
［19］　郭璞：《山海经》卷三，辑入《景印文渊阁四库全书》第1042册，商务印书馆，1985年。
［20］　王圻、王思义：《三才图会》，文物出版社，2018年。
［21］　郭璞：《山海经》卷二，辑入《景印文渊阁四库全书》第1042册，商务印书馆，1985年。
［22］　罗愿：《尔雅翼》卷三〇《释鱼·鳄》，辑入《丛书集成新编》第37册，新文丰出版社，1985年，第771页。
［23］　杨君谊：《明"空白期"御器厂不署纪年款原因探析》，《装饰》2015年第12期。
［24］　吕成龙：《明正统斗彩鸳鸯卧莲纹碗考辨》，《收藏家》1996年第2期，第7页。

科学管窥古陶瓷
——以御厂出土"空白期"青花瓷为例

◉ 吴军明、吴　琳、张茂林　景德镇陶瓷大学
　江建新、江小民、邬书荣　景德镇市陶瓷考古研究所

一、古陶瓷科技研究要素

陶瓷是水、火、土相合的产物，这种将天然物质（泥土）转变为另一种有用材料或器物（陶器）的过程也是人类最早的创造性活动之一。古陶瓷除了其承载的各种人文信息外，也是人类在认识自然和改造自然的过程中，发明创造的一种对后世影响深远的新材料，其丰富的科技内涵亟待深入研究和揭示[1]。

"孕在配方，生在成型，是死是活在烧成"，这是景德镇民间广为流传的一句与瓷业相关的谚语。从这也可以看出，决定古陶瓷外观质量的重要因素至少包括了三个方面的内容，分别是原料配方、成型工艺、烧成制度等。同样，在陶瓷领域我们也常形象地称"制瓷原料"为"陶瓷的基因"。由于古代制瓷主要采用的是天然矿物原料，代表性原料如图1所示。而天然矿物原料的产地、种类不同，其化学组成、矿物组成等特征都会存在明显差异，这不仅会直接影响和决定陶瓷产品的"颜值"（外观品质），也可成为判断其"出身"和来源的重要线索。如原料铁含量的差异会导致瓷器胎体白度不同；再如产自不同地区的同一种原料所含的微量元素有明显差异，通过与数据库中的大数据进行比对，可有效判断古陶瓷的产地等信息。

如果说原料配方是陶瓷的基因，那么原料加工、产品成型、烧成等工艺环节就好比陶瓷的"成长环境"。一件陶瓷产品的好坏，除了受其基因影响之外，"成长环境"的好坏也同样会影响其质量和外观。比如同样的原料采用不同的粉碎、淘洗等处理方法，所得到的原料无论在组成还是在粒度方面均有明显差异(图2)，从而会进一步影响产品的色度和结构致密性等；采用拉坯或是印坯成型，所得到的制品胎体内部显微结构会有一定

图 1
景德镇地区三宝蓬瓷石（左）和瑶里瓷石（右）原料

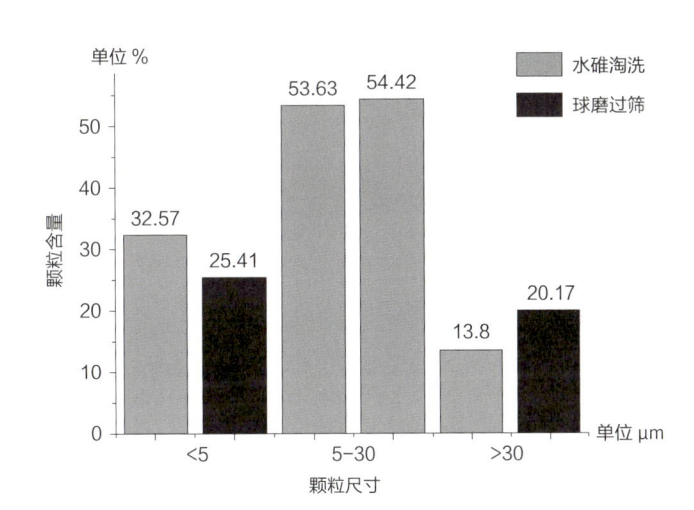

图 2
三宝蓬瓷石颗粒分布柱状图

的差异；烧成制度的差异同样会影响陶瓷的结构和外观，如窑炉的差异、还原气氛的强弱会直接影响釉面的呈色，温度的高低会直接影响胎体的致密度和釉的流动性等（图3、4）。

古陶瓷釉面呈色是表征其外观性能的重要指标之一[2]，而其呈色特征又与釉料配方、胎体材质、施釉工艺、烧成制度等因素直接相关。综上可知，古陶瓷的组成、结构与性能之间是相互关联、相互影响的（图5）。有鉴于此，开展古陶瓷科学研究工作，常从组成、结构与性能等角度进行综合分析。

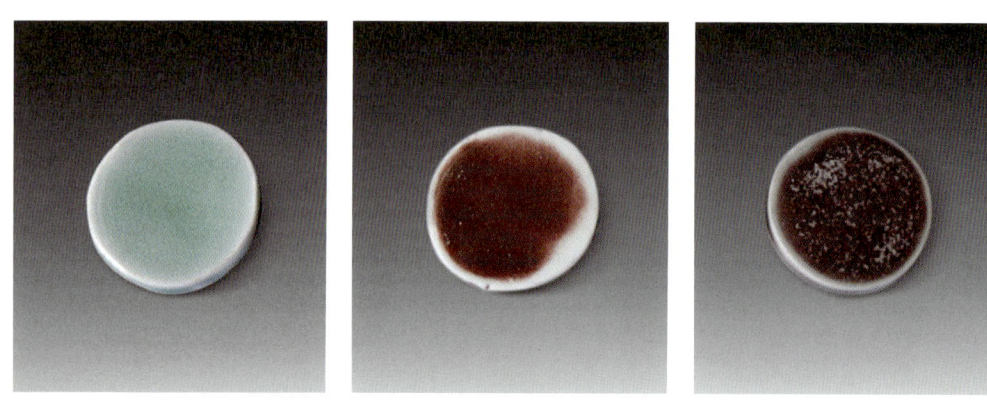

图3
同一配方釉在不同窑炉中烧成的样品（左：电窑、中：气窑、右：柴窑）

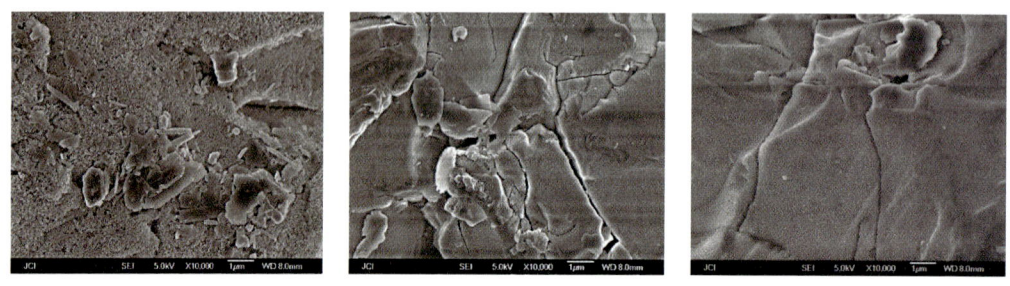

图4
同一配方釉在不同窑炉中烧成的釉面显微结构（左：电窑、中：气窑、右：柴窑）

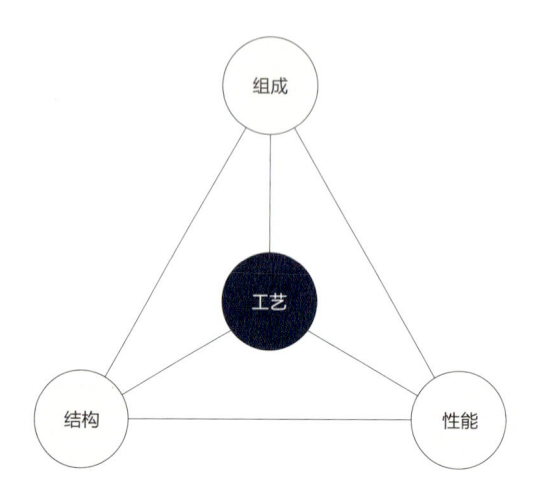

图5
陶瓷材料的组成、结构、性能关系图

二、常用科技分析方法

在考古调查和遗址、墓葬的发掘中几乎都能采集到相当数量的陶片和瓷片，它们是考古研究的重要材料。在20世纪50年代前，我国古陶瓷研究主要还是依靠传统方法，也就是所谓的眼学法，即观察器物的造型、装饰、胎釉色调、光泽、釉面缺陷、底足、底款等外观特征进行研究，对于其包含的技术和机理进行科技研究的内容甚少。将自然科学的研究方法引入古陶瓷的研究，可追溯到19世纪六七十年代法国科学家M. Fouque开展的有关圣陶里地区出土的陶器的化学成分的研究。在中国，对古陶瓷进行科学技术研究则始于20世纪20年代，由时任学部委员、新中国成立后担任中国科学院上海硅酸盐研究所第一任所长的周仁先生开创，较系统的研究工作则始于20世纪50年代。古陶瓷科技研究的本质是充分利用自然科学的理论、方法和手段，尽可能攫取古陶瓷文物中所蕴含的"潜"信息，通过分析研究，更科学有效地揭示、保护和再现古代优秀制瓷技艺[3]。因此，现代分析技术在古陶瓷文物的研究和保护中的应用已是一种必然的趋势。目前，我国古陶瓷科技研究测试内容主要包括：化学组成、物相组成、显微结构、物理性能等。

（一）化学组成分析

所谓化学组成分析就是指对样品中不同元素所占比例的分析。主要包括陶瓷的胎、釉、彩的常量元素、微量元素和痕量元素的组成和含量及同位素组成等。

常量元素一般是指样品中含量大于或等于2%的元素，这些元素的比例是可以人为控制的，主要决定陶瓷的物理性质和外观，也反映陶瓷的原料种类和工艺。微量元素是指含量介于0.1%—2%的元素，这些元素通常也是人们可以加进去的。常量元素和微量元素的配比也就是我们所常说的陶瓷制品的胎或釉的配方。痕量元素是指含量低于0.1%的元素，它的存在与否并非人为所控制，一般取决于制作古陶瓷原料的产地，它几乎不影响陶瓷的物理性质，对瓷器的质量和价值没有任何影响。痕量元素在不同地区的黏土中有各不相同的数值。特别是某些元素的数值从一个角度反映了胎、釉的本质特征，即反映了瓷器原料产地的特征，所以痕量元素可以称为古陶瓷的指纹元素。

目前用于古陶瓷元素组成分析的科学仪器有很多，如化学分析、X射线荧光分析、原子光谱分析、中子活化分析和电子微探针分析等，它们各有优缺点。然而在古陶瓷研究与鉴定领域中，对于绝大多数较为珍贵的古陶瓷整器而言，得出测试结果的同时保证样品的完整性是极其重要的。但上述大部分测试分析方法都需要取样，对测试标本产生一

图6
能量色散 X 荧光光谱分析仪

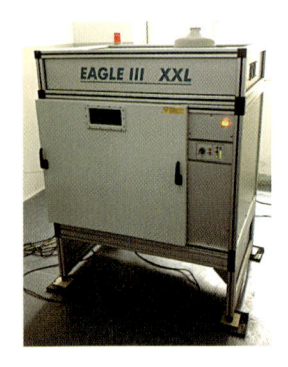

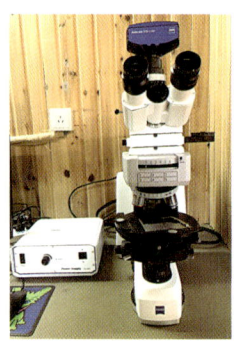

图7
偏光显微镜

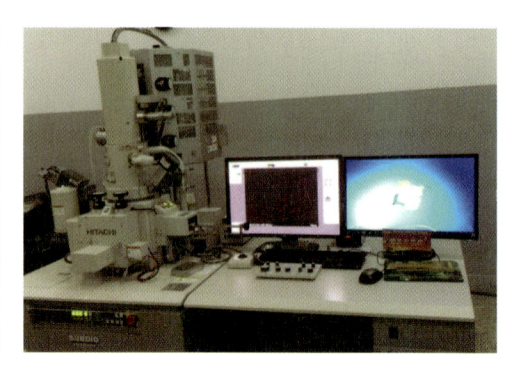

图8
扫描电子显微镜

定的破坏,这对于文物的保护是非常不利的。能量色散 X 荧光光谱分析技术因具有快速、无损、多元素同时测试的优点,测试前只需要对样品表面进行简单去污处理,而被广泛应用于古陶瓷科技研究与鉴定领域(图6)。

(二)显微结构分析

除了陶瓷材料的组成外,其内部结构也决定着材料的性能,和元素组成分析一样,古陶瓷的显微结构分析也是古陶瓷科技研究中极其重要的技术分析手段之一。显微结构的测量与分析是判断陶瓷材料状态和内部结构的主要途径[4]。它的形成不仅与所用原料种类有关,还与原料粉碎方式、器物成型方法、烧成工艺以及出窑后的再加工等密切相关,是原料配方和制备工艺等诸因素综合影响的结果。也就是说,陶瓷的显微结构一方面记录了陶瓷制作的历史过程,另一方面也早已确定和反映出陶瓷制品性能的优劣。如果把陶瓷的化学组成比喻成陶瓷的DNA,那显微结构就可以形象地称之为陶瓷的"五脏六腑"。在特定的化学组成和烧成工艺条件下所形成的瓷胎、瓷釉的内在结构和物相组成,最终决定了陶瓷的外观品质。

目前,古陶瓷科技研究中常用的显微结构分析主要分为光学显微镜和电子显微镜。光学显微镜可以探索陶瓷的成分、结构、性能及生产工艺之间的关系。其中偏光显微镜是在古陶瓷研究中常用的分析仪器。通过偏光显微镜可以观察陶瓷中晶体的形态、颜色、多色性、轮廓、贝克线、糙面、突起、解理与解理角等光学特征。所以偏光显微镜常用于观测和分析古陶瓷的胎釉晶相类别(图7)。

电子显微镜主要分为扫描电子显微镜(图8)和透射电子显微镜，与光学显微镜相比，其在分辨率、定量化及准确性方面都有了极大的提高。因此在古陶瓷科技研究中，除了一般的古陶瓷表面及断面形貌的观察（如坯釉结合）和常规的矿物结构分析外，电子显微镜还可以进行更微观的分析，通常可进行纳米级别的结构状态观测，以及晶体形貌、成分、结构等多元信息的全面输出，可对瓷釉微结构状态、着色机理等研究提供有效的信息支撑。

（三）性能分析

在古陶瓷科技研究中，表征的性能指标主要有：吸水率、气孔率、密度、色度、白度、硬度、温度等。这些性能的测定可以帮助我们了解陶瓷制品工艺技术等方面的特点。其中，通过测定陶瓷标本的吸水率和密度等可以让我们从侧面了解当时的原料选择和加工处理、烧成情况等信息；通过测定陶瓷标本的气孔率和透光度可以了解当时陶瓷烧成温度是否合适；通过测定陶瓷标本的色度和白度，可以初步判断烧成气氛。所以说依据古陶瓷制品的物理性能指标，结合化学组成和显微结构可以更全面系统地研究古陶瓷的制作工艺。

三、御厂出土"空白期"青花瓷研究

2014年景德镇市陶瓷考古研究所在景德镇御厂遗址范围内珠山北麓考古发掘了属于明代"空白期"（正统至天顺时期）的考古地层，并发掘出土大量重要瓷器标本，其中以青花瓷为主。这一时期瓷器的神秘面纱被逐步揭开，为我们进一步认识正统、景泰、天顺御窑陶瓷生产情况提供了十分重要的依据。鉴于这批标本的珍贵性，我们对其主要进行了无损组成和结构分析。实验借助美国EDAX公司生产的Eagle Ⅲ XXL型能量色散X射线荧光光谱分析仪，对47件御厂"空白期"地层出土的代表性青花瓷样品(图9)进行胎、釉和青花的主次量元素组成进行无损测试。

结果显示(图10)，"空白期"青花瓷胎中Al_2O_3的含量都高于21%，明显高于景德镇周边瓷石原料和明代其他时期青花瓷瓷胎中的Al_2O_3含量[5]，说明"空白期"青花瓷胎已非仅使用瓷石，应还掺用了含铝量更高的高岭土等黏土类原料，从而增加了其胎体的强度，提高了瓷器的烧成温度。另外，由于"空白期"瓷器一直以来与宣德、成化瓷器难以区分，而被长期混为一谈。那么，它们在化学成分方面是不是也难以区分呢？通过研究发现，宣德、成化和"空白期"的青花瓷胎组成具有明显的时代特征，在散点图中

图9
代表性样品照片

可明显区分(图11)。瓷釉组成结果显示，御厂出土的"空白期"青花瓷釉为碱钙釉[6]，明显不同于景德镇早期以 CaO 为主要熔剂的钙釉[7]。但相比宣德时期，"空白期"和成化时期青花瓷釉相对更为接近，宣德青花瓷釉钙含量相比"空白期"、成化时期较高，属于高钙低钾型，而"空白期"和成化时期青花瓷釉都属于高钾低钙类型(图12)。

目前所见最早的青花瓷产于晚唐时期，至元代青花瓷走向成熟，明清则有了进一步的发展和繁荣。然而，不同时期青花呈色特征均存在一定的差异，这主要取决于所用钴矿中钴、铁、锰、铜、镍等着色氧化物的含量及其比例。为了探求古代青花色料的来源，一般对未知色料的青花样品进行化学分析，同时计算出青花的锰钴比（MnO/CoO）和铁钴比（Fe_2O_3/CoO），再将计算结果与已知产地的钴矿的 MnO/CoO 和 Fe_2O_3/CoO 进行比较，便能大体判断其产地[8]。相关学者研究认为，扬州出土的唐代青花瓷所用青料与河南唐三彩蓝釉色料相似，采用了含铜和低锰的钴矿着色，不同于景德镇元、明、清青花所使用的青料；元代青花呈色深蓝、花纹易流散，采用了低锰、低铝和高铁的钴料

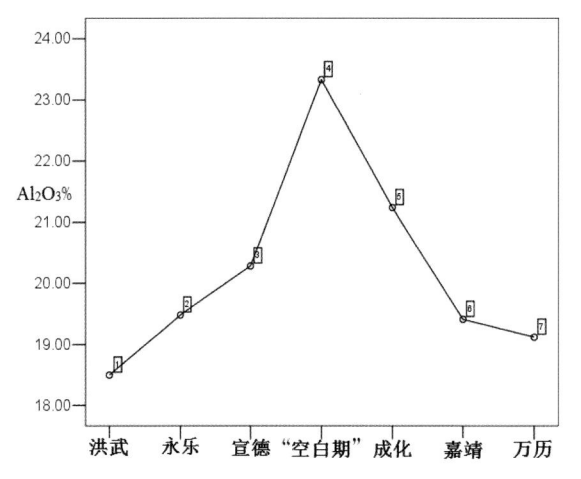

图 10
明代不同时期官窑青花瓷胎 Al_2O_3 含量折线图
（对比数据来源于《中国科学技术史·陶瓷卷》[1]）

图 11
宣德、"空白期"、成化时期青花瓷胎化学组成因子图

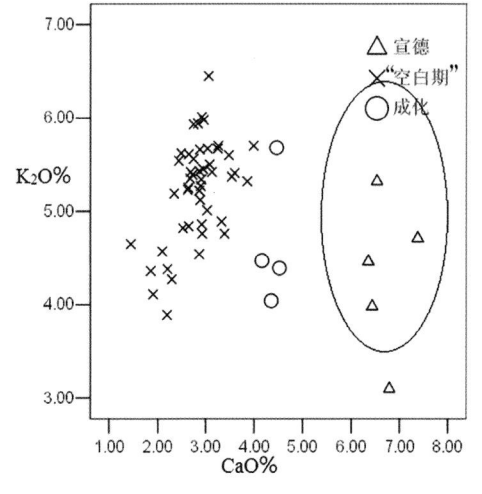

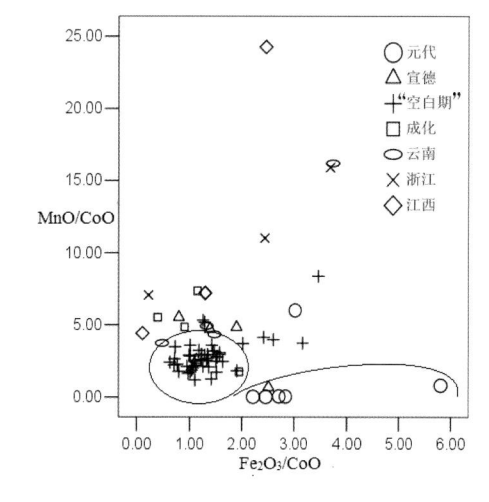

图 12
宣德、"空白期"、成化时期青花瓷釉化学组成三维散点图

图 13
"空白期"与元代、宣德、成化时期以及国产钴料 MnO/CoO 与 Fe_2O_3/CoO 散点图

着色，化学成分与米奈青花的化学成分特征相同，应采用了同一种来自伊朗喀山县卡姆萨尔村（Qamsar, in Kashan County, Iran）的特殊蓝色矿藏，当地人称之为苏莱曼尼，元代传入中国时，原音翻译成苏玛利、苏曼尼或苏巴尼[9]。明代以后青花瓷有了新的发展，其中永乐、宣德官窑青花色泽浓艳、晕散，有的还有自然形成的黑斑，所用钴料为低锰、低铝和高铁；成化至正德官窑青花色泽别具一格，成化青花以淡雅著称，正德青花以色浓带灰为主，采用了国产钴土矿着色；嘉靖至万历初期，青花呈现一种蓝中泛紫的鲜艳浓重色调，使用了回青和钴土矿等着色。从古代文献的记载和发掘瓷片样品的成分分析可看出，明代各朝使用青花色料的问题相对比较复杂，但通过分析研究已经找出了大致的规律。

图13显示，此次御厂出土的"空白期"青花瓷的一小部分样品青花料中MnO/CoO在3.7—8之间，Fe_2O_3/CoO基本在2以上。此类样品以浅蓝色系为主，其锰含量较高，与进口钴料相差较大，应是使用了国产钴料。大部分"空白期"样品的MnO/CoO在1.5—3.5之间，Fe_2O_3/CoO在0.5—1.5之间，此类"空白期"样品青花料与成化官窑其中一类较为接近，这类样品不同于元代所用高铁低锰（MnO/CoO在0.01—0.06之间，Fe_2O_3/CoO在2.21—4.39之间）的进口钴矿原料，也不同于高锰低铁型（MnO/CoO在4.40—24.26之间，Fe_2O_3/CoO在0.11—3.74之间）的国产原料，可能是使用了国产钴料和进口钴料的混用料。这类除了深蓝色样品外，青花呈灰色及晕散样品也在其中，说明这些青花呈色的差异并非由原料组成不同造成，更可能是受烧成气氛等工艺因素影响所致。

四、小结

现代分析技术的发展及其在古陶瓷研究领域应用的不断深入，为考古研究提供了更为精准的科学依据，在获取传统方法所不能得到的丰富信息的同时，为考古研究工作的开展提供了新的思路。本次实验，借助能量色散X荧光光谱分析等现代分析技术，对御厂出土明代"空白期"青花瓷进行分析研究发现：

1. 御厂出土"空白期"青花瓷胎采用的是瓷石加高岭土的二元配方，且胎中Al_2O_3含量明显高于明代其他时期，说明明代"空白期"瓷胎中高岭土掺入量最大。

2. 御厂出土"空白期"青花瓷釉采用了景德镇传统的釉灰加釉果的配方，且釉中釉灰用量减少，釉果的比例有所提高，釉具有典型的高钾低钙的特征，不同于前朝宣德时期，但与此后的成化时期较为接近，属于典型的碱钙釉。

3. 通过分析研究可得：御厂出土"空白期"青花瓷钴料可分为两类：一类为高锰低铁型，其MnO/CoO在3.7—8之间，Fe_2O_3/CoO基本在2以上，可能使用了国产钴料；另一类与成化官窑较接近，MnO / CoO 和 Fe$_2$O$_3$ / CoO 均处于中下比值，MnO / CoO 在 1.5—3.5 之间，Fe$_2$O$_3$ / CoO 在 0.5—1.5 之间，不同于元代所用的高铁低锰型钴矿原料，也不同于高锰低铁的国产钴料，推断可能是国产钴料和进口钴料混用的结果。

本成果由国家自然科学基金（51862018，51762027）、江西省文化厅项目（YG2017315）、江西省教育厅项目（GJJ160879、JD15114）资助。

注释：

［1］　李家治：《中国科学技术史·陶瓷卷》，科学出版社，1998年，第364页。
［2］　陈尧成、张志刚、郭演仪：《历代青花瓷和着色青料》，载《中国古代陶瓷科学技术成就》，上海科学技术出版社，1984年，第300—332页。
［3］　吴隽：《古陶瓷科技研究与鉴定》，科学出版社，2009年。
［4］　马铁成：《陶瓷工艺学》，中国轻工业出版社，2011年。
［5］　周仁等：《景德镇瓷器的研究》，科学出版社，1958年，第72页。
［6］　罗宏杰、李家治、高力明：《中国古瓷中钙系釉类型划分标准及其在瓷釉研究中的应用》，《硅酸盐通报》1995年第2期，第50—53页。
［7］　周仁、李家治：《景德镇历代瓷器胎、釉和烧成工艺的研究》，《硅酸盐》1960年第2期，第49—62页。
［8］　张福康：《中国古陶瓷的科学》，上海人民美术出版社，2000年，第12页。
［9］　Rui Wen, A. M. Pollard, "The Pigments Applied to Islamic Minai Wares and the Correlation with Chinese Blue and White Porcelain". *Archaeometry*, 2016, pp. 1-16.

图书在版编目(CIP)数据

15世纪的亚洲与景德镇瓷器/上海博物馆编. -- 上海：上海古籍出版社, 2020.2
ISBN 978-7-5325-9497-9

Ⅰ.①1… Ⅱ.①上… Ⅲ.①瓷器（考古）—景德镇—15世纪②亚洲—历史—15世纪 Ⅳ.①K876.32 ②K303

中国版本图书馆CIP数据核字（2020）第037789号

著作责任者：上海博物馆　编
策　　　划：陈曾路
特约编辑：诸　诣
特约校对：唐启迪　凌悦扬　程　诚
装帧设计：孙　康

15世纪的亚洲与景德镇瓷器

上海博物馆　编
上海古籍出版社
（上海瑞金二路272号　邮政编码200020）
（1）网址：www.guji.com.cn
（2）E-mail: guji1@guji.com.cn
（3）易文网网址：www.ewen.co
上海丽佳制版印刷有限公司印刷
开本787×1092　1/16　印张15.5　字数290,000
2020年2月第1版　2020年2月第1次印刷
ISBN 978-7-5325-9497-9
K·2783　定价：98.00元
如有质量问题，请与承印公司联系